内蒙古发展报告(2018)

DEVELOPMENT REPORT OF
INNER MONGOLIA（2018）

内蒙古自治区社会科学院

主　编　包思勤

副主编　于光军　双　宝　焦志强

远方出版社

编　委　会

奋力推进内蒙古经济高质量发展（代序）

包思勤

所谓高质量发展，就是能够很好满足人民日益增长的美好生活需要的发展，是体现新发展理念的发展。当前，内蒙古经济形势虽总体平稳，稳中有进、稳中向好，但我们也要清醒地认识到，在中国经济由高速增长阶段转向高质量发展的历史性转折期，内蒙古经济发展面临着低速度、低质量的双重挑战。如何稳增长和高质量发展，是内蒙古当前和今后一个时期必须回答的时代之问。我们既要解决“好不好”的问题，又要解决“有没有”的问题。

一、坚决守住发展底线，为高质量发展提供稳定的前提条件和基础

习近平总书记强调，稳中求进是治国理政的重要原则和经济工作的方法论。近年来，内蒙古经济下行压力持续加大，到今天为止，这种压力有增无减。内蒙古是欠发达地区，我们绝不能任由经济如此滑下去。不唯GDP，不是放弃经济增长。高质量发展不是不要速度，高质量发展必须建立在经济增速处于合理区间的基础上。我们要正确理解和把握经济增长速度和质量的关系。速度和质量不是此消彼长、相互对立的关系，而是辩证统一的关系，速度是质量的前提和基础。“皮之不存，毛将焉附”，没有速度，何谈质量？内蒙古要实现稳中求进，首先要“稳”字当头，必须扭转经济下滑局面，稳定社会预期，为更好地“进”提供稳定的宏观环境。

从中长期发展趋势看，内蒙古经济增长将逐步过渡到投资、消费、出口三大需求协同拉动；从当前实际情况来看，投资仍然是内蒙古经济增长的主要拉动力。遏制投资下滑，恢复投资正常增长，仍是内蒙古稳增长的不二选择。关键是要优化投资结构，提高投资效率，大幅提高企业技改投资比重，促进传统产业向终端化、高端化、数字化、智能化转变，加快实现绿色低碳循环发展，同时加大对新能源、新材料、节能环保等新兴产业的投入，培育壮大新动能、新增长点。内蒙古基础设施、公共服务欠账还很多，需要大量投资。对民生改善、生态环保等事关全局和长远发展的重大基础设施项目，必须全力抓好，充分发挥投资对稳增长的关键作用。在抓投资、上项目上，要坚决扭转有些领导干部“不想作为、不敢作为、不会作为”的慵懒被动局面。

二、以推动产业转型升级为重点，大力振兴实体经济

深入推进供给侧结构性改革，坚决淘汰落后、低端、过剩产能，推动去产能从总量控制向结构优化转变，提高产能利用率。坚决摒弃“挖煤卖煤、挖土卖土”的粗放型资源开发模式，构建多元发展、多极支撑的现代产业新体系。推进资源型经济转型综合配套改革，建设新旧动能转换综合试验区。紧跟国际能源技术革命新趋势，加快发展现代能源经济。坚持煤电油气风光并举，提高能源综合利用效率和供应保障能力，构建安全、绿色、集约、高效的清洁能源供应体系，打造国家现代能源经济示范区，建设世界级多种能源开发示范基地。加快构建智慧能源系统，促进互联网、大数据、人工智能与能源产业深度融合，推进能源技术革命，增创能源经济发展新优势。支持煤电、煤化、煤电冶、探采选冶加一体化发展，提高资源综合利用率和产业精深加工水平。推进现代煤化工高端示范，加快传统煤化工技术升级，发展精细化工。扩大稀土高端应用，提高稀土资源综合利用水平。提高农牧业产业化和农畜产品精深加工水平，做大做强做优乳肉

绒、粮油饲等特色产业集群，推动乳业提标升级，振兴羊绒服装业，重塑毛纺和皮毛加工业。培育壮大非煤产业和非资源型产业，推动发展新能源、新材料、节能环保、高端装备、大数据云计算、信息制造、人工智能、生物科技、蒙中医药等战略性新兴产业。培育发展基于“互联网+”的新产业新业态，推动互联网、物联网、大数据、人工智能同实体经济深度融合。加快发展现代服务业。重点推动文化旅游、国际贸易、现代物流、大数据、大健康等产业优质高效发展，提升生产性服务业和生活性服务业体系整体素质和竞争力。加快低碳化、智能化、网络化、信息化发展，促进新业态新产品大量增加。发展军民融合产业，建设一批军民融合产业示范基地和示范企业，推动形成具有军工特色的新经济增长点。坚持质量强区，实施品牌战略，开展质量提升行动，提高内蒙古产品竞争力。

三、以创新为第一动力，推动经济发展质量变革、效率变革、动力变革

创新是高质量发展的动力源泉，要加快构建创新引领发展模式，培育发展新动能。要明显提高我区全社会研发经费投入强度。加强市场导向的科技创新，引导创新要素向企业集聚。建立健全以企业为主体、市场为导向、产学研深度融合的协同创新体系。坚持需求导向和产业化方向，瞄准国际科技发展前沿，持续推进前瞻性、系统性、应用性基础研发。实施创新企业百强工程，形成一批有影响力的创新型领军企业。加强国家级和自治区级重点实验室建设，大力发展实验室经济。加大科技成果引进和转化力度，鼓励使用首台（套）重大技术装备。创建呼包鄂国家自主创新示范区。推动国家级高新技术产业开发区建设。实施人才强区战略，坚持以用为本，突出需求导向，推动人才培养引进与产业发展、创新引领有机衔接，建设一批扎根内蒙古、服务内蒙古的重点领域人才团队。

四、以培育发展新增长极为着力点，促进区域协调发展

进一步完善区域发展政策，逐步缩小区域发展差距，把各地比较优势和潜力充分发挥出来。扎实推进呼包鄂协同发展，加快现代化城市群建设步伐，构建全区高质量发展先行区，增强辐射带动能力。高起点规划、高标准建设和林格尔新区，打造改革开放新高地。以生态优先、绿色发展为引领，打造沿黄生态经济带。把保护母亲河、修复黄河生态摆在首要位置，加强黄河流域生态系统修复和环境综合治理，严守资源环境生态红线，建设沿黄绿色生态廊道。落实东北等老工业基地振兴举措，制定实施支持东部盟市加快发展的政策举措，培育东部盟市振兴发展新动能。实施园区振兴发展计划，理顺管理体制和工作机制，强化投资服务功能。优化园区空间布局和产业定位，规范园区设立、扩区和升级管理。加强基础设施网络化智能化建设，提高对高质量发展的支撑能力。统筹推进水利、铁路、公路、航空、管道、电网、信息、物流、市政等基础设施建设，构建适度超前、互联互通、安全高效、智能绿色的现代基础设施体系。

五、以实施乡村振兴战略为统领，推进农牧业高质量发展

加快发展现代农牧业。从数量扩张型向质量效益型转变，调减总量，提高质量。全区耕地面积调减到1亿亩以内，牲畜存栏调减到1亿头只以内，倡导亩产论英雄、个体产出论英雄，大力提高农畜产品的科技含量、附加值、竞争力、品牌号召力。深化农牧业供给侧结构性改革，加快农村牧区一、二、三产业融合发展，构建现代农牧业产业体系、生产体系和经营体系，推动农牧业由总量扩张向质量提升转变。实施农牧业高质量发展十大三年行动计划。坚持质量兴农兴牧、绿色兴农兴牧、品牌强农强牧。加快建设现代畜牧业。坚持农牧结合、草畜配套，做优草原畜牧业，做强农区畜牧业，推动畜牧业大区向畜牧业强区转变。加大对绿色农畜产品加工的政策支持力度，鼓励

“三品一标”创建，构建从农田牧场到餐桌的完整产业链条。建设生态宜居美丽乡村。开展农村牧区人居环境整治三年行动，推进“厕所革命”，推动垃圾污水处理，促进农牧业废弃物资源化利用。推动基础设施和公共服务向农村牧区延伸，改善农牧民生产生活条件。加强农村牧区精神文明建设，繁荣兴盛农村牧区文化，培育文明乡风、良好家风、淳朴民风，改善农牧民精神风貌，提高乡村社会文明程度。

六、以深化重点领域改革为抓手，夯实高质量发展的制度根基

市场经济体制改革和政府改革是高质量发展的制度保障。推进改革也要秉承工匠精神，要更加聚焦关键领域的核心问题和难点问题，实施精细化改革。要大力优化营商环境。全面实施市场准入负面清单制度，保障各类市场主体依法平等进入负面清单以外的行业、领域和业务。深化“放管服”改革，推进“互联网+政务服务”，开展“最多跑一次”改革。营造稳定、公平、透明的法治化营商环境，激发和保护企业家精神，构建亲清新型政商关系。要深化要素市场化配置改革。创新要素市场配置机制，推动劳动力、土地、资本、管理等传统要素升级，扩大知识、技术、信息、数据等创新要素供给，提高资源配置效率。要创新市场主体健康成长机制。优化国有资本布局与资源配置，推动国有资本做强做优做大，发挥国有企业在高质量发展中的引领带动作用。分类推进混合所有制改革，支持发展混合所有制经济。支持民营企业建立现代企业制度，激发各类市场主体活力。推进中小企业服务体系和信用担保体系建设。

七、以全面融入“一带一路”建设为契机，开创开放型经济新格局

高质量发展离不开高质量的对外开放。内蒙古地处祖国北部边疆，外接俄蒙、内联八省、紧邻京津，在国家对外开放大格局中具有重要战略地位，要充分发挥国家向北开放重要桥头堡作用，推动全

面对外开放，绘制服务全国、同世界交融发展的时代画卷。要切实推动“中蒙俄经济走廊”建设。推动实施一批基础设施互联互通重大项目。加快推进满洲里、二连浩特国家重点开发开放试验区建设和呼伦贝尔中俄蒙合作先导区建设，推动中蒙跨境经济合作区建设取得实质性进展。支持内蒙古始发中欧班列增量扩容。推进口岸产业转型升级，加快发展大口岸经济。口岸地区要切实推进“多规合一”和“产城融合”发展。调整优化口岸贸易和口岸产业布局，重点围绕口岸进出口加工、跨境电商、现代国际物流等新兴产业，发展壮大口岸特色产业体系，联合沿海省市在我区共同建设一批“飞地产业园区”、出口产业合作园区。要全方位宽领域多层次扩大开放，全力构建高能级对外开放新平台。提高全球精准招商能力，坚持引资引技引智相结合，大力引进世界500强、中国500强企业落户内蒙古。着力加强同环渤海及东南沿海地区联动发展，打造陆海统筹发展试验区。依托满洲里口岸，打造贯通东北地区陆海联动的大哈满（大连—哈尔滨—满洲里）经济走廊。

目　　录

总报告

经济篇

社会篇

热点篇

专题篇

调查篇

总报告

2018年内蒙古经济形势分析与预测

内蒙古自治区社会科学院课题组

摘要：在我国社会主要矛盾、经济发展方式变化的背景下，内蒙古经济进入新旧动能转换的初期阶段，传统优势产业发展面临诸多约束。未来较长一段时期，内蒙古的经济工作重心在用新理念、新思路、新路径推进内蒙古传统产业升级换代，因地制宜培育新产业，用扎实有效的金融、财政政策鼓励新业态成长，探索、引进、推广新模式，从而实现内蒙古经济高质量发展。在这个目标下，评价经济发展的传统指标已不能反映内蒙古新旧动能转换状态，需要树立对新动能发展进行评价的转型视角。以此衡量，2018年，内蒙古经济增速减缓，但新旧动能转换稳步推进，支柱产业市场适应能力稳步提升，新动能发展空间进一步显现。

关键词：转型视角；新动能；新业态；新模式

党的十九大提出，我国社会主要矛盾已经转化为人民日益增长的美好生活需要和不平衡不充分的发展之间的矛盾，经济发展从高速增长阶段转向高质量发展阶段。社会主要矛盾变化意味着社会消费模式的转变，经济发展模式变化会带来经济活动的表现发生转变，需要我们以新的视角、新的标准来判断我国宏观经济运行的状况，准确把握新时代、新经济的脉络，进一步认清内蒙古经济发展的环境。

一、宏观经济运行及其影响

2018年，宏观经济克服了周期性下行压力、中美贸易摩擦等诸多不利因素，出现稳中有变、稳中有缓的变化，总体向好的态势越来越明显，新动能加速成长，高质量发展势头强劲。但同时，市场供需关系调整滞后于消费模式转变，新动能成长滞后地区与先进地区发展动力差距加大，欠发达地区在承接国家和金融等行业精准施策的政策优惠能力不足等问题，需要引起我们的高度重视。

（一）宏观经济运行稳定，新旧动能转换持续推进，向高质量发展方式转型明显

从宏观经济数据情况来看，我国2018年宏观经济整体运行稳定。据国家统计局公布的数据，前三季度国内生产总值增幅为6.7%。10月、11月工业生产同比增长5.9%、5.4%，服务业生产指数同比增长7.2%、7.2%。1—10月，投资有所回升，同比增长5.7%，11月同比增长5.9%。1—10月，制造业投资同比增长9.1%，连续7个月增速回升；基础设施投资同比增长3.7%，比前三季度回升0.4个百分点；民间投资同比增长8.8%，11月同比增长8.7%，保持了2018年以来8%以上的增长速度。1—11月，进出口总额同比增长11.1%，其中，出口增长8.2%，进口增长14.6%。1—10月，社会消费品零售总额累计增长9.2%，11月同比增长8.1%。对此，国家统计局预计"全年经济社会发展主要目标任务有望较好完成"，守住了稳中有进的主基调。

从行业运行情况来看，新旧动能转换持续推进，向高质量发展方式转型明显。据国家统计局测算，2015—2017年，我国经济发展新动能指数分别为123.5、156.7和210.1，分别比上年增长23.5%、26.9%和34.1%，新动能发展增速逐年加快。2017年，我国经济转型升级指数为132.3，比上年增长6.4%。从主要构成指标来看，规模以上工业战略性新兴产业增加值增长11.0%，占国内生产总值比重已达到8.9%；高技术制造业增加值增长13.4%，占规模以上工业增加值比重为12.7%；高

技术产品出口额占出口总额的比重为31.3%；新兴服务业比上年增长52.5%。2018年，上述领域继续保持增长势头。1—11月，高技术制造业、装备制造业增加值同比分别增长 11.8%和8.3%；战略性新兴服务业、科技服务业和高技术服务业企业营业收入同比分别增长15.3%、15.3%和13.8%；高技术制造业、装备制造业投资同比分别增长16.1%和11.6%。前三季度，高技术制造业和装备制造业增加值同比分别增长11.8%和8.6%，分别高于规模以上工业5.4和2.2个百分点；工业战略性新兴产业增加值同比增长8.8%，高于规模以上工业2.4个百分点。全国网上零售额同比增长24.1%，其中，实物商品网上零售额增长25.4%，占社会消费品零售总额的比重为18.2%，比上年同期提高3.4个百分点；非实物商品网上零售额增长19.7%。新技术、新产业、新业态保持了高速成长态势，新动能持续快速发展。

（二）消费行为变化加剧，消费结构转向服务消费为主，在消费对经济增长贡献不断增强的趋势下，物质产品生产增长将会低于服务供给增长

社会主要矛盾转变在经济活动上表现为消费方式和消费内涵的变化，其最主要的特征就是服务消费在消费结构中占比快速增高，实物商品消费会向消费升级类商品倾斜。影响消费行为的三个因素中，收入增长、社会消费供给能力提升、社会保障水平提高消费意愿是我国改革开放取得的巨大成就。此外，消费者结构发生变化，80后群体成为消费主力阶层，形成与短缺经济环境下成长起来的一代人截然不同的消费模式；社会发展到一定水平之后，房屋、汽车等大宗商品供给逐渐普及，消费转向服务领域成为必然趋势。2018年1—11月，社会消费品零售总额同比增长9.1%。前三季度最终消费支出对经济增长的贡献率提高为78.0%，稳居经济增长动力之首。同时，消费行为继续转变，服务消费占比持续提高。三季度全国居民消费支出中，服务消费占比为52.6%，比上年同期提高0.2个百分点。消费升级类商品销售增长较快，在限额以上单位商品零售额中，石油及制品类、通信器材类同比分别增长14.4%和10.7%，比上年同期分别高5.4和1.4个百分点。在需求作用下，生产领域物质产品产量、投资增长低于服务供给、投资的增长。在经济表现上会出现投资强度下降、传统资源型产业对经济增长贡献降低、资源型经济区经济增长放缓等一系列新变化。

（三）固定资产投资的区域结构变化趋势明显，发达地区投资增长，新旧动能转换滞后省区投资增长减缓，区域发展差距有进一步拉大的趋势

2018年前三季度，在固定资产投资中，第一产业投资增长11.7%；第二产业投资增长5.2%，其中制造业投资增长8.7%，比上半年高1.9个百分点，增速连续6个月加快；第三产业投资增长5.3%，其中基础设施投资增长3.3%，呈增速回落态势。但分析具体情况，制造业投资增长高于总投资增速，互联网、电气机械等高技术制造业、装备制造业投资远高于总投资增速，甚至高于房地产投资增速。尤其是民间投资全年保持高速增长，民营企业取代国有企业成为稳投资的主要动力。分地区看，1—11月，东部地区投资同比增长5.8%；中部地区投资同比增长10%；西部地区投资同比增长3.9%；东北地区投资增长0.7%，增速回落0.2个百分点。分省区看，贵州、福建、广东、安徽、江西、湖南、湖北、广西、四川等长江经济带范围省区、南部沿海发达省区及其辐射区投资保持高速增长；内蒙古、新疆、西藏、甘肃、山西、辽宁、吉林、黑龙江等省区投资增速减缓，部分省区出现负增长。

结合市场变化、行业投资变动趋向、消费方式变化以及人口流动趋势分析，发达省区投资增长保持高位，新旧动能转换较为缓慢省区投资减少或增长缓慢，在很大程度上预示着当新经济发育成为支撑经济增长主体时，新动能成长缓慢省区的经济发展会持续减速。如果再考虑市场容量、新经济体系的国际竞争力因素、中部崛起对欠发达地区的竞争性因素，以传统产业为主体、新旧动能转换较为迟缓的省区，转变经济发展方式的压力将会更大。

（四）政策体系分化调整，国家和地方层面向非公经济和小微企业、重点行业加大分类调控和精准施策力度，对新经济、新产业发育不足，非公经济占比较低，高质量、高效益企业比重较低的地区承接政策优惠形成一定压力

2018年下半年，为了形成对新动能发展、非公经济发展、小微企业发展的良好的社会支撑体系，国家和各省区从财政、税收和金融方面制定出台了多项政策，加大了分类调控和精准施策力度。为了规避对虚拟经济的刺激，从政策制定到执行，改变了过去“大水漫灌”的方式，转为更为有效的精准施策模式，支持重点领域、符合条件的市场主体。经济实力雄厚的发达省区也集中公共财力、社会力量，推出了力度更大的支持性政策，推动新动能、非公经济、小微企业发展，这类区域非公经济投资、私营企业和股份制企业加杠杆空间和意愿提升，私营企业和股份制企业杠杆率持续攀升。而欠发达省区新动能发育水平低、非公经济占比低、私营企业弱小，直接影响承接政策的能力，即便是本省区政策因地制宜降低门槛，竞争性效用也难以提升。

二、2018年内蒙古经济转型明显，对市场的适应性持续提升

传统视角经济指标显示，2018年内蒙古出现经济增速减缓、投资下降等现象，经济下行压力较大。但从转变发展方式、推动经济高质量发展视角衡量，内蒙古经济转型明显，对市场的适应性不断提高。首先，内蒙古农牧业形成稳固发展基础。其次，在原材料市场回暖带动电力消耗和煤炭价格回升作用下，工业生产明显好转，工业企业效益提高。第三，服务业发展平稳，文化旅游、物流等行业快速发展，新动能逐步兴起，对今后经济发展的动力培育提供了较大空间。

（一）第三产业成为拉动经济增长主力，工业领域传统产业仍是经济稳定增长的支柱

第三产业成为拉动经济增长主力。2018年前三季度，内蒙古第一产业、第二产业与第三产业增加值累计增速分别为2.4%、4.2%和

6.0%。其中，第三产业增加值占地区生产总值比重达到54.1%，贡献率达到63.2%，拉动地区生产总值增长3.2个百分点，为拉动经济增长的主要动力。现代物流、文化旅游、电子商务、金融服务、健康养老等新兴产业蓬勃发展；服务性消费成为新的消费热点，旅游人数和收入分别增长14.4%和24.2%。衣食住行等线上线下交易不断融合，进一步提升了内蒙古服务业发展层次，促进服务业内部结构优化升级，为全区增添新动能。交通运输仓储和邮政业、批发零售和住宿餐饮业、房地产等传统服务业占服务业增加值比重较高，信息传输、计算机服务和软件、科学研究技术和电子商务等新兴业态所占比重较小，传统服务业仍然是拉动规模以上服务业营业收入增长的主动力。

工业领域传统产业仍是经济稳定增长的支柱。首先，内蒙古传统工业增速持续高于地区生产总值增速和工业增速。1—11月，能源工业增加值同比增长7.3%，冶金建材工业增长8.3%，化学工业增长14.2%。其次，受市场回暖影响，内蒙古企业效益良性发展。1—10月，全区规模以上工业企业利润总额同比增长21.3%，高于全国平均水平7.7个百分点；主营业务收入同比增长13.1%，高于全国平均水平3.8个百分点；主营业务收入利润率为10.6%，同比提高0.7个百分点，高于全国平均水平4.2个百分点。第三，新兴产业对内蒙古经济增长的支撑作用逐渐显现。1—11月，高新技术产业增加值同比增长23.0%，高于全国10.8%的平均水平，并且高于全区规模以上工业增加值7.3%的增速水平。由于内蒙古新兴产业整体上起步晚、基础弱、规模小、发展慢、重点项目支持不足，内部结构不够优化，虽然对工业增加值的贡献率不断提高，但是占工业增加值的比重不仅低于全国平均水平，还与周边省市有一定差距。

（二）投资规模大幅下降，新兴产业投资热点尚未形成

投资规模大幅下滑是拖累2018年内蒙古经济增长的主要原因。1—10月，内蒙古固定资产投资较去年同期降低30.3%，建筑业、教育和卫生和社会工作固定资产投资累计降幅均超过80%，是我国固定资产投资降幅第二大的省区。

投资规模下降的同时，还伴随着投资结构的剧烈变动。从投资区域结构来看，呈现投资全面下滑和局部恶化的局面。1—10月，内蒙古各盟市固定资产投资降幅均超过两位数。其中，呼和浩特、包头、鄂尔多斯固定资产投资下滑形势严峻，降幅分别达到32.8%、25.2%和52.4%。从投资主体结构来看，各种投资主体投资活力不足。1—10月，受政府化解债务风险和国有企业资产负债约束的影响，内蒙古政府投资和国有企业投资不同程度地下滑。民间投资较上半年同期回落31.3个百分点，低于全国平均30.9个百分点。从投资产业结构来看，呈现基础设施投资和高新技术投资此消彼长的态势。1—10月，内蒙古在工业技改投资、高技术制造业的投资增长显著，均高于全国平均水平；基础设施领域的投资同比下降43.1%。从投资项目结构来看，新开工及开复工项目大幅减少。1—8月，内蒙古新开工项目同比下降47.7%，开复工亿元以上工业项目比去年同期减少451项。

（三）公共收入与支出转负为正，民生支出稳定增长

1—11月，内蒙古一般公共预算收入完成1702.9亿元，同比增长4.4%。其中，国内增值税、企业所得税、个人所得税和资源税四大主体税种合计949.6亿元，同比增长13.4%；一般公共预算支出完成4031.7亿元，同比增长3.1%；重点领域支出得到保障，用于民生支出2782.0亿元，同比增长6.7%，占比为69.0%，高于上年同期2.3个百分点。

需要关注的是，一般预算收入和支出在1—9月同比均出现下降，一般公共财政预算收入同比下降7.2个百分点，其中税收收入同比下降3.6个百分点，非税收入同比下降17.9个百分点，一般公共财政预算支出同比下降4.9个百分点。

（四）消费成为支撑经济增长主要动力，商业新业态快速发展

2018年以来，内蒙古消费品市场总体呈平稳增长态势，消费成为支撑经济增长主要动力。1—11月，内蒙古实现社会消费品零售总额6601.3亿元，同比增长6.6%。其中，城镇消费品零售额与乡村消费品零售额增长分别为6.3%和8.5%；石油类商品同比增长11.8%。11月，内蒙古电子商务网络零售额40.65亿元，同比增长18.08%，商业新业态保持强劲的增长势头。

（五）加工贸易快速增长，私营企业成为对外贸易主体，向“一带一路”沿线国家延伸势头良好

“一带一路”倡议实施以来的基础设施建设促进了道路联通和贸易畅通，沿线国家进出口贸易总体规模得到不同程度的扩大，内蒙古借助毗邻俄蒙优势迎来良好发展契机。由于内蒙古进出口规模整体偏小，对美国的进出口占全区进出口比重也很低（不足4%），2018年以来的中美贸易争端涉及的企业较少，整体而言对内蒙古影响相对较小。1—11月，内蒙古完成进出口总额同比增长8.9%，其中出口同比增长13.4%，进口同比增长6.5%，出口增长较快。

从贸易方式来看，加工贸易进出口快速增长，1—11月，同比增长达到86.0%。从进出口的企业性质来看，1—11月，私营企业的出口和进口分别占全区的56.2%和80.6%，是内蒙古对外贸易的主要力量，但进出口增长速度一正一负削弱了其整体增长空间。1—11月，国有企业进口和出口增速分别为18.3%和60.3%，成为2018年以来进出口增长的亮点。此外，外资企业和其他企业进出口规模占全区比重较小，进出口整体呈负增长，但对全区对外贸易影响不大。从进出口国别结构来看，内蒙古向“一带一路”沿线国家延伸势头良好。1—11月，内蒙古对蒙古、越南、德国和荷兰的进出口增长分别达到23.4%、1.4倍、61.1%和40.5%。

（六）金融服务受投资收缩和企业去杠杆影响较大

存款增幅较低，曾一度出现负增长。2018年11月末，内蒙古金融机构人民币存款余额23419.5亿元，同比增长0.6%。但存款增长率在8月和10月均出现了负增长，为2000年以来首次负增长。存款增速负增长是受2018年以来非金融企业新增存款大幅下降影响，自治区大中型企业主要以央企为主，在去杠杆政策的影响下，内蒙古央企的流动资金被总部统筹管控和收回，导致对地方存款贡献减少。

贷款余额增长缓慢。2018年11月末，金融机构人民币贷款余额21986.7亿元，同比增长3.0%，增速减缓。贷款增速放缓的主要原因，一是政府债务管理趋严，使金融机构对棚改项目和政府购买服务项目等依附政府项目的融资明显减少。二是能源等传统产业申请银行贷款限制较严。三是企业融资能力和融资意愿降低。10月末，规模以上工业企业资产负债率为63.7%，高于全国56.7%的平均水平，在国家去杠杆的宏观背景下，企业再融资能力和金融机构再放贷意愿都有所下降。四是存贷比较高，2018年存贷比不断增长，8月末达到94.7%，高于全国76.2%的平均水平。

资本市场方面。2018年8月末，内蒙古企业进入上市辅导期16家，“新三板”挂牌66家，区域股权市场挂牌1806家。全区企业实现直接融资759.18亿元，其中股票市场融资42.43亿元、债券融资716.75亿元。

保险市场保持较高速度增长。2018年8月末，内蒙古实现原保险保费收入471.83亿元，增速13.25%；赔付支出113.48亿元，同比增长2.32%；人身险保费下降趋势得到遏制，实现保费收入338.13亿元，增速14.89%；财产险保持低速运行，实现保费收入133.7亿元，增速9.3%。

（七）内蒙古在全国经济中的地位下降，东部五盟市与东北三省仍存差距

从全国各省区经济总量排序情况来看，内蒙古2000—2005年在全国排在二十位左右；2006—2015年地位有所提高，保持在第十五、十六位；2016年开始，地位开始不断下降；2018年前三季度，在全国排第二十位。从经济增长速度来看，内蒙古2000—2001年在全国第十位左右，2003—2009年一直保持全国第一位，2010年开始下降，2012年下跌到第十四位，2015年下跌到第二十四位，2018年前三季度排在全国倒数第四位。与西部其他省区相比，2006—2014年内蒙古经济总量在全国西部十二省区中一直保持在第二位，2015年开始下降到中上

水平，2018年前三季度排在第五位。与经济总量地位的下降幅度相比，经济增速在西部地区的下降幅度较为剧烈。2003—2009年，内蒙古经济增速在西部地区排在第一位，然而2012年到2018年前三季度，除2012年、2017年排在倒数第二位，其余均排在倒数第一位（见图1）。

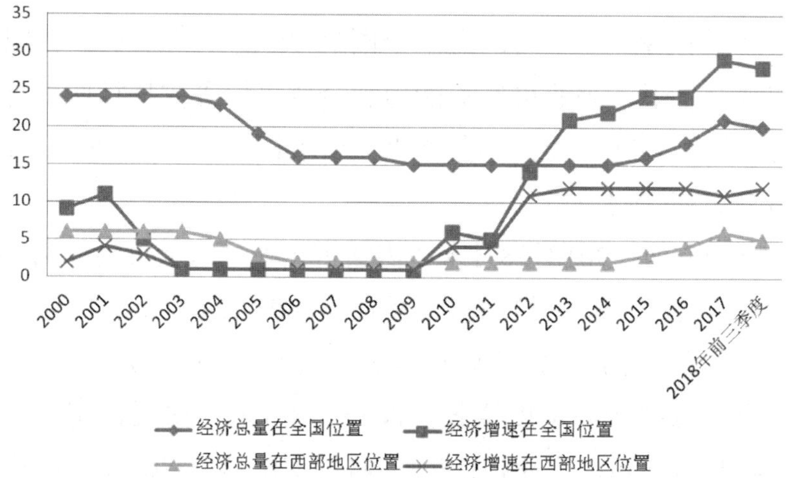

图1　内蒙古经济总量及增速在全国、西部地区的位置变化

过去十年内蒙古经济保持了高速度增长，经济增速连续几年保持全国首位，主要原因是内蒙古在西部大开发政策的外部环境下，利用自然资源的优势，重点支持了能源、冶金、化工、机械制造、农畜产品加工等各类资源型产业发展，带动了经济的快速增长。这个阶段的经济增长，是在外部市场需求充分的情况下，依靠固定资产投资高速增长这一内生动力，规模经济效应明显。在经历了快速高增长的阶段之后，经济总量与经济增速在全国的地位开始下降。主要原因是面对内外部市场对传统产业需求趋于饱和的态势，内蒙古产业结构调整滞后于市场环境变化。由于传统产业体量较大，内蒙古经济转型压力巨大，经济结构的不合理性被放大，加上非结构性原因挤水分的因素，从而导致内蒙古经济发展全国位次出现大幅变化。

东部五盟市与东北三省相比，发展仍相对滞后。2018年前三季度，东部五盟市经济增速为4.3%，高于吉林省前三季度增速，低于辽宁省、黑龙江省增速，也低于全区的平均水平。东部五盟市规模以上工业增加值、固定资产投资等指标增速均低于东北三省。与东北三省相比，东部五盟市经济整体发展水平、工业化发展水平相对较低，服务业发展相对滞后。

（八）区域经济发展存在差异，各盟市发展不平衡较为突出

随着呼包鄂协同发展、东北等老工业基地振兴、新一轮西部大开发等重大战略的推进，2018年以来各盟市经济增长速度多数回升，经济运行基本向好。2018年1—10月，呼包鄂地区与东部五盟市工业增加值占全区的比重分别为56.2%和24.8%，增速同比增长分别为5.7%和4.3%，对工业增长的贡献率分别为50.6%和16.2%。

从各盟市经济运行来看，2018年前三季度各盟市经济增速差距较大。乌海市经济增速排在全区第一位，达到10.1%，而呼伦贝尔市经济增速排在全区倒数第一位，仅为2.5%。呼包鄂地区，包头经济增速在全区排第三位，呼和浩特、鄂尔多斯市经济增速在全区分别排在倒数第二位和倒数第三位。东部五盟市中，除赤峰市经济增速排名比较靠前，排在第四位并高丁全区平均水平，其他四盟市排名均比较靠后。

各盟市对外贸易活动差异明显。1—11月，巴彦淖尔市、呼伦贝尔市和包头市进出口额占全区的58.3%，三盟市进口额占全区的65.9%，是内蒙古对外贸易的主要地区；呼包鄂地区出口额占全区的57.2%，是内蒙古出口的主要地区。

三、重点产业运行状况分析

（一）电力行业发展情况

2018年前三季度，由于用电需求增长，内蒙古电力生产保持稳定的增长速度，规模以上工业企业发电量同比增长12.7%。其中，规模以上工业企业火力、水力、风力以及太阳能发电量同比增长比例分别为

11.9%、77.7%、18.0%和3.2%。水力、风力发电增长速度明显高于传统火力发电增长速度，太阳能发电增长速度趋于平稳。

2018年，内蒙古继续深化电力体制改革，完善电力多边交易、采取大用户直供等措施，构建电价“洼地”优势，继2017年降低企业用电成本80.4亿元之后，2018年上半年降低企业用电成本34.8亿元，既稳步提高了优势特色产业市场竞争力，又通过低电价优势吸引了一批新能源、新材料、环保节能、高端装备、大数据、生物科技等战略性新兴产业的集聚转移。

此外，在2018年9月发布的《内蒙古自治区打赢蓝天保卫战三年行动计划实施方案》中，指出了电力行业转型升级的发展方向。一是加快农村地区电网升级改造。创新电力交易模式，鼓励电蓄热、储能企业与风电、光伏发电企业开展直接交易，健全输配电价体系等方式，进一步降低清洁供暖用电成本，通过完善峰谷分时制度和阶梯价格制度，释放富余风电低价优势，推动电采暖发展。二是发展清洁能源和新能源。有序推进风电和光伏发电项目建设，优化风能、太阳能开发布局，加大可再生能源消纳力度，基本解决弃风、弃光问题。

（二）煤炭行业去产能与优产能并重，提高资源综合利用水平，推动煤炭资源市场化配置

2018年，内蒙古继续落实“十三五”规划中化解煤炭过剩产能政策要求，积极淘汰落后煤炭产能1110万吨/年，退出地方煤矿22处，目前已超额完成“十三五”期间煤炭去产能任务；加快推进产能置换工作，去产能与优产能并重，积极释放优质产能。截至目前，引导相关煤炭企业上报产能置换方案46处，有效释放先进产能3.28亿吨/年。

按照《内蒙古自治区绿色矿山建设方案》，加大矿区生态保护和灾害治理，重点加大火区、露天排土场、采空塌陷区复垦绿化力度。对涉及影响生态环境的煤炭矿区总体规划暂缓开发，涉及煤炭资源约6亿吨。大力推进燃煤机组超低排放改造；实施能源消费双控，通过节能降耗促进煤炭消费减量；开展燃煤综合整治，提高能源利用效率；

推进冬季清洁取暖，发展清洁能源和新能源，加强露天矿区综合整治等，提高资源综合利用水平，进一步促进了煤炭行业转型升级。

全面实施煤炭资源市场化出让，推动煤炭资源获取的合规合法，推动煤炭资源市场化配置，在煤炭资源配置中面临的市场需求、开发强度与环境容量等新情况和新问题的解决中，市场作用不断强化。

（三）煤化工行业稳步升级，新动能开始显现

内蒙古认真落实煤化工项目能效、水耗、煤耗、污染物排放等准入标准，执行了新建煤化工项目必须达到或超过国家准入标准。强化煤化工企业生产安全、节能、环保等管理。调整优化产业布局，统筹区域资源供给、环境容量、产业基础等因素，按照“产业园区化、装置大型化、产品多元化、生产柔性化”要求，重点推动了鄂尔多斯现代煤化工产业示范区建设；有序推动其他有条件地区示范项目建设，严格禁止在水资源缺乏地区布局煤化工项目。

推进现代煤化工升级示范。推动建成项目优化工艺技术，降低能耗、物耗和污染物排放水平，推进达产达标。稳步推进现代煤化工新技术、新产品、新装备工程化示范，大力推进现代煤化工产品横向耦合、纵向延伸，培育现代煤化工产业集群，提高产品附加值和整体竞争力。以技术升级换代、节能减排、资源综合利用为重点，加快传统煤化工升级改造步伐。积极推动甲醇延伸加工，加工转化率达到60%（目前不足30%）以上。严格控制电石、焦炭、尿素等新增产能，电石产能控制在1500万吨左右，焦炭产能控制在5000万吨左右，尿素产能控制在1000万吨左右。1—10月，煤制尿素同比减产17.3%，煤制烯烃、煤制甲醇、煤制天然气、煤制乙二醇增幅较大，分别达到25.8%、8.2%、8.3%、15.8%。

（四）冶金行业进入布局调整与优化升级的新阶段

1—10月，内蒙古冶金行业增加值同比增长6.9%，是支撑今年以来工业经济稳定增长的主要动力。受政策调整影响，内蒙古冶金行业未来发展格局预期发生改变，进入布局调整与优化升级的新阶段。第一，冶金行业步入缩量提质的深度调整期。2018年4月，内蒙古自治区人民政府印发的《内蒙古自治区国家重点生态功能区产业准入负面清单（试行）》，冶金业作为重点行业管控，禁止在区内43个国家重点生态功能区旗县（市）行政区全域新建及新扩建，要求现有企业生产工艺、设备水平和清洁生产水平提升至国内先进水平，部分地区执行污染物特别排放限制。该负面清单产生的直接影响，一是抑制内蒙古冶金业新增投资，行业增长空间受限；二是冶金行业面临严格的环保约束，环保投入不足的中小冶金企业将承压。第二，冶金行业区域布局和发展方向调整。2018年11月，《产业转移指导目录（2018年本）》中明确内蒙古冶金行业发展区域布局，蒙东五盟市重点发展有色金属冶炼加工，其余盟市重点发展铁合金和铝压延加工。在细分产业上，明确内蒙古将优先承接铝、铜、稀土金属材料压延加工，锗、镁冶炼深加工，高铝粉煤灰提取氧化铝和锌铅冶炼，并不再承接铁合金产业。一方面，凸显内蒙古铁合金发展饱和状态；另一方面，延长有色金属产业链是内蒙古冶金行业未来发展的总体方向。

（五）文旅融合推动旅游产业高质量发展

2018年，内蒙古文化旅游产业发展呈现融合进程加快、融合领域拓宽、融合深度加强、融合新业态涌现的良好发展态势。文化旅游产业综合带动作用明显增强；围绕高质量文化旅游业发展，深化供给侧结构性改革，中国首个边境文化旅游产业研究中心在内蒙古成立，内蒙古首个文化旅游研究中心在鄂尔多斯成立；强管理、优服务，大力改善文化旅游业发展的营商环境，自治区文化和旅游厅召开民营文化旅游企业座谈会；完善功能，加快文化旅游业公共服务体系建设；推进旅游与草原文化、民俗文化、饮食文化、服饰文化、体育文化、马文化等“旅游+X文化”的新业态形式；文化旅游景区建设步伐加快，2018年1—4月，文化旅游盟级重点项目开复工过半；文化旅游产品多元化发展，精心打造了草原古都游、民族风情游、蒙古族历史游等文化主题旅游产品，多元化文化旅游产品体系初步建成；文化旅游演艺产品开发取得新进展，陆续推出了《千古马颂》《鄂尔多斯婚礼》《呼伦贝尔大雪原》等一批彰显草原文化独特魅力、深受游客喜爱的文化演艺作品，中国·内蒙古2018年契丹文化与文旅演艺高峰论坛暨《契丹王朝》首演。创新文化旅游宣传推广体系推荐具有内蒙古文化底蕴的旅游主题宣传，文旅产业IP大会暨新媒体营销论坛成功举办，“感知中国——内蒙古文化旅游周”在乌兰巴托圆满举行，以“亮丽内蒙古——霓尚草原”蒙古族服装服饰主题展演及“内蒙古味道”为主题的美食节成功推介，“胡杨魂·航天情·中国梦——额济纳人民支持国防科技和航天事业60年展”等一系列活动的成功举办，12月23日正式拉开帷幕的第十六届内蒙古冰雪旅游那达慕暨2018中国（呼伦贝尔）冰雪那达慕，全方位展示了内蒙古丰富的文化旅游资源，推动了内蒙古文化旅游业发展。

（六）物流业成为服务业发展新动力

社会物流总额保持平稳。2018年前三季度，内蒙古社会物流总额完成24686亿元，较上半年增速提高0.2个百分点。伴随着内蒙古经济发展模式的转型升级，工业物流需求结构不断优化，工业品物流总额同比增长12.8%。受人民币汇率波动和贸易摩擦等不确定因素的影响，进口货物物流需求小幅回升，进口货物物流总额完成480亿元，同比增长3.5%，较上半年增速提高5.8个百分点。

物流业及相关行业发展较好。物流业总收入完成1991亿元，同比增长8.7%。与物流业相关的邮政行业增势良好，邮政业务收入完成38.9亿元，比上年同期增长38.9%。其中，快递业务收入增速为29.9%，高于物流业总收入增速21.2个百分点。

货运市场稳中向好。全区货运量完成18.4亿吨，货物周转量完成4133.7亿吨公里，同比增长8.9%和8.4%。其中，铁路货运量、道路货运量、航空货运量分别完成6.5亿吨、11.9亿吨、2万吨，同比增长9.7%、8.5%、0.5%。铁路货物周转量、道路货物周转量分别完成1948.6亿吨公里、2185.1亿吨公里，同比增长9.5%和7.5%。

快递业保持较快发展。全区快递服务企业业务量累计完成10478万件，同比增长39.5%；快递业务收入累计完成21.6亿元，同比增长29.9%。与去年同期相比，同城快递业务量、异地快递业务量、国际及港澳台业务量的比重基本持平。

物流业景气指数稳中有升。11月，全区物流业景气指数为56.1%，较10月提高2个百分点，高于全国平均物流业景气指数0.2个百分点。表现在总体业务总量指数上升，物流业务活动活跃程度加强；新订单指数上升，市场需求增势提速；资金周转率指数上升，企业资金情况有所改善；物流服务价格指数和主营业务利润指数双升，经营情况向好；从业人员指数上升。

物流企业微利经营。前三季度，95家重点调查物流企业物流业务收入同比增长0.2%，物流业务成本同比下降30.3%，物流企业平均利润率为-0.2%，较上半年提高6个百分点，反映出物流企业经营情况有所改善，但盈利能力依然偏弱。

四、2018年内蒙古经济运行问题分析

2018年以来，内蒙古在投资、消费和对外贸易等方面的经济指标运行状况呈现出一些新的特点，凸显出当前内蒙古经济运行中存在的问题。

（一）投资领域体制机制、政府运作与新兴市场培育有待改善

当前，内蒙古投资总量下降和投资结构发生剧烈变动，是在供给侧结构性改革和防范化解金融风险的宏观政策背景下必然经历的历史进程。

第一，2018年以来货币供应持续回落，影响银行信贷投放，社会融资规模整体下降。年中，我国M2降至8%的历史最低水平，实体经济面临严峻的融资压力，银行等金融机构断贷、抽贷、降低授信额度等现象时有发生，内蒙古民营企业、农牧业产业化龙头企业和新建项目受到明显影响。

第二，采取政府和社会资本合作（PPP）模式对公共基础设施项目运作情况进展不顺利，影响社会整体投资规模。究其原因，一是年初内蒙古针对财政收入虚增空转挤水分，政府实际参与基础设施建设投资能力大幅缩水；二是地方在铁路、高速公路、教育、医疗等领域对于民间资本进入仍存在市场准入、投融资体制、行业壁垒、税收等诸多隐性壁垒，阻碍投资热情和投资效果；三是由于前期运作不规范，上半年对不符合政府和社会资本合作模式和超过财政可承受能力的项目集中清理整顿，内蒙古退库数量金额居全国之首，对基础设施投资规模及投资进度形成不利影响。

第三，产业结构剧烈变动阶段对投资产生一定的挤出效应。新常态以来，宏观经济环境变化倒逼产业结构优化升级，传统行业产能过剩和新兴行业百端待举同时存在。由于传统行业市场趋于饱和乃至过剩状态，投资收益预期逐渐走低，而新兴行业具有较高的技术门槛，且预期收益存在不确定性，严重挫败投资主体的投资信心，投资主体选择不投资或者少投资的行为模式一定程度上抑制了投资需求。

（二）消费升级态势尚未形成

就消费环境而言，当前我国不断出台各类促进消费的政策，日趋完善的社会保障制度、个人所得税改革、城乡基本公共服务均等化等都起到了增强消费信心的作用，消费对经济增长的拉动作用处于相对稳定的上升通道。1—11月，内蒙古居民消费价格和工业品价格走势均较为平稳，与全国水平基本持平。物价的持续稳定对于激发居民消费潜力具有一定的积极作用。但总体而言，消费拉动内蒙古经济增长的动力仍然相对不足。从销售单位所在地来看，内蒙古乡村消费品零售额增速高于城镇消费品零售额增速。但由于乡村消费品零售额基数较小，仅占城镇消费品零售额的十分之一，其对于拉动社会消费品零售总额增长的空间相对有限。从全国情况来看，内蒙古社会消费品零售总额增速低于全国2.4个百分点，居于全国第二十五位，在西部地区也处于落后地位。

从居民可支配收入、居民消费支出及消费结构升级等方面来看，内蒙古消费升级瓶颈问题凸显，是导致消费支撑乏力的主要原因。

第一，居民可支配收入增长空间有限。1—9月，内蒙古人均可支配收入20902元，低于全国平均水平，增速较前期有所下降。新常态以来的经济持续中低速运行是限制内蒙古人均可支配收入增长空间的主要原因。2018年10月1日起正式实施的个人所得税改革会适当提高四季度中等收入群体的个人可支配收入，但上调免征额对增加本年度人均可支配收入影响不大。

第二，居民消费支出增长态势趋缓。1—9月，内蒙古人均消费支出14136元，与全国平均水平基本持平。但不容忽视的情况是内蒙古人均消费支出增长幅度和人均消费支出与人均可支配收入占比，自2013年到2018年前三季度均呈逐年趋缓态势，居民消费能力进一步提升遇到一定阻力。

第三，多种因素制约消费结构升级。1—9月，内蒙古商品房销售额增速19.4%。受益于棚户区改造货币化补偿政策，内蒙古房地产去库存接近尾声，局部盟市房地产市场明显回暖，对居民消费形成抑制。当前，内蒙古处于新旧动能转换初期，流通及电子商务等新兴业态发展相对滞后，消费品市场仍以传统消费为主。1—10月，石油及制品类、中西药类和粮油食品类商品是消费增长的主要动力，缺乏新的消费增长点。此外，内蒙古在营造安全放心的消费环境及改善居民消费能力及预期等方面存在一定的体制机制障碍，还有待进一步破除。

（三）对外贸易受产业结构和消费能力制约明显

“一带一路”沿线国家道路连通带动我国内陆城市出口需求快速释放。2018年以来，经由内蒙古口岸的中欧班列数、过货数量及金额等统计数据都实现大幅增长。但这一变化并没有同步带动内蒙古进出口总量的大幅增长与进出口结构的优化，凸显内蒙古口岸发展的通道经济困境。导致当前局面有两个层面的原因：一是内蒙古尚未摆脱资源依赖型经济，产业结构转型升级的新动力还没有形成一定的产业规模，当前产业结构决定的产品结构与国际市场特别是“一带一路”沿线国家的实际需求不吻合；二是内蒙古在承接我国内陆主要出口城市产业转移，地方政府在提前布局具有比较优势的产业方面缺乏足够的前瞻性。面对温和复苏的世界经济，外部需求也在逐渐回暖，内蒙古的对外贸易潜力还有待进一步挖掘。

五、2019年经济形势预测

中共中央政治局于2018年12月13日召开会议，分析研究2019年经济工作，提出坚持稳中求进工作总基调，坚持新发展理念，坚持推进高质量发展，坚持以供给侧结构性改革为主线，坚持深化市场化改革、扩大高水平开放，加快建设现代化经济体系，继续打好防范化解重大风险、精准脱贫、污染防治三大攻坚战，着力激发微观主体活力，创新和完善宏观调控，统筹推进稳增长、促改革、调结构、惠民生、防风险工作，保持经济运行在合理区间，进一步稳就业、稳金融、稳外贸、稳外资、稳投资、稳预期，提振市场信心，提高人民群众获得感、幸福感、安全感，保持经济持续健康发展和社会大局稳定。国家经济治理方面进一步推进新旧动能转换、促进高质量发展的政策鲜明，内蒙古的经济发展环境稳定。

（一）2018年的经济表现显示出近中期经济持续转型态势明显

根据2018年前11个月的经济运行基本情况，内蒙古经济依然比较乐观，工业处于回升趋势，六大支柱产业中的能源、冶金建材、化学、高新技术的增加值同比均在增长，仅农畜产品、装备制造业的增加值同比下降；进出口增速加快，财政金融平稳增长。通过数据显示，内蒙古经济运行基本趋向持续转型迹象。

深入剖析内蒙古经济实际运行状况，表明传统经济与新经济对经济增长贡献的交换尚未完成，经济指标数据并不能提供支撑当前经济增速的依据。内蒙古地处偏远北疆，以传统产业、投资为主拉动地区经济增长的模式没有转变，2018年内蒙古经济增长表现不会太乐观，不排除持续探底的潜在可能。主要影响来自以下几个方面。

第一，内蒙古对外开放程度进一步提高，但出口的产品或者服务技术含量较低，内蒙古没有完全成为出口产品或服务生产基地，对蒙古、俄罗斯及欧盟的部分出口仅通过内蒙古口岸，呈通道经济特点。虽然进出口保持增速，但是对内蒙古经济增长贡献率低，拉动经济增长动力有限。

第二，全区工业发展处在降能耗、去产能、补短板的背景下，部分高耗能、高污染企业将面临被关闭或者停产进行技术改造，减少生产规模，与之相应的企业投资会大大降低。新兴服务业领域尚未兴起，依然以传统服务业为主，冷链物流、互联网引领的上、中、下游服务业落后，生产性服务业发展匮乏。仅依靠现有产业，对内蒙古经济增长拉动的动力不足。

第三，消费和投资是内蒙古经济增长的原动力。2018年，内蒙古城镇消费低于乡村消费，城镇消费成本的增加导致城镇消费动力不足，经济发展将有可能步入城市化陷阱。经济不景气导致社会投资信心降低，财政收入负增长使得政府投资不断紧缩。

对内蒙古经济运行下行趋势判断，不仅依据其自身发展特点，还有国内宏观经济运行环境、与发达省区之间差距拉大也会产生较大影响。2018年，我国前11个月数据显示，规模以上工业增加值、消费、出口、财政收入、采购经理人指数等多项指标增速放缓甚至回落，汽车行业、石化行业、电子行业均出现增速明显放缓，从近期生产价格指数、工业企业盈利、采购经理人指数的弱势表现，短期内制造业生产端较难出现大幅复苏，宏观经济下行趋势明显，这个趋势可能会延续到明年第一、二季度。国内发达省区推进新动能、促进非公经济发展力度空前，在全国新经济市场形成过程中，在投资竞争和市场竞争领域都会对内蒙古新经济成长造成一定的压力。

（二）2019年内蒙古经济形势预测及重点发展方向

基于国内宏观经济运行环境和内蒙古经济现状判断，2019年内蒙古经济增长速度预计在5%左右。从内蒙古投资预期分析，2019年呼和浩特机场、高铁等大型基础设施建设项目将会小幅拉动经济增长。但依靠政府投资拉动经济增长作用有限，未来应重点发展实体经济，降低城市生活成本，尤其是房地产价格，激励居民消费，缩小城乡居民自由流动的消费成本，激励更多人口尤其是青壮年劳动力汇集呼和浩特、包头等核心城市；优化服务业行业结构，依托互联网应用发展现代服务业、冷链物流、生产性服务业；积极承接沿海发达地区产业转移，补齐内蒙古短板产业。

六、促进2019年内蒙古经济发展对策思路

（一）转变考量经济发展水平的理念，推进新旧动能转换

与全国经济转型带来的问题相同，内蒙古经济在近中期会呈现规模收缩、高质量发展提升阶段，从传统国内生产总值增速的经济考量角度看，经济增长处于低迷状态的假象也许会是下一个五年计划的常态。因此，在经济工作中，应适应社会主要矛盾和发展方式的转变，以推动新旧动能转换、促进高质量发展为部署经济工作的着眼点。将工作重心转向可以为经济增长提供持续动力的基础性工作，如推进现代农牧业生产体系建设；树立发展现代能源经济理念，推动能源产业组成跨盟市、跨所属集团的内蒙古能源企业集群网络等现代生产组织；促进生活性服务业跨盟市、跨区域发展；促进青壮年劳动力、科技、创新主体等新经济所需要的生产要素向中心城市呼和浩特汇集，构建社会经济交互发展的新经济增长极，等等。

（二）着力优化营商环境，促进非公经济发展

2018年，党中央对非公经济发展予以高度重视。11月1日，习近平总书记在民营企业座谈会上再次强调，改革开放40年来，民营企业蓬勃发展，民营经济从小到大、由弱变强，在稳定增长、促进创新、增加就业、改善民生等方面发挥了重要作用，成为推动经济社会发展的重要力量。截至2017年底，内蒙古民营企业数量占企业总量的87.3%，

注册资本占49.6%，民营企业、个体工商户从业人员588.63万人。

从新经济特征分析，促进民营经济发展的关键是要有一个良好的营商环境，能否通过以引进新技术、培育新产业、激励人才汇集发展新业态、探索新模式推进新动能发展，营商环境也是至关重要的影响因素。在一些机构颁布的2018年中国35座大中城市的营商环境评价中，呼和浩特位列第三名，软环境指数、基础设施指数、市场环境指数和社会服务指数分别列第三十、三十二、三十和二十八位；在全国营商环境质量指数排名前三十的城市中，内蒙古无一城市进入；据自治区委托的专项调查，内蒙古企业对营商环境总体满意度偏低，政府服务能力、诚信程度偏低，一视同仁、公平竞争环境尚未形成，显示内蒙古营商环境处于全国下游水平。

内蒙古优化营商环境的主体是直接与经济活动相关联的为企业提供社会服务的各级各类政府机构。内蒙古这类部门较多还在传统社会运行观念的支配下充当管理者的角色，在向中央一再提出的服务型政府转变进程中，既落后于发达省区城市，又与内蒙古社会经济发展需要不匹配。优化营商环境的重点在三个方面：提高政府服务能力；提高政府在公债去杠杆、履行合同协议方面的诚信度；协调国家税务总局落实税收服务制度，提高税收服务效率和社会对税收征管服务满意度。

（三）围绕改善城市功能，提高城镇居民生活质量，引导社会投资，调整和优化投资结构，提高投资对新动能发展的支撑效用

要树立抓大项目投资与促进提高百姓生活质量领域的投资并重理念，围绕完善城镇功能，补齐生活服务业新需求供给不足的短板，以一般公共预算支出做铺路资金，整合政府性基金、企业纾困发展基金、企业流动性风险防范基金，扶持民间资金进入城市服务业各领域，活跃城市经济，提高城市对高端生产要素的吸纳能力。继续加强政府投资对稳投资的引领带动作用，放大对民间资本投资的扶持政策效能。

减少对高污染、高消耗、高投入、低效益的产业投资，减少低质低效的重复性投资，加大技术改造的投资力度，促进传统产业利用新技术、新业态、新模式形成新动能；加大新兴产业优质项目的投资力度，积极培育新经济、新业态、新技术的创新项目；提升对物流、融资租赁等生产性服务业的投资比重。积极搭建相关数据平台，建立投资评估与绩效评价体系，完善投资环境。

（四）加大财政资金引导作用，提高一般公共预算支出效率

2018年以来，应对我国经济运行稳中有变新形势，中共中央政治局7月31日会议、10月31日会议和2018年12月中央经济工作会议在部署经济工作时指出要“坚持实施积极的财政政策”，“实施好积极的财政政策”，“积极的财政政策要加力提效，实施更大规模的减税降费”。2018年，预计全年可减轻税费负担1.3万亿元，2019年的减税让利力度会更大。从中央经济调控目标和具体措施上，更为明确地显示出国家治理模式的变化。减税降费，降低企业的运营成本，使企业的盈利空间增大，体现了政府对资源控制权的让渡，但也会影响政府可支配财力规模扩张。依据内蒙古社会发展需求与新旧动能转换的时间阶段分析，未来会持续面临一般预算收入与支出需求相比不断下降趋势，出现财政施策空间收缩局面。实行积极的财政政策以对表高质量发展要求，就成为考验自治区各级政府施政能力的重要标杆。积极的财政政策不等于扩张的财政政策，在财政资金预算约束机制下，需要各级政府综合分析判断当地社会发展与经济体系建设的相互关系，要让“取之于民”的资金真正“用之于民”，加大财政资金引导作用，提高一般公共预算支出效率。

内蒙古目前仍然是以资源型经济为主的省区，新旧动能转换刚刚启动，高新技术产业占比很小，大部分盟市经济结构还很不合理，经济短板是新兴产业、高端产业、高附加值产业和资本科技密集型产业少。因此，导致内蒙古产业投资趋向尚不明确，自治区确定的产业政策落实受阻。这种情况下，发挥财政资金投入的引导作用和条件改善作用就十分重要。内蒙古实施积极的财政政策就需要在调结构和补短板方面精准发力，对症下药。当前国际国内形势多变，要实现习近平总书记在2018年两会时参加内蒙古代表团审议时提出的“三个扎实”要求，尤其是“扎实推动经济高质量发展”这一点，势必要在响应国家的大政方针之下，根据区情，制定符合内蒙古发展的积极有为的财政政策，加大财政资金引导作用，提高一般公共预算支出效率，为内蒙古经济高质量发展提供一个稳定良好的营商环境。

（五）加强跨区域经济合作，促进区域协调发展

当前，推进基本公共服务均等化、基础设施通达程度比较均衡和人民生活水平大体相当是十九大确定的区域协调发展战略目标，这一战略的实施会逐步提高要素在区域间流动的可能性和便利性。内蒙古应加强跨区域经济合作，积极创新区域合作机制，为推动要素集聚和优化配置搭建平台，促进形成协同发展和开放发展的区域协调发展新格局。

一是推动完善东北四省区跨区域合作机制。第一，充分整合内蒙古党政部门、高等院校、科研院所、企业和社会智库资源，围绕东北振兴及区域协调发展问题开展专项研究工作，鼓励各类智库与东北三省智库平台建立常态化交流和合作机制。第二，依托东北四省区行政首长协商机制平台，从利益共享、协调机构和法律保障等方面，探索建立更加有效的区域协调发展新机制。第三，支持跨省区合作机制的制度创新，探索政府引导、企业参与、优势互补、园区共建、利益共享的“飞地经济”合作；探索以城市为核心的产城融合发展，积极寻求蒙东地区盟市与东北区域中心城市之间的产业合作。

二是推动完善内蒙古与俄罗斯和蒙古国跨区域合作机制。第一，鼓励各类智库与俄罗斯、蒙古国建立常态化交流和合作机制，探索搭建更加开放的学术交流平台和学术资源在线共建共享平台，拓展区内智库与俄罗斯、蒙古国智库交流和合作的深度及广度，提高智库对“中蒙俄经济走廊”建设的决策支撑水平。第二，探索建立内蒙古与俄罗斯、蒙古国的跨区域产学研用协同创新机制，破除体制机制不完善、信息需求不对称和成果转化不顺畅等现实障碍，将政府优惠政策和各类支持措施落在企业，充分调动企业这一创新主体的积极性，围绕各自优势领域和已有合作基础，共同深化推进务实合作。

（六）巩固发展成果，进一步提高文化旅游产业发展水平

随着我国居民收入持续增长和消费结构加速升级，内蒙古文化旅游总体上还处于有效供给相对不足的状态，高端文化旅游产品和服务供给不足与人民群众日益增长的美好文化旅游需要之间的矛盾，已成为进入新时代内蒙古文化旅游业的基本特征。内蒙古文化旅游业发展过程中，存在文化旅游供给结构不尽合理，精品景区、路线，产品不足；文化旅游供给质量不高，文化旅游品牌，文化旅游配套短板，文化旅游服务质量和水平低；文化旅游应急服务体系建设不健全，文化旅游行业诚信体系待完善，文化旅游投诉渠道不畅通，营商环境急需优化；文化旅游供给效率相对较低等问题。上述问题的解决，需要发展智慧文化旅游，加强文化旅游综合保障，深化文化旅游改革，在做到理念、资源、项目、企业、平台五融合的前提下，加快文化旅游业供给侧结构性改革，从而促进内蒙古文化旅游业实现高质量的跨越式发展。

课题负责人：于光军

课题组成员：辛倬语　马晓军　李赛男　乔　瑞　毛伟华

2018年内蒙古经济运行情况及2019年经济走势

张　晶　蔡雨成

摘要：2018年，内蒙古全面落实新发展理念，着力深化供给侧结构性改革，积极推动经济高质量发展，全区经济保持了总体平稳、稳中有进的运行态势。同时，经济运行中也存在三大方面的矛盾和问题，需要今后认真加以解决。展望2019年，全区将在习近平新时代中国特色社会主义思想指引下，持续深化推进供给侧结构性改革，加快培育经济新动能，使全区经济向高质量发展阶段稳步迈进，实现平稳健康发展。

关键词：内蒙古；经济；稳中有进；工作建议

2018年，全区坚持以习近平新时代中国特色社会主义思想为指导，认真贯彻落实党中央、国务院和自治区党委、政府重大决策部署，全面落实新发展理念，着力深化供给侧结构性改革，积极推动经济高质量发展。全区经济保持了总体平稳、稳中有进的运行态势。展望2019年，将迎来中华人民共和国成立70周年，也是夺取全面建成小康社会胜利的关键之年，全区将在习近平新时代中国特色社会主义思想指引下，持续深化推进供给侧结构性改革，加快培育经济新动能，全区经济将向高质量发展阶段稳步迈进，实现平稳健康发展。

一、2018年全区经济运行基本情况

2018年前三季度，全区地区生产总值达到12309.2亿元，按可比价

格计算，同比增长5.1%。分三次产业看，第一、二、三产业增加值同比分别增长2.4%、4.2%和6.0%。

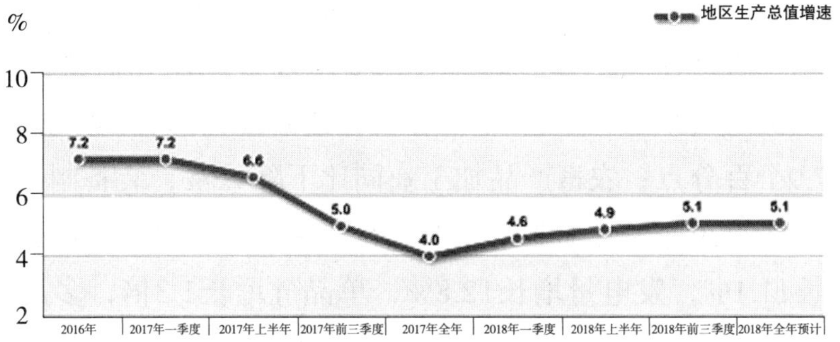

图1　全区地区生产总值增速

（一）粮食生产喜获丰收

2018年，随着全区各项强农惠农政策的落实到位，大规模推广农业科学技术，粮食生产能力得到进一步提升。2018年，全区粮食总产量达到3553万吨（710.6亿斤），首次突破700亿斤，创历史新高并连续6年超过600亿斤，产量在全国各省区市中居第8位，超过四川省，位居西部第一位；比上年增长9.2%。

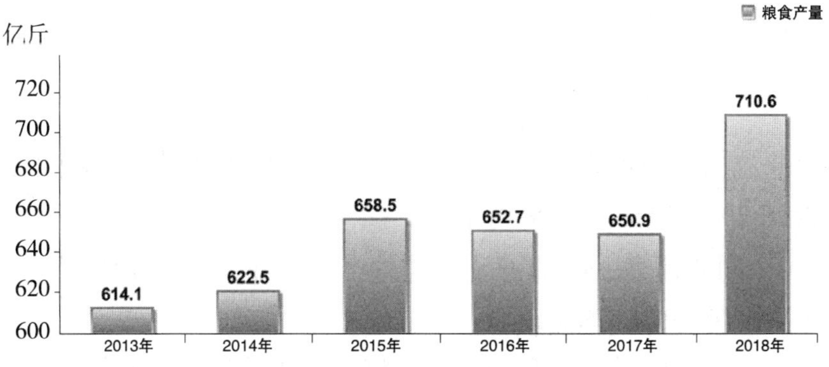

图2　内蒙古粮食总产量情况

（二）工业增长回升势头明显

2018年1—11月，全区规模以上工业增加值同比增长7.3%，比前三季度和上半年分别加快1.3个和1.5个百分点；增速在全国各省区市的排位由2018年一季度的第二十五位上升至第十三位。三大门类全面增长。采矿业增加值增长1.4%，制造业增长8.7%，电力、热力、燃气及水生产和供应业增长14.4%。六大支柱产业“四升两降”。能源工业、化学工业、冶金建材工业、高新技术业增加值同比分别增长7.3%、14.2%、8.3%和23.0%，上述4个产业占比达89.6%，共拉动规模以上工业增长7.9个百分点；农畜产品加工业同比下降4.3%，装备制造业下降1.8%。统计的29种主要工业产品中，有18种产品产量实现增长。原煤同比增长11.1%，发电量增长12.8%，单晶硅增长1.3倍，多晶硅增长47.0%，石墨及碳素制品增长30.5%，汽车增长26.6%。产销衔接持续好转。规模以上工业企业产销率达到99.0%，同比提高2个百分点。

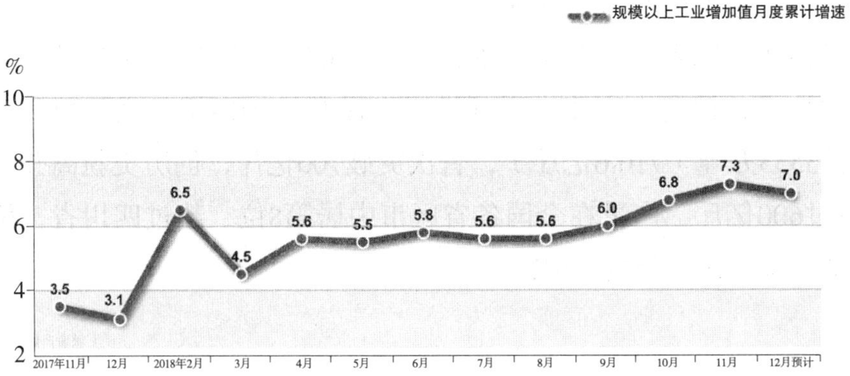

图3　全区规模以上工业增加值月度累计增速

企业盈利能力增强。1—11月，全区规模以上工业企业利润总额同比增长16.2%，快于全国平均水平4.4个百分点；主营业务收入利润率为10.6%，同比提高0.3个百分点，也高于全国平均水平4.1个百分点。

（三）投资降幅连续收窄

2018年1—11月，全区500万元以上项目固定资产投资同比下降28.1%，连续6个月降幅收窄。投资结构继续优化。工业技改投资占全部工业投资的比重为13.3%，同比提高0.7个百分点。其中，制造业技改投资占制造业投资比重为16.1%，同比提高4.8个百分点。高技术制造业投资增长29.1%，快于全国平均水平13个百分点。房地产开发投资降幅收窄。全区房地产开发投资完成875.1亿元，同比下降3.4%，降幅较1—10月收窄0.8个百分点；商品房销售面积同比下降2.6%，商品房销售额同比增长15.8%。

（四）消费市场有所回落

2018年1—11月，全区社会消费品零售总额完成6601.3亿元，同比增长6.6%，增速较1—10月回落0.2个百分点。分城乡看，城镇零售额同比增长6.3%；乡村零售额增长8.5%，快于城镇2.2个百分点。

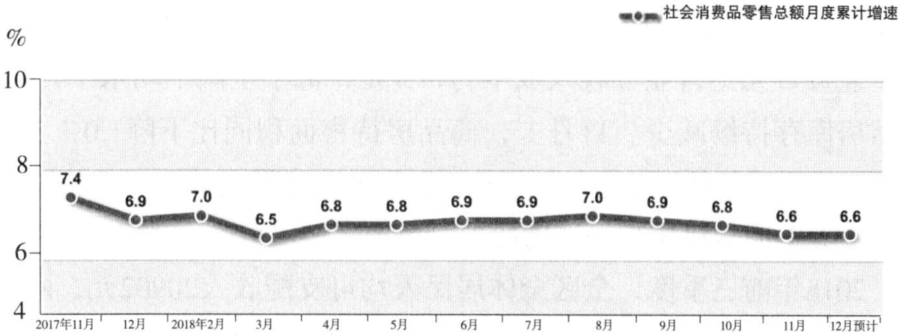

图4　全区社会消费品零售总额月度累计增速

（五）进出口贸易较快增长

2018年1—11月，全区进出口总值938.7亿元，同比增长8.9%。其中，出口增长13.4%，进口增长6.5%。全区加工贸易进出口总值同比增长86.0%。与“一带一路”沿线国家贸易保持快速增长，其中对蒙古国、越南、德国、荷兰进出口分别同比增长23.4%、1.4倍、61.1%和40.5%。全区实际利用外资25亿美元，同比增长3.2%。

（六）财政金融信贷稳步回升

2018年1—11月，全区一般公共预算收入完成1702.9亿元，同比增长4.4%；一般公共预算支出完成4031.7亿元，同比增长3.1%。有效保障重点领域支出，用于民生支出2782.0亿元，占比为69.0%，高于上年同期2.3个百分点。11月末，全区金融机构人民币存款余额23419.5亿元，同比增长0.6%；金融机构人民币贷款余额21986.7亿元，同比增长

3.0%。

（七）市场价格保持平稳

2018年1—11月，全区居民消费价格累计同比上涨1.8%，低于全国平均水平0.3个百分点。其中，城市上涨1.8%，农村牧区上涨2.0%。全区工业生产者出厂价格同比上涨3.4%，工业生产者购进价格同比上涨2.5%。

（八）供给侧结构性改革取得实效

企业负债率进一步下降。2018年1—11月，规模以上工业企业资产负债率为63.7%，同比下降1.2个百分点。企业成本降低。规模以上工业企业每百元主营业务收入成本为77.1元，低于全国平均水平7.1元。商品房库存持续减少。11月末，商品房待售面积同比下降1.0%。短板领域投资增长较快。1—11月，居民服务业投资同比增长35.0%。

（九）城乡居民生活持续改善

2018年前三季度，全区全体居民人均可支配收入20902元，同比增长8.2%。按常住地分，城镇居民人均可支配收入28910元，增长7.3%；农村牧区居民人均可支配收入9291元，增长9.6%。全区全体居民人均生活消费支出14136元，同比增长3.4%。按常住地分，城镇居民人均生活消费支出17656元，增长3.0%；农村牧区居民人均生活消费支出9032元，增长3.3%。

（十）协调发展有序推进

蒙东经济稳定好转。2018年1—11月，蒙东地区规模以上工业增加值同比增长4.6%，增速较1—10月加快0.3个百分点；社会消费品零售总额同比增长6.8%，快于全区平均水平0.2个百分点；蒙东地区500万元以上项目基础设施投资占蒙东地区投资的比重为45.5%，比1—10月提高0.9个百分点。民营经济发展势头良好。1—11月，全区民营经济规模以上工业增加值同比增长6.5%，对规模以上工业增加值的贡献率为39.4%；民营经济社会消费品零售总额同比增长6.6%，与全区平均水平持平；民营经济投资占全部投资的49.5%。

（十一）经济活跃度增强

2018年1—11月，全区全社会用电量同比增长15.0%，较1—10月加快0.2个百分点。其中，工业用电量增长14.4%。货运量同比增长9.1%，较1—10月加快0.3个百分点。其中，公路货运量增长8.8%；铁路货运量增长9.7%。民航客运量达到1242.5万人，同比增长13.2%。

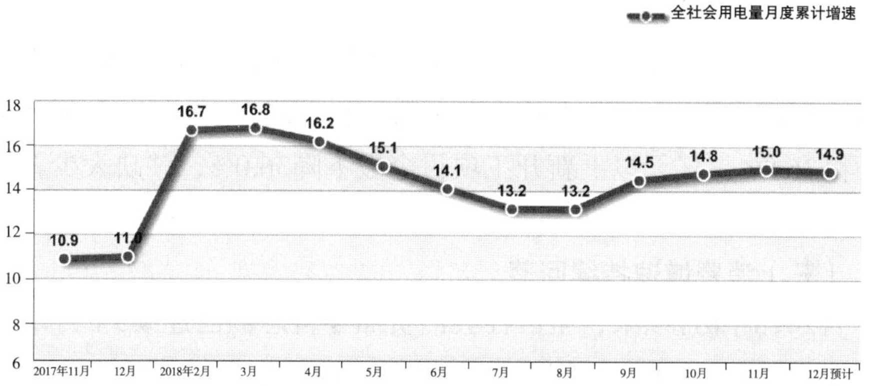

图5　全区社会消费品零售总额月度累计增速

二、当前全区经济运行中存在的主要问题

在取得新成绩的同时，全区经济也表现出稳中有变、变中有忧的运行特点。虽然这些问题是前进中的问题，但仍需增强忧患意识，有针对性地加以解决。

（一）工业新旧动能转换相对缓慢

当前，全区工业发展仍主要依靠能源、冶金建材、化学工业等传统行业支撑，改造升级步伐缓慢，“挖煤买煤”的现状还有待进一步改变。2018年1—11月，全区原煤开采选洗业增加值占规模以上工业的比重达29.9%。而六大支柱产业中，装备制造工业和高新技术业占比仅为3.7%，远低于全国平均水平。工业节能降耗形势仍较严峻，1—11月，全区规模以上工业综合能源消费同比增长13.9%，较上年同期提高9.2个百分点，很难完成节能双控目标。近期由于煤炭、冶金、化工等市场价格回落，我区部分行业已经受到影响。1—11月，全区规模以上工业非金属矿物制品业、黑色金属冶炼和压延加工业利润总额分别同比增长6.7%、41.9%，增速分别较前10个月回落19.8个、19.9个百分点；有色金属冶炼和压延加工业利润总额下降56.2%，降幅较前10个月扩大11.9个百分点；煤炭开采和洗选业利润总额增幅由正转负，下降0.3%，较前10个月低2.5个百分点。

（二）投资项目储备不足

2018年1—11月，全区基础设施投资同比下降31.1%，降幅大于全区固定资产投资3个百分点；施工项目同比下降29.0%，其中新开工项目下降36.8%，亿元以上新开工项目个数下降36.0%，“缺大少新”问题严重。投资项目储备不足，将严重影响后续的产业发展。

（三）消费增速持续回落

自2018年8月以来，全区社会消费品零售总额已连续3个月增速回落。主要原因：一是限额以上商品零售额3月以来始终处于负增长态势，拉低了全区社会消费品零售总额增速。二是汽车类重点商品销售下滑明显影响增大。在限额以上商品零售额中，占比较大的汽车类商品下降明显，由于11月当月我区汽车类商品零售额同比下降34.6%，直接下拉前11个月全区社会消费品零售总额1.1个百分点。

三、对2019年全区经济走势研判

展望2019年，综合国内、区内环境和各种要素变化情况分析判断，全区经济面临的机遇与挑战并存，希望与困难同在。从国内、区内两方面形势具体分析：

（一）从国内形势看，对我区既有新挑战，也有新机遇

一是从发展条件看，2019年，我国发展仍拥有足够的韧性、巨大的潜力；从发展趋势看，我国经济长期向好的态势仍不会改变；从政策取向看，仍会实施积极的财政政策和稳健的货币政策，就业优先政策等；从具体措施看，将会推动更大规模减税、更明显降幅，着力优化营商环境，落实创新驱动发展战略，瞄准全面建成小康社会硬任务，持续释放内需潜力，深化财税金融、国资国企等重点领域改革等系列措施，这些措施逐步出台落实后，将会为我区经济保持持续健康发展提供巨大的政策和环境红利。

二是全国房地产市场出现的一些新变化对我区形成了传导效应。当前，全国房地产市场特别是二三线城市呈现出房源供应日益趋紧，房价涨幅较大的走势，目前这种态势已逐步传导到我区城市，近期我区部分城市房价上涨较快，一定程度上影响了我区房地产市场的秩序和民众的幸福感、满意度。

三是我国的开放程度不断提高，为我区发展开放型经济提供了良好的外部环境。2018年，我国又推出了一系列扩大开放的新举措，支持贸易自由化、投资便利化，开放程度不断加深，这为我区发展开放型经济，提升对外开放水平，参与全球产业链分工，吸引外资、借助外力等提供了良好的平台和环境。

四是我国医药卫生领域的一些创新成果为我区居民的健康提供了根本保障。目前，我国在药物微球材料领域的研究取得重大成就，已达到世界领先水平，降低了依靠这项技术生产的药品如胰岛素等的成本，为保障我区居民健康水平减轻了负担。

（二）对2019年内蒙古经济形势的研判

综合各方面因素分析，展望2019年，全区经济总体将延续总体平稳、稳中有进的运行态势，但也要有应对外部环境变化的准备。总体看，全区经济实现持续稳定发展仍有不少积极有利的因素和条件。“四好农村路”建设稳步推进，为乡村振兴和脱贫攻坚提供了有力支撑。交通运输是发展的先行官。当前，全区“四好农村路”建设扎实稳步推进，为农村牧区带来了人气财气，凝聚了基层农牧民群众的民心。以农村牧区公路为依托，全区各地结合自身优势特点，探索出了以公路为支撑的各种发展模式，提升了农村牧区综合运输服务保障能力，为乡村振兴和脱贫攻坚提供了有力支撑。全区行政效能明显提升，营商环境不断优化。近几年，自治区坚决贯彻执行国家推出的各项旨在提高行政效能，激发市场活力的简政放权系列改革举措，如陆续实施了国际贸易单一窗口改革、海关智能卡口、建筑工程审批“承诺制”等“放管服”改革措施。这些政策措施的深入实施，有效破解了企业投资生产经营中的堵点和痛点，为企业提供了更加便利和周到的服务，激发了市场活力和经济动力。

同时，当前全区部分产业和行业发展也遇到一些困难，可能会影响到未来这些行业的持续稳定发展，需要积极加以化解。如当前，我国进口依存度较高的大豆特别是东北大豆市场出现了卖难价跌的情况，对我区东部盟市部分种豆农民销售大豆造成了较大困难，收益也受到了明显影响。

四、推动全区经济平稳健康发展的对策建议

2019年，全区坚持以习近平新时代中国特色社会主义思想为指导，深入贯彻落实中央经济工作会议精神，坚持新发展理念，围绕经济高质量发展要求，持续深化供给侧结构性改革，进一步做好稳就业、稳金融、稳外贸、稳外资、稳投资、稳预期工作，保持全区经济持续健康发展。

（一）认真落实农牧业高质量发展要求，深入实施乡村振兴战略

2019年，全区要以中央农村工作会议精神为指导，坚持农牧业农村牧区优先发展，牢牢把握稳中求进工作总基调，深入实施乡村振兴战略。以科技引领现代农牧业发展。在发展现代农牧产业中，要注入更多科技因素，以科技力量助推农牧业生产方式的转变，催生出新的产业业态，如在我区广大牧区要大力推广卫星放牧系统等新型科技手段；充分发挥大专院校科研院所和科技特派员的作用，让科学技术成为扶贫攻坚的重要力量。有效提升农村牧区环境治理水平。借鉴浙江省农村实施的“千万工程”有益经验，在尊重农牧民意愿的基础上，加大对农村牧区的财政投入力度，探索设立驻村特派员和指导员制度，引导和组织好农村牧区人居环境治理，挖掘出环境治理带来的红

利，激发农牧民参与环境治理的积极性，创造条件将生态优势转化为经济优势。

（二）优化营商环境，增加短板供给

狠抓稳投资。积极实施自治区2018—2020年重大项目滚动计划，持续加大对基础设施、高技术产业、战略性新兴产业等实体经济投资。充分发挥自治区的区位、资源、电价和政策等优势，进一步深化“放管服”改革，破解土地、资金、人力资源等要素瓶颈，兑现各类优惠政策承诺，努力营造良好营商环境，吸引有竞争力的大企业来自治区置产兴业。要引导企业更加重视工业设计。在全区经济新旧动能接续转换的关键时期，要引导鼓励工业企业重视工业设计，有效运用工业设计成果，切实提高创新力和竞争力。

（三）大力培育新消费热点，促进消费不断升级

积极拓展信息、休闲、健康、养老、教育、文化、旅游等消费新领域，优化新能源汽车市场配置，完善新能源汽车配套设施建设，推动新能源汽车稳步发展。推动实体企业转型发展，加快线上线下融合，促进新型商贸业态合理布局。加强农村市场基础设施建设，完善农产品流通网络，释放乡村消费品市场潜力。引导鼓励全区有条件的地区大力发展工业旅游，培育创建一批国家和自治区级工业旅游示范基地，实现工业与旅游业的融合发展、互促共进。

（四）加大统筹力度，推动经济协调发展

一是紧紧抓住深入实施东北振兴战略有利机遇，巩固和壮大蒙东地区传统优势产业发展，加大招商引资力度，补齐短板领域，增加有效供给，推动蒙东地区加快发展。二是落实自治区党委、政府《关于促进民营经济高质量发展若干措施》，进一步优化民营经济发展环境，拓宽民营经济发展空间。加大金融支持力度，搭建融资平台，完善银企合作机制，满足企业融资需要，缓解企业资金压力。

（五）加强保障和改善民生，切实守住民生底线

民生工作要突出保基本兜底线。将稳就业摆在更加突出的位置，重点解决好高校毕业生、农牧民工、退役军人等群体的就业工作。加快推进居民安居乐业。全区要按照中央提出的“加快建立多主体供应、多渠道保障、租购并举的住房制度”目标，制定相关政策，积极探索以政府出让土地，企事业单位投资建设，供企事业单位职工居住（人才公寓类）的住房制度形式，切实解决“夹心层”（既无法享受保障房，也无力购买商品房）职工群体的住房难问题，也可帮助企事业单位吸引人才、留住人才、稳定人才队伍，使更多人实现安居梦。要更加重视儿科医疗服务体系建设。当前，在国家放开二胎政策后，全区对儿科医生的需求大增，儿科医生短缺的问题也更为严重。因此，要加强儿科建设，通过有效激励、培训等手段扩大儿科医生队伍，切实解决儿科医生待遇偏低的问题，保障全区儿童健康茁壮成长。在精准扶贫中充分发挥科技的力量。科技是改变贫困的重要手段，要充分发挥更接地气、更符合实际的田野地头的创新能力，培育更多的“土专家”和农村牧区科技带头人，让科技在精准扶贫中发挥更大作用。

作者单位：内蒙古自治区统计局综合处

责任编辑：焦志强

经济篇

内蒙古农牧业发展形势

摘要：2018年，内蒙古各级农牧部门以实施乡村振兴战略为总抓手，以农牧业供给侧结构性改革为主线，坚持目标导向、问题导向，推动乡村振兴战略实现良好开局，农村牧区人居环境整治全面启动。2019年，内蒙古将继续以实施乡村振兴战略为总抓手，实施高效节水、奶业振兴等高质量发展十大行动计划，推进农牧业和农村牧区高质量发展。

关键词：乡村振兴；农牧业供给侧结构性改革；高质量发展

2018年，内蒙古各级农牧部门以实施乡村振兴战略为总抓手，以农牧业供给侧结构性改革为主线，坚持目标导向、问题导向，推动乡村振兴战略实现良好开局，农村牧区人居环境整治全面启动。乡村振兴规划三项约束性指标均超额完成任务，其中粮食综合生产能力稳定在650亿斤左右，畜禽粪污综合利用率预计达到73.5%，所有苏木乡镇和具备条件的嘎查村通了沥青水泥路；全区肉类产量预计达到270万吨左右；农畜水产品总体合格率继续保持在97%以上。草原补奖、“粮改饲”、基层农技推广改革与建设、农产品质量安全监管、稳定发展粮食生产、农机购置补贴6项工作在农业农村部考评中名列前三位或优秀，走在全国前列。前三季度，第一产业总产值1147.6亿元，增长2.5%左右；农村牧区人均居民可支配收入达到9291元，同比增长9.6%。

一、乡村振兴实现良好开局

一是会同发改委等相关部门编制了全区乡村振兴战略规划，起草了乡村产业振兴实施方案，制定了《内蒙古自治区实施乡村振兴战略考核暂行办法》，所有旗县都做了村庄布局规划，8516个行政村编制了村庄规划。二是制定实施了《内蒙古自治区农村牧区人居环境整治三年行动方案（2018—2020年）》，在6个旗县市整建制开展人居环境整治试点。建设了926个生活垃圾处理试点、180个生活污水治理试点，建成2.96万个卫生厕所、1.3万个无害化卫生厕所，4749个行政村生活垃圾得到处理。三是全区重点打造了114个乡村振兴规划建设示范点，创建国家级休闲农牧业和乡村旅游示范旗县9个、最美休闲乡村18个。成功举办内蒙古首届中国农民丰收节，组织各类丰收节活动90余场，农牧民参与人数达到30.8万人，切实增强了农牧民获得感、幸福感。

二、农牧业生产稳定发展

一是农牧业综合生产能力跃上新台阶。粮食产量居全国前十位，是我国6个粮食净调出省区之一，牛奶、羊肉、羊绒产量居全国首位，牛肉产量全国第三。二是种植结构不断调优。开展耕地轮作试点600万亩，占全国试点面积的1/5，带动压减籽粒玉米56万亩，扩种大豆647万亩，超额完成国家下达的年度任务，粮、经、饲比例调整为72：17：11。三是畜牧生产稳定发展。开展“粮改饲”试点145.8万亩，建设优质苜蓿98万亩，畜禽综合规模化率达到69.1%。克服严重旱情、水灾和非洲猪瘟等不利影响，前三季度肉牛出栏236.6万头、肉羊出栏4295.3万只、生猪出栏705.7万头，牲畜出栏和肉类产量实现双增长。四是产业化水平进一步提升。销售收入500万元以上农畜产品加工企业预计完成增加值950亿元，增长6.8%，农畜产品加工率提高到63%。牛奶、羊肉、羊绒、葵花籽、杂粮杂豆等加工产业规模居全国第一，乳业成为超千亿级产业。五原县、扎兰屯市、科尔沁右翼前旗3个旗县入选全国农村创业创新典型县，科尔沁左翼中旗、五原县、科尔沁右翼前旗、锡林浩特市、土默特右旗5个旗县入选创建国家农村一二三产业融合发展先导区，通辽市科尔沁区育新镇等8个乡镇列为农业产业强镇国家试点项目。

三、农牧业发展质量明显提升

实施了农牧业标准化、农牧业科技支撑行动计划，农牧业由增产导向向提质导向转变。一是农牧业标准化生产规模不断扩大。坚持无标建标、有标提标，制定推广了214项农牧业绿色生产标准和技术规范。扶持新型经营主体发展，全区认定职业农牧民近1万人、农牧民合作社8.2万家、家庭农牧场1.3万个，带动小农牧户按标生产，主要农作物标准化面积达到4783.8万亩，标准化养殖存栏达到3734.7万头只，全区标准化种植技术覆盖率达到46%，标准化养殖配套技术覆盖率达到45%以上。二是农牧业基础设施不断完善。实施高效节水农田建设，大规模推广应用高效节水灌溉技术，高效节水农田达到4201万亩，其中通辽市新增浅埋滴灌370万亩，为粮食持续稳产增产提供有力支持。发展建设性畜牧业，全力开展棚圈、青贮窖等基础设施建设，牲畜全部实现棚圈化，过冬畜暖棚羊单位占有面积1.1平方米以上，大小畜繁殖成活率达到98.7%，过冬畜羊单位平均贮草164公斤，可基本满足牲畜3个月过冬需求，在全国五大牧区处于领先水平。扎实推进扎赉特旗国家现代农业产业园和锡林郭勒盟、巴彦淖尔市杭锦后旗2个国家级特色农产品优势区建设，全区设施农业新增24.5万亩。三是科技创新能力和机械化水平不断提升。加快推进南繁基地、国家核心育种场、种羊场建设，落实国家现代种业提升工程，主要农作物良种覆盖率保持在98%以上，畜禽良种化率达到90%以上，优质冻精实现全覆盖，农牧业科技进步贡献率预计达到55%。大力推广主要农作物生产全程机械化和人工牧草生产全程机械化技术模式，农作物综合机械化水平预计提高到84%，高出全国15个百分点。

四、农牧业绿色发展进程加快

认真做好中央环保巡视“回头看”问题整改工作，实施农牧业产地环境净化行动计划。一是成立了由分管主席任组长的推进畜禽养殖废弃物资源化利用领导小组，印发了《畜禽粪污资源化利用工作方案（2017—2020年）》，支持2300多个奶牛、肉牛、肉羊规模养殖场建设粪污处理设施，在31个畜牧旗县整旗县推进畜禽粪污资源化利用，全区畜禽粪污综合利用率达到73.16%，规模养殖场粪污处理设施装备配套率达到87.21%，顺利完成年度任务。二是制定下发了秸秆综合利用试点项目和地膜回收利用示范县建设实施方案，分别在12个旗县和15个旗县开展试点示范项目建设，秸秆还田总面积达到3500万亩，秸秆综合利用率达到83.5%；完成地膜回收面积 90万亩，地膜回收率达到65%，有力推动了耕地质量提升。三是落实化肥减量增效12项措施和农药控药减害17项措施，推广测土配方施肥技术9050万亩，配方肥施用5359万亩，增施有机肥4157万亩；以50个示范旗县为核心，完成绿色防控4530万亩，化肥农药使用量预计减少3%，实现负增长。四是根据承担任务，强力推进“一湖两海”生态综合治理，实施呼伦湖419户1400名牧民生态移民搬迁，推进乌梁素海河套灌区减肥减药，带动岱海周边8.8万亩农田“水改旱”，得到了中央环保督查组领导的肯定。

五、农牧业品牌建设进一步加强

实施农畜产品品牌提升行动计划，切实加强我区农牧业品牌建设，推动更多优质农畜产品“走出去”。一是展会推介效果明显。成功举办第六届绿色农畜产品博览会、内蒙古优质农畜产品品牌推介会，组织企业参加长沙第十六届中国国际农产品交易会、全国农业产业化交易会等各类交易洽谈会，签约达7亿多元，有效推动农畜产品走出村，卖向全国，卖出好价钱。二是品牌建设持续加强。积极开展“蒙字号”品牌和区域公共品牌建设，启动“蒙货全国行”活动，锡林郭勒羊肉等4个品牌被评为全国百强区域公共品牌，蒙牛、蒙羊、蒙草、蒙稻等“蒙字号”品牌和锡林郭勒羊肉、科尔沁牛肉、兴安盟大米、乌兰察布马铃薯等区域公共品牌越树越亮，通辽黄玉米、科尔沁牛、乌兰察布马铃薯3个区域品牌价值评价超百亿元。努力打造全国的奶业大王、羊肉大王、牛肉大王、羊绒大王和草业大王。三是农畜产品实现优质优价。全区“三品一标”产品总数达到3259个，用标企业1078家，有机产品产量1251.5万吨，居全国首位。内蒙古主要农畜产品质价双升、购销两旺，进入秋季，玉米、马铃薯、牛肉和羊肉平均价格分别为1.7元/公斤、1.3元/公斤、56元/公斤、58.6元/公斤，同比分别上涨9%、10%、7%、9%。主要农畜产品价格的上涨，有效增加了农牧民经营性收入，成为农牧民可支配收入增长的主要动力。

六、草原保护与建设各项工作进展顺利

实施草原生态保护与建设行动计划，全面加强草原生态建设，像保护眼睛一样保护草原。一是深入落实中央巡视“回头看”反馈意见，整改破坏草原38.88万亩所涉及的6548起案件。落实中央环保督察反馈意见整改，清理整顿未履行审核审批手续征占用草原项目完成2967个，完成率81.4%，目前正全力推进，力争按时完成。二是严格规范草原征占用审批，全面落实草原征占用审批实地查验制度，并由农牧业厅党组严格进行审议，全年共审议通过草原征占用事项2089件，其中新建项目436件、整改项目1653件。三是全面落实草原生态保护补助奖励政策，禁牧4.05亿亩，草畜平衡6.15亿亩，在全国率先完成了8.8亿亩基本草原划定工作。四是大力加强草原生态建设，实施退牧还草、京津风沙源治理退耕还林还草等生态保护工程164万亩，草原灭鼠2272.1万亩，草原治虫2754.6万亩，完成种草面积3400万亩，超额完成任务量13%。草原生态环境显著改善，草原自我更新修复能力明显提

升，草原植被平均盖度44%以上，恢复到20世纪80年代中期水平。

七、农村牧区重点领域改革顺利推进

在改革欠账较多，被农业部约谈的情况下，将改革任务列入农牧业创新性、突破性工作行动计划，采取多种措施，强力推动。农牧业厅分别致信呼伦贝尔市、兴安盟、乌兰察布市党政主要领导，并安排工作队蹲点督导，改革进程明显加快，按时完成改革任务，得到农业农村部领导的肯定。一是巩固完善农村牧区基本经营制度，基本完成了土地确权登记颁证和草原确权承包工作，完成确权耕地面积9216万亩、承包农牧户339万户，落实草原所有权面积10.6亿亩、草原承包经营权面积9.6亿亩。开展草原“三权分置”试点工作，落实所有权6853万亩、承包权6186万亩、经营权5927万亩。二是深化农村牧区集体产权制度改革，印发了《中共内蒙古自治区党委内蒙古自治区人民政府关于稳步推进农村牧区集体产权制度改革的实施意见》，应开展清产核资的11254个嘎查村全部开展了清产核资。推进巴彦淖尔市、包头市、和林格尔县、巴林左旗4个国家试点和43个自治区试点整建制推进集体产权制度改革，在完成清产核资的基础上，有序开展成员身份确认和优化股权设置等工作。三是基本完成农垦办社会职能改革，全区104个农垦国有农牧场办社会职能全部纳入地方政府管理，涉及移交人员6545人，减轻企业负担5亿多元。垦区土地确权4854万亩，发证任务基本完成。四是农企利益联结更加紧密，推广“企业+合作社+家庭农牧场”为主的农企利益联结新模式，全区创建农牧业产业化联合体212家，与农牧民建立利益联结关系的龙头企业1728家，紧密型联结机制比例达到50%，农企利益联结比例稳定在81%以上。

八、农牧业产业扶贫工作取得实效

坚持把实施乡村振兴战略与打好脱贫攻坚战结合，实施新型经营主体能力提升行动计划，增强减贫带贫能力，以产业发展促脱贫攻坚。一是加大资金力度，统筹贫困旗县农牧业产业发展各类资金96.4亿元，支持强劳力贫困户发展肉羊、肉牛、生猪等特色产业，实现脱贫7.7万人。二是建立减贫机制，35.4万贫困人口加入农牧业产业化经营链条，全区龙头企业、新型经营主体带动弱劳力脱贫4.5万人。三是组织有关贫困旗县参加在北京和乌兰察布市四子王旗开展的农畜产品进京产销对接活动，现场签约达到4.6亿元，直接带动7000余户贫困户增收。四是深化扶贫协作，与京东集团、首农集团合作，从33个方面推进电商精准扶贫，4个盟市、9个旗县在京东上线特产馆，北京企业在贫困地区实现采购额2亿元以上。同时，全力配合中央扶贫专项巡视，梳理总结近年来产业扶贫工作，查找存在的问题和工作上的欠缺，认真落实巡视整改意见，切实将农牧业产业扶贫抓好抓实。

九、切实守好农畜产品质量安全底线

坚持发现问题是政绩、解决问题是能力的工作理念，实施农牧业行政执法、农畜产品质量安全旗县创建、质量安全监测和追溯管理行动计划，切实抓好重大动物疫病防控和农畜产品质量安全监管工作。一是有效组织非洲猪瘟防控。自9月12日我区发现首例非洲猪瘟疫情后，召开各类防控会议7次，出台数十项文件指导各地进行排查、防堵、餐厨剩余物全链条处置等防控工作；第一时间派出专家组规范处置了锡林郭勒盟阿巴嘎旗、正蓝旗，兴安盟科尔沁右翼中旗，呼和浩特市回民区，包头市昆都仑区5起非洲猪瘟疫情；认真进行疫情溯源，迅速查清锡林郭勒盟、呼和浩特市、包头市4起疫情来源，特别是将不法商贩由疫区辽宁省调运病猪造成呼和浩特市回民区引发疫情线索移交农业农村部，为全国疫情防控提供了重要信息依据，疫情信息报送及时有效；先后派出3批次23个督查组进行督导落实，累计消毒面积1700万平方米，扑杀并无害化处理生猪35487头，在交通路口设卡1033个，确保了疫情没有发生扩散蔓延，疫情处置工作得到了农业农村部和国家督导组的肯定。同时，妥善处置了通辽市科尔沁区牛炭疽、乌兰察布市兴和县牛口蹄疫等重大动物疫病。口蹄疫、高致病性禽流感等5种动物强制免疫病种免疫基本做到100%，炭疽等其他动物疫病做到了应免尽免。二是质量安全监管能力全面加强。在全国率先出台了指导基层农畜产品质量安全监管能力建设的地方标准，确定17个旗县为第四批自治区农畜产品质量安全旗县创建试点，全年定量检测农畜水产品1.5万批次以上，农畜水产品总体合格率连续6年稳定保持在97%以上。

十、2019年工作重点

2018年的工作推进中一些问题亟待解决，主要表现在实施乡村振兴战略工作推进机制还不够健全，“厕所革命”困难还比较多、任务还比较重，农业灌溉用水矛盾突出、主要畜禽良种质量不高，农畜产品品牌杂而不亮，优质农畜产品没有实现优质优价，等等。

2019年，将以实施乡村振兴战略为总抓手，制定实施高效节水、奶业振兴等全区2019年农牧业农村牧区高质量发展十大行动计划，推进农牧业和农村牧区高质量发展。重点抓好8个方面工作。一是落实好实施乡村振兴战略各项任务。启动实施乡村振兴千村示范行动，逐项落实自治区乡村振兴规划工作任务，加强对乡村振兴的督导考核和正向激励，统筹推进乡村振兴。二是扎实开展农村牧区人居环境整治。继续落实自治区农村牧区人居环境整治三年行动方案，重点在“厕所革命”上有突破。三是深入推进农村牧区重点改革。扎实开展集体产权制度改革，加快推进“两区划定”工作，完善龙头企业与农牧民利益联结机制。四是巩固提升粮食生产能力。实施高效节水农业和科技支撑行动计划，发展以浅埋滴灌为主的高效节水灌溉，新建高效节水灌溉面积700万亩，确保粮食产量稳定在650亿斤以上。五是全力推进奶业等优势特色产业振兴。实施奶业振兴行动计划，继续推动羊绒产业振兴，支持现代马产业发展。六是坚持品牌强农强牧。创建3个现代农牧业产业园，将肉羊、肉牛、绒山羊、牛奶、玉米、马铃薯、向日葵、草业等优势产业打造成全国的产业大王。七是扎实推进农牧业产业扶贫。确保完成农牧业产业扶贫任务，持续巩固农牧业产业扶贫效果。八是严守农畜产品质量安全底线。不断强化农畜产品质量安全监管，重点抓好非洲猪瘟、布病、口蹄疫等重大动物疫病防控，确保不发生重大农畜产品质量安全事件。

供　　稿：邢　瑞　内蒙古自治区农牧厅办公室
责任编辑：刘小燕

内蒙古工业发展形势

摘要：2018年，内蒙古自治区坚持稳中求进的工作总基调，深入推进供给侧结构性改革，稳增长、调结构、促改革，加强政策研究和运行分析，努力降低企业用电成本，加快新旧动能转换，强化工业节能降耗，稳步推进信息化建设，全区工业运行呈现稳步回升、逐步向好态势。下一步，围绕党中央高质量发展意见，坚持发展第一要务，以深入推进供给侧结构性改革为主线，以大力振兴实体经济为着力点，持续推动工业高质量发展，逐步构建现代化工业体系，实现工业和信息化稳定健康发展。

关键词：判断形势；认识问题；推动落实

一、2018年全区工业经济运行情况

2018年以来，全区认真贯彻落实自治区党委、政府重大决策部署，坚持稳中求进的工作总基调，深入推进供给侧结构性改革，稳增长、调结构、促改革，工业运行呈现稳步回升、逐步向好态势。1—11月，全区规模以上工业增加值增长7.3%，较2017年全年加快4.2个百分点，较一季度加快2.8个百分点，较上半年加快1.5个百分点，增速高于全国平均水平1个百分点，由2017年的全国第二十八位提高到第十三位。预计全年规模以上工业增加值增长7%左右。

（一）生产保持平稳

主要产品产量实现稳定增长。1—11月，全区重点监测的42种主要产品中，25种产品产量同比增长，增长面达到59.5%，增长超过10%

的有17种；全区工业品产销率99%，同比提高2个百分点。价格明显回升。1—11月，全区工业生产者出厂价格指数为3.4%；12月上旬，全区监测的30种主要工业品价格中，同比上涨的有16种，同比下降的有14种。

（二）主要行业稳步增长

传统产业呈现“四增二降”，能源、化工、冶金行业增长稳定向好，农畜产品加工、装备制造和建材行业增速放缓。1—11月，能源、冶金、化工分别增长7.3%、9.1%、14.2%，3个行业占工业比重达到85.5%，拉动工业增长7.4个百分点，成为工业稳定增长的主要动力。农畜产品加工、建材和装备制造业增速放缓，分别增长-4.3%、1.7%和—1.8%，拉低工业增长0.4个百分点。高新技术行业增长23%，拉动工业增长0.4个百分点。

（三）企业效益持续向好

1—10月，规模以上工业企业主营业务收入增长13.1%，高于全国平均水平3.8个百分点；规模以上工业利润总额增长21.3%，高于全国7.7个百分点；工业税收增长11.4%，占一般公共预算收入的45.9%；亏损企业亏损额下降11.5%，降幅快于全国18.9个百分点。企业经营成本进一步降低，工业企业资产负债率下降1.7个百分点，每百元主营业务收入中成本同比减少0.2元。

（四）要素保障水平进一步提升

1—11月，全社会用电量增长15%，提高4个百分点；工业用电量增长14.4%，提高3.7个百分点。受2017年煤炭外运基数较高影响，2018年货运量增速有所回落，全区货运量增长9.1%，高于全国1.9个百分点。其中，铁路货运量增长9.7%，高于全国1个百分点；公路货运量增长8.8%，高于全国1.3个百分点。

（五）重点项目建设扎实推进

预计2018年全区751个亿元以上重点工业项目开复工630个左右，开复工率84%左右，完成投资1500亿元左右，其中新开工项目300个左右，竣工项目120个。全年新增大宗工业品产能，原煤900万吨、甲醇131万吨、烯烃60万吨、乙二醇24万吨、合成氨165万吨、尿素292万吨、铁合金144万吨、电解铝63万吨、铁精粉110万吨。实施亿元以上新兴产业项目209个，其中新开工117个、竣工21个，新增新能源装机60万千瓦、新能源汽车2.3万辆，碳素60万吨、强力霉素2000吨、膳食纤维1万吨。

总体来看，2018年工业运行是近两年来的最好水平，但也存在一些较为突出的问题。一是工业投资增速下降。1—11月，全区工业投资下降19.8%，低于全国平均水平26.2个百分点，工业民间投资下降19.6%；全区开复工亿元以上工业项目比去年同期减少466项，亿元以上固定资产投资同比下降57.3%。二是部分行业产能利用率低。如焦炭产能利用率仅65%，煤制油产能利用率仅70%，钢铁产能利用率仅75%，有色金属产能利用率仅53%，水泥产能利用率仅30%。三是融资难问题仍然突出。2018年以来，全区各类金融机构贷款余额增速由年初的10.82%逐月下降到10月的3.89%，低于去年同期9.07个百分点。四是部分地区天然气供需紧张。今冬明春供暖季，中石油与我区签订的供气合同量同比下降10.6%，部分地区保供形势较为严峻。

二、采取的主要工作措施

（一）加强政策研究和运行分析

一是全面摸清工业基础数据。分行业摸清工业产能、产量和企业运行等基本情况，编制《内蒙古自治区工业基本情况》，每年度更新一次。二是完善政策体系。起草形成《内蒙古自治区新兴产业高质量发展实施方案（2018—2020年）》，制定形成《关于进一步扩大和升级信息消费持续释放内需潜力的实施方案》，出台《关于深化“互联网+先进制造业”发展工业互联网的实施意见》。三是加强工业运行调度。确定249户重点企业和480户规模以下企业，建立重点监测企业数据库，按月监控调度分析。四是加强煤电运气要素协调保障。

（二）努力降低企业用电成本

深化电力体制改革，扩大电力多边交易规模、实行大工业倒阶梯电价、执行新兴产业0.26元/千瓦时优惠电价、落实国务院一般工商业用电价格下降10%等4项举措降低企业用电成本139亿元，全年完成交易电量增长20%。

（三）努力加快新旧动能转换

一是改造提升传统产业。争取中央专项资金，支持127个技术改造、智能制造、绿色制造等项目，传统产业技术装备水平稳步提升。二是大力化解过剩产能。退出煤炭产能1110万吨，三年累计退出煤炭产能2490万吨，提前两年超额完成国家下达“十三五”目标任务。三是推动产能指标置换。完成产能置换钢铁100万吨、电解铝179.55万吨、聚氯乙稀38万吨，向工信部争取增加稀土矿产品指标9750吨、冶炼分离产品指标9400吨，增幅分别达到16.4%、18.8%。

（四）强化工业节能降耗

开展工业重点用能单位“百千万”节能行动，通过采取结构、技术、管理等节能措施，炼铁、水泥、井工原煤、电石、粗钢、发电标准煤耗等产品单位能耗下降明显，水泥、井工原煤、露天原煤、精锌、火电5个产品单位能耗领跑全国。

（五）稳步推进信息化建设

深入推进“两化融合”，预计全年新增规模以上“两化融合”对标企业773户，实现规模以上工业企业对标全覆盖。推动工业互联网平台建设，全区各类工业云平台达到11个。包头网络协同制造平台预计全年发布协同订单3000个，实现交易900项，交易额突破3亿元。实施“万户企业登云”行动，全区登云企业达到4354户。推进电信普遍服务试点，完成20兆/秒通信光纤行政村全覆盖任务，高于国家标准8兆/秒。推动自治区电子政务外网向基层延伸，截至11月底，全区827个乡镇（苏木、街道）和384个嘎查村接入自治区电子政务外网。建成自治区政务数据共享交换平台，挂接8个盟市42个部门1939条目录，共享数据库资源792.8万条。完成自治区本级电子政务外网IPV6改造工程。

（六）扶持中小企业健康发展

解决中小企业融资难问题，新增“助保金”贷款288笔，15.15亿元。落实电子服务券资金650万元，对中小微企业购买财税、认证、信息化等8类1037项服务给予补助。落实扶持政策，开办中小微企业政策大讲堂，培训中小企业人员4.5万人次。大力支持创业创新，目前自治区级小微企业创业创新示范基地达到104户，其中3户成为国家级小微企业创业创新示范基地。

三、当前经济发展形势

从国际看，近几年世界经济总体上呈现复苏态势，但受贸易保护主义等因素影响，复苏进程比较缓慢。国际货币基金组织预测世界经济2018年增长3.9%，2019年增长3.7%；世界贸易2018年增长4%，2019年增长3.7%。

从国内看，近几年国内总需求逐年减弱，全社会固定资产投资增速逐年回落，再加上中美贸易摩擦影响，国内经济增长在小幅回落，不确定因素增多。我国需求总量大、政策工具多、调控手段多，经济增长一旦滑出合理区间，中央政府将采取必要措施稳定经济增长。中央经济工作会议预计2018年全国经济增长6.6%左右， 2019年增长6%～6.5%。

从我区看，工业主要以能源行业为主，能源占工业总量的85%，工业运行主要取决于煤炭、电力需求。近两年来，全国化解煤炭过剩产能5亿吨，明后两年还要退出3亿吨，给我区留出市场空间，煤炭需求仍能保持增长；年运量2亿吨的蒙华铁路明年开通运营，打通了煤炭输往华中地区又一通道，加上国家调整运力结构由公转铁，我区煤炭外送能力将大幅提升；我区多数电煤企业签订长协，价格上相对稳定且保持高位运行态势，总体判断明年煤炭产量稳定增长。受国内对能源需求总体稳定影响，2018年全国电力需求开始偏紧，预计明年能源消费仍将继续增长。在外部增加的同时，我区低电价吸引一大批耗电企业集聚转移内蒙古，大幅增加用电负荷，加上明后两年全国淘汰小火电1000万千瓦，这一增一减进一步推动电力需求。同时，我区5条特高压和11条超高压外送通道及电源点建成投运，外送电能力将达到7000万千瓦，电力需求与外送能力双提升，必将推动我区发电量增长。总体上判断，明年我区工业仍将保持稳中有进、稳中向好态势，预计全区工业增加值增长6%以上。

四、2019年重点工作安排

2019年，全区工业和信息化工作的总体思路是贯彻落实党中央高质量发展意见，坚持发展第一要务，以深入推进供给侧结构性改革为主线，以大力振兴实体经济为着力点，持续推动工业高质量发展，逐步构建现代化工业体系。重点做好以下几个方面工作。

（一）全力抓好工业运行

扩大电力多边交易规模。这几年全区交易电量以20%左右的速度增长，明年力争突破1400亿千瓦时，降低企业用电成本88亿元。适度调整优惠电价政策。制定区域性差别化优惠电价政策，以差别电价推动产业布局调整优化，促进产业集聚集约发展。启动电力现货交易。国家鼓励有条件的地区建立电力现货交易市场，要求建立以中长期交易为主、现货交易为补充的市场化电力电量平衡机制。内蒙古被列为试点地区。我们已经制定了相关方案，争取明年年初启动蒙西电网电力现货交易市场试运行。配合发改委完善倒阶梯电价政策。目前，企业用电量1～30亿千瓦时的倒阶梯电价优惠政策已经落实，但30亿千瓦时以上的给予哪些优惠还不明确，我们考虑主要通过降低输配电价给予优惠。配合能源局推动15个进入国家试点范围的工业园区进行增量配电业务改革。

（二）突出抓好项目建设

主要依靠支持政策吸引项目落地、促进投资增长。设立重点产业发展专项资金、工业园区发展专项资金和自治区产业转型发展基金支持一批重点工业项目。在资金投向上，除了既有的技改贴息、企业技术中心、智能制造、绿色制造、工业控制安全、首台（套）和首批次产品保险补助等支持方向，还对投资达到一定规模的制造业、对亩均投资达到一定强度的工业园区、对技术成果中试和产业化应用项目、对世界500强和中国500强企业总部落户我区、对主营业务收入首次超过一定规模的企业、对新认定的成长型小微企业给予支持。在支持方式上，由以往的事后奖补为主，逐步向事前、事后支持并重转变，进一步撬动企业投资。在资金下达时间上，原则上在3—4月下达资金。同时，改变以往分领域单独招标、临时招标模式，统一招标，确定评审机构，缩短评审环节时间。

（三）加快推动制造业转型升级

研究制定以化工、冶金、建材、农畜产品加工为重点的传统产业高质量发展实施方案。深入实施企业技术改造工程，在技改投资贴息支持基础上，对企业技术中心、智能化改造、服务型制造、技术成果中试和产业化应用等项目给予支持。加快产能置换，重点是推动在建的锦联铝材113万吨、白音华52万吨、创源金属19万吨电解铝产能合法合规，推动拟建的明拓200万吨钢铁、德晟200万吨钢铁、旭峰铁合金200万吨焦化、恒坤130万吨焦化等项目产能置换，支持水泥产能向区外转移。大力淘汰落后产能，对不符合产业政策的全部淘汰；对达不到强制性能耗、环保、质量、安全、技术等指标和标准要求的，限期整改，整改后仍不达标的，依法关停退出。落实新兴产业高质量发展实施方案，发展壮大新兴产业。实施绿色制造工程，深入开展重点用能单位“百千万”行动，落实中央环保督察整改任务，推进工业绿色发展。建立工业园区高质量发展考核评价指标体系，开展首批自治区级工业园区认定，推动工业园区高质量发展。

（四）加快信息化建设

“两化融合”方面。推动“两化融合”对标工作向升规企业和规下创新企业延伸，继续遴选企业创建国家“两化融合”贯标试点示范企业，力争全区进入“两化融合”集成提升阶段与创新突破阶段的企业数量占全部对标企业的比重超过15%，提前一年完成“十三五”目标任务。认定和支持一批智能车间（数字化生产线）、智能工厂。工业互联网方面。深入开展“万户企业登云”行动，建设自治区万企登云系统，力争明年上半年开通运行。培育首批工业互联网集成方案、咨询服务、数据服务的服务商，形成10个工业互联网一体化解决方案。支持工业互联网平台建设，重点推动稀土新材料、乌兰察布能源管控平台二期、鄂尔多斯煤炭工业、赤峰中蒙医药、兴安盟农畜产品加工、科尔沁牛业、内蒙古空压机经济指数共7个工业互联网平台建设。建设自治区公共领域新能源汽车监控大数据平台，实现对公共领域新能源汽车电机、电控、电池等工作数据收集以及车辆运行的在线监控。电子政务平台建设方面。推进电子政务外网向苏木乡镇（街道）延伸，力争85%以上苏木乡镇（街道）接入电子政务外网。启动盟市电子政务外网IPV6改造工程。整合分散的政务灾备数据库，建设统一的自治区政务外网数据灾备中心。信息基础设施方面。推进电信普遍服务，启动实施行政村4G无线网络建设工程，力争全区4G无线网络行政村覆盖率达到90%以上。无线电管理方面。加强频率台站核查力度，提高无线电管理信息的准确性。加强干扰查处力度，确保重大活动的无线电通信安全。加强基础设施建设，提高无线电管理技术能力。

（五）促进中小微企业健康发展

实施“专精特新”中小企业培育工程。制定推进计划，建立培育企业库，年内力争培育200户成长型小微企业、150户“专精特新”示范企业、50户“小巨人”企业。改进“助保贷”资金管理模式。加大对盟市“助保贷”资金支持，但盟市配套资金必须先到位。建立自治区“助保贷”资金监管制度，委托自治区级金融机构监管资金使用情况。大力支持企业入规。对新入规企业给予奖励，鼓励各盟市也根据实际参照给予一定奖励。

（六）大力优化营商环境

全区促进民营经济高质量发展大会要求，实行一对一帮扶、点对点服务的企业首席服务官制度。为此，我们将建立厅领导分片包联责任制，组成4个工作组，每个组由1位分管领导牵头、3个处室负责、包联3个盟市，重点解决工业企业运行问题、融资问题、项目开工手续办理问题、政策落实问题、承诺兑现问题等，每季度向自治区党委、政府汇报情况。属于盟市层面的问题，督促盟市加快解决；属于我们职能职责范围内的问题，由厅分管领导牵头、责任处室负责，尽快解决；属于自治区其他部门的问题，由我们牵头、盟市配合、协调有关部门推动解决；特别重大问题，提请自治区党委、政府研究。

供　　稿：张巨富　内蒙古自治区工业和信息化厅
责任编辑：焦志强

内蒙古服务业发展形势

摘要：2018年，内蒙古自治区服务业实现增加值6662.9亿元，增长6.0%，服务业增加值占地区生产总值比重达到54.1%，高于上年同期8.4个百分点，对地区生产总值的贡献率由上半年的59.7%提高至63.2%，拉动地区生产总值增长3.2个百分点，总量持续增大，支撑作用增强。2019年，全区服务业以供给侧结构性改革为主线，不断加强政策措施支持引导力度，推动重大项目和集聚区建设，实现提质增效和高质量发展，力争增加值增长6%左右，占地区生产总值比重仍处于50%以上。

关键词：结构优化；产业转型；提质增效；集聚发展；创新试点

2018年以来，全区全面贯彻党的十九大精神和习近平新时代中国特色社会主义思想，认真落实自治区党委、政府各项决策部署，坚持稳中求进总基调，按照高质量发展要求，以供给侧结构性改革为主线，紧紧围绕服务业“发展提速、比重提高、水平提升”的总体目标，加快推动重点项目建设和改革创新发展，全区服务业继续保持稳中向好，有效推动了全区产业结构优化升级。

一、2018年服务业发展总体情况

（一）总量持续增大，支撑作用增强

前三季度，全区服务业实现增加值6662.9亿元，增长6.0%，高于上半年0.7个百分点，高于地区生产总值增速0.9个百分点，高于第二产业增速1.8个百分点。服务业增加值占地区生产总值比重达到

54.1%，高于2017年同期8.4个百分点，对地区生产总值的贡献率由上半年的59.7%提高至63.2%，拉动地区生产总值增长3.2个百分点，对经济增长的带动力进一步增强。全区三次产业结构比例由2017年的10.2∶39.8∶50调整为5.2∶40.75∶4.1。

（二）发展成效显著，社会贡献持续提高

前三季度，服务业“营改增”降税减负成效明显，全区服务业完成税收807.5亿元，同比降低6%，低于2017年同期13.1个百分点。服务业税收占全部税收总收入的比重40%。城镇单位服务业新增就业14.7万人，增速高于2017年同期0.9个百分点，占城镇全部新增就业65%，低于2017年同期0.5个百分点。

（三）投资降幅收窄，结构不断优化

1—10月，全区服务业完成投资增速下降32.7%，较上半年收窄7.7个百分点。其中，互联网和相关服务、多式联运和运输代理业、管道运输业等生产性服务业投资分别增长208.5%、152.8%和133.7%，广播电视电影和录音制作业、居民服务业、体育等生活性服务业投资分别增长267.8%、15.3%和27.1%，均高于全区服务业投资平均水平。

（四）重点行业稳定发展，新业态发展迅速

前三季度，交通运输、仓储和邮政业完成增加值1005.7亿元，增长5.8%。1—10月，全区营业性货物发送量完成20.7亿吨，增长8.8%。其中，铁路货运量7.2亿吨，增长9.3%；公路货运量13.4亿吨，增长8.6%。金融业主要指标持续增长，全区金融机构各项存款余额23302.8亿元，同比年初增加350亿元，增幅0.2%；各项贷款余额22102.8亿元，同比年初增加625.8亿元，余额同比增长3.9%；保费收入达到536亿元，增长14.4%。新业态较快发展，全区快递业务量累计完成10477.95万件，同比增长39.47%；业务收入累计完成21.58亿元，同比增长29.88%。

二、2018年全区服务业开展的主要工作

（一）抓规划政策落实，促发展

推动实施《关于加快发展生产性服务业促进产业结构调整升级的实施意见》《关于加快发展生活性服务业促进消费结构升级的实施意见》和服务业各重点领域专项规划。开展《内蒙古自治区“十三五”服务业发展规划》中期评估工作，加快《服务业创新发展2025行动大纲》编制工作，研究制定《内蒙古自治区关于完善促进消费体制机制进一步激发居民消费潜力的实施意见》，构建与服务业高质量发展相适应的消费和政策体制环境。

（二）抓大项目建设，提升发展水平

发挥重大项目的支撑带动作用，在现代物流、商贸流通、科技信息、文化旅游、科技信息、健康养老等重点领域，选取投资规模超过亿元、在建总规模5568.3亿元的重大项目518项，编制了2018年重大项目年度投资计划，将重大项目纳入自治区项目统一调度平台，在线即时监测项目资金到位、投资完成、组织实施、形象进度等进展情况。各地区、各部门统筹推动、上下互动，及时协调解决项目在审批、核准、备案等前期工作出现的用地、节能、环评以及水电气配套存在的问题，推动项目按期开工、按计划实施。沙良物流园二期、神泉景区三期、敖汉物流产业园等一批项目竣工验收投入运营。

（三）抓重点领域，推动产业转型升级

一是加快发展现代物流业。强化物流枢纽平台和物流节点功能，推动机场、铁路、公路沿线和重要节点城市大型仓储物流基地建设，改造提升物流信息化综合服务功能。开工建设京东“亚洲一号”内蒙古智能物流园（一期）、通辽申通物流园总二期、二连口岸集装箱作业场等项目。开通运输行业绿色通道，邮政车辆、大件和重要物资运输等减免通行费11.19亿元，72家无车承运试点企业完成货运量355.5万吨。

二是提升科技服务推动力。重点培育发展研发设计、知识产权、检验检测、技术转移等专业技术服务机构，加快建设各类重点（工程）实验室、工程（技术）研究中心、检验检测中心，全区各级各类国家级园区、特色化产业基地、大学科技园等科技孵化载体达到35家，国家级、与国家共建重点实验室达到7家，自治区重点实验室、工程技术研究中心和企业研发中心总数分别达148家、184家、340家，已建成3家国家级知识产权保护规范化市场和4家国家级知识产权保护规范化培育市场。

三是推动电子商务规模化集聚发展。已建成国家级电子商务示范基地4个、自治区级11个，预计全年电子网络零售额达到370亿元，同比增长40亿元。电子商务进农村牧区示范工程建设取得积极成效，全区争取和筹集各类财政资金7.6亿元，分批支持38个旗县（包括22个国贫县）电商公共服务平台、物流体系、供应链管理体系建设，上半年38个旗县特色农畜产品、乡村旅游网络零售额超过2017年同期18倍以上。

四是大力发展会展业。规范自治区党政机关办展活动，鼓励发展社会会展业，成功举办广交会、药交会、农畜产品交易会、薯交会等会展，全区展出面积30多万平方米，累计参展企业12349家，参观人数155.6万人，带动了相关行业发展。

（四）抓短板产业，提高服务供给质量

一是发展多元化养老产业。推动政府主导与社会参与相结合的养老服务业社会化、产业化发展。多渠道增加养老服务产业建设投入，大力推动社会办养老机构发展，全区4批29个项目获国开行、农发行融资2.42亿元，国际蒙医药养老康复治未病旅游示范等20多家养老政府和社会资本合作项目落地建设，阿拉善盟确定为国家级养老综合改革试点地区，24家公办养老机构实现“共建民营”转制改革。已建成各类养老机构3182所，总床位数24.32万张，每千人拥有床位数54.6张，居全国前列。民办养老机构发展到349所，养老床位4.19万张。

二是促进家政服务业规范化发展。推动家政服务、养老服务产业融合，构建形成多层次、多形式共同发展的家政服务市场，全区家政服务企业达17125个，从业人员13.4万人。加大家政服务业扶持力度，投资2100万元建设家庭服务业信息化平台，通过“以奖代补”支持盟市15个公益信息服务平台建设。投入专项资金3888万元开展“家政扶贫”及行业技能培训，全区共培训24121人，培训合格人数22912人，实现就业人数14354人。

三是推动房地产业转型。发挥呼和浩特、包头、赤峰示范城市带动作用，培育和发展住房租赁市场，推动房地产开发向“开发+销售+租赁”租售并举转型。提升物业服务质量，修订出台《内蒙古自治区物业管理条例》，全区开展“物业管理服务质量提升年”活动，提高居民生活品质。推进老旧小区改造，每个盟市选取1～3个试点示范带动旗县，将老旧小区改造向旗县所在城镇延伸。

四是完善标准化和检验检测服务体系。深入推进41个国家级、59个自治区级标准化试点项目建设，建立了包括旅游、现代物流、金融、信息、科技、会展6个生产性和批发零售、养老、文化3个生活性服务业标准化体系，建成国家级产品质量监督检验中心6家、自治区级14家，全区通过资质认定的各类检验检测机构总计1117家。

（五）抓载体建设，提升集聚发展能力

积极推动自治区级服务业集聚区发展，在已经认定78家自治区级服务业集聚区基础上，年内又培育认定了一批现代物流、科技信息、文化旅游、商贸流通、中央商务集聚区。截至10月底，兴安盟乌兰浩特物流园区、包头市润恒农副产品物流园、鄂尔多斯市康巴什旅游区等7家服务业集聚区主营业务超过50亿元，主营业务收入超过10亿元的服务业集聚区达20家。服务集聚能力有了新提升，盛乐现代服务业集聚区建成我国北方最大规模的云计算数据中心；红山物流园区主营业务超过500亿元，成为国家级电子商务示范基地和国家级综合示范物流园区；包头市鑫港源顺物流园钢材吞吐量和交易额分别突破500万吨、

100亿元；呼和浩特留学生创业园引进包括院士在内的各类高层次人才212名，“千人计划”专家3名，博士118名，营造“双创”良好环境。2018年1—10月，78家自治区级现代服务业集聚区实现主营业务收入1279.48亿元，吸纳就业人数26.83万人，增长4.34%；完成税收39.21亿元，入驻企业数13149户，增长1.69%。

（六）抓改革创新试点示范，激活发展新动能

一方面加快推动赤峰市红山区国家服务业综合改革试点建设，鼓励试点地区在推进电子商务与服务业融合，推动制造业向价值链高端延伸，提高城乡居民生活性服务供给质量等新兴业态进行改革试点，为全区积累经验、提供示范。另一方面鼓励各盟市结合自身实际，在管理机制、业态模式、要素保障、投资体制等方面进行创新，支持各地建设一批三产融合、跨界融合、进出口贸易综合服务体系等创新试点项目。呼和浩特市、赤峰市、鄂尔多斯市、乌兰察布市等积极发展云计算、大数据、电子商务等新兴服务业，一批区域性电子商务云、政务云、平安城市、智慧社区等应用平台建成并投入运行。兴安盟、巴彦淖尔市创新农畜产品供应链管理方式，积极推广农超对接、农批对接、农社对接安全可追溯体系，提高了农畜产品供给效率。鄂尔多斯市打造社会化养老产业，东胜区每千名老人养老床位数达到111张。阿拉善盟通过三年时间实现了城镇社区和农村牧区贫困老年人养老全覆盖。满洲里开通了35条中欧班列线，成为全国沿边口岸开通中欧班列线路最多的城市，服务环境和通关效率明显提升。

（七）抓动态监测，做好发展趋势形势分析

不断加强统计数据在服务业分析中的综合运用，服务业统计指标数据体系更加完善，现代服务业集聚区、现代物流、电子商务、科技信息、旅游文化、健康养老等新兴服务业态统计指标列入统计指标体系。自治区第三产业领导小组成员单位不定期组织召开重大问题专题会议，共同研判服务业发展形势，开展服务业月调度、季分析，发布服务业运行情况报告，向党委、政府主要领导汇报服务业运行走势，对服务业发展中出现的新问题，及时研究报告并提出对策建议，为科学决策提供了客观准确依据。

三、2019年思路和重点举措

2019年，全区服务业工作要全面贯彻落实党的十九大精神和习近平总书记在全国两会参加内蒙古代表团审议时的重要讲话精神，紧紧围绕自治区党委、政府决策部署，以供给侧结构性改革为主线，加快推动服务业提质增效和高质量发展，力争服务业增加值增长6%左右，占地区生产总值比重达到50%以上。

（一）加强规划政策支持引导

继续落实《内蒙古自治区“十三五”服务业发展规划》和《内蒙古自治区关于积极发挥新消费引领作用加快培育形成新供给新动力的实施方案》等政策措施，破解服务业在降费、用地、融资、人才等环节面临的瓶颈制约，营造服务业良好发展环境。制定出台《服务业创新发展实施方案》《内蒙古自治区关于完善促进消费体制机制进一步激发居民消费潜力的实施意见》等服务业高质量发展政策措施，发挥服务消费对经济发展的基础性作用。加强服务业分析，全面做好服务经济运行情况调度、调研，及时反映重点指标运行情况并提出相关政策建议。

（二）推进产业转型升级

一是物流业。在继续执行重点车辆和重要物资运输通行费减免政策基础上，推进“两检合一”，不断降低物流企业成本。推进无车承运试点、多式联运示范工程、城市绿色货运配送等试点工程建设。进一步完善乌兰察布万益综合物流服务园等具有综合服务功能的物流枢纽建设，提升我区货运枢纽的物流服务能力。推动客运企业、物流企业、电商企业和邮政企业、供销合作社等市场主体利用自身物流资源开展深度合作，加快构建县乡村三级农村物流网络和“多站合一”物流节点建设。

二是商贸服务业。支持商贸流通企业创新，通过参股、控股、联合、兼并等方式实现做大做强，培育不同行业商贸流通龙头企业。发展分享经济、协同经济和体验经济新模式，通过互联网平台整合分享闲置资源，围绕产业链、供应链、服务链，构建业务协作体系和互利共赢关系。

三是科技服务业。推动重大科研基础设施和大型科研仪器开放服务信息公开制度，鼓励政府科研设施等面向社会开放服务。推动仪器设施开放共享。完善自治区科技成果交易平台服务功能，为科技成果转化交易双方提供信息、技术、资金等全面精准服务。充分发挥科技园区孵化企业的作用，推动呼包鄂国家高新区、内蒙古自治区大学科技园、呼和浩特留学生创业园开展科技服务业区域试点。

四是电子商务。继续推进国家级电子商务进农村综合示范，落实《内蒙古电子商务进农村牧区综合示范工作总体方案》和《关于推进农村牧区电子商务加快发展的实施意见》。搭建综合性的县域农村电子商务公共服务体系，包括“一个中心，五大体系”（县级公共服务中心、培训体系、物流体系、供应链管理体系、营销体系和服务站体系）。

五是会展业。继续推进会展业市场化进程，规范党政机关办展活动。注重培育展会活动的市场化、专业化、国际化水平。依托中蒙博览会等品牌展会，培育一批龙头展会和一批有竞争力的会展企业。组织办好2019年春秋两届广交会的参会参展工作。

（三）提高服务供给质量

一是旅游业。推动设立自治区旅游产业基金和旅游产权交易平台，构建多元化投融资体系，打造一批具有民族文化特色的标志性、引领性重大旅游项目，提高旅游核心竞争力。推动旅游与文化等相关产业融合，培育新业态、营造新热点，构建多元发展、多极支撑的现代旅游产业新体系。突出抓好以草原旅游为主的夏季旅游提档升级；创新花季旅游，激发区域内短途旅游市场；深入挖掘自然冰雪、民族风情等冬季旅游资源，打造特色冬季旅游产品。高标准开展国家5A级旅游景区，国家旅游度假区、国家生态旅游区范区、国际特色旅游目的地和乡村旅游、红色旅游、工业旅游、体育旅游、健康旅游、研学旅游等国家级品牌创建，打造一批精品旅游目的地。深度挖掘“亮丽内蒙古”品牌的文化内涵，重点打造内蒙古草原旅游那达慕、冰雪旅游那达慕、蒙古族服装服饰艺术节、中俄蒙（满洲里）旅游节、中国游牧文化旅游节等全国知名旅游节庆品牌。推出一批自驾游精品线路，完善自驾车旅游服务体系，把内蒙古建设成为国家重要的自驾车旅游目的地。实施乡村旅游精品培育工程，推动乡村旅游产品拓展，规划开发休闲农庄、乡村酒店、特色民宿、自驾露营、户外运动等乡村休闲度假产品，打造一批特色鲜明、功能齐全、设施完善、具有示范带动效应的乡村旅游示范村。

二是养老服务业。加大对19个边境旗县（市）的养老服务基础建设支持力度。全面推进“互联网+养老”服务，按照“互联网+12349”便民为老服务三年计划，将进一步加强各盟市12349便民为老服务中心建设，完善平台服务功能，逐渐形成“互联网+”智慧养老服务新模式。持续推进养老院服务质量专项行动，督促已录入全国养老院管理系统的701所养老院全面落实养老院服务质量提升目标。

三是家庭和物业服务业。继续推进国家“千户百强”、自治区“百户十强”、自治区家庭服务品牌、职业培训示范基地、家政服务星级企业的创建工作，助推家政服务业提质扩容，推动传统家庭生活服务业向品牌化、规范化、信息化、规模化转型升级。继续开展“物业管理服务质量提升年”活动，推动物业服务企业进一步增强服务意识，提高服务规范化、精细化水平，确保物业服务质量普遍得到提升。

四是服务业标准化建设。继续完善旅游、居民和家庭服务、文化、商贸、商务、科技、物流、金融、信息服务9个生产性服务业标准体系，建设健康、养老、体育、法律、住宿餐饮、教育培训6个生活性服务业标准体系。重点围绕全域旅游和全季旅游、养老服务、物流等领域研究制定相关标准，计划制定和实施服务业领域先进“内蒙古标准”不少于20项。持续开展国家级、自治区级服务业标准化试点建设工作。

（四）加强服务业引导资金和项目管理

持续发挥投资稳增长的关键作用，充分发挥国家和自治区服务业引导资金、各行业专项资金作用，积极争取国家重大规划、重大专项投资、专项基金支持，加强自治区本级投资项目谋划和建设管理，切实发挥政策性资金、基金对社会资金的投资拉动作用。推动项目规范化管理，用好投资项目在线监管平台，采取自治区、盟市、旗县区三级联动，加强项目评选、资金拨付、资金使用、建设进度情况监管和调度，确保项目资金发挥作用。

（五）促进服务业集聚发展

对已经认定的自治区级服务业集聚区进行跟踪、调度，发挥集聚区在服务业转型升级发展中的引领带动作用。强化重点产业培育，支持一批特色鲜明、效益突出集聚区基础设施和服务平台建设，提升商务、信息、金融、专业技术等服务功能，增强对工业、农牧业以及区域发展的支撑和辐射带动能力。

供　　稿：张国栋　内蒙古自治区发展和改革委员会
责任编辑：高晓涛

内蒙古重点领域改革形势

摘要：2018年，内蒙古自治区党委深入贯彻习近平新时代中国特色社会主义思想和党的十九大精神，推进经济体制改革、民主法制领域改革、文化体制改革、司法和社会体制改革、社会事业改革、生态文明体制改革、党的建设制度改革和纪检监察体制改革纵深发展，取得了显著成效。

关键词：重点领域；改革；成效

2018年，内蒙古自治区党委深入贯彻习近平新时代中国特色社会主义思想和党的十九大精神，按照习近平总书记关于改革要更多抓落实、见实效的重要要求，坚持一手抓改革推进、一手抓督察落实，全力推动改革向更深层次推进、向更高水平跃升，先后召开9次党委深改委（深改组）会议，审议出台重大改革方案47个，听取部门和地区主要负责同志抓改革述职18人次；开展1次全面督察、2次全面检查、17项专项督察，党的十八大以来累计形成改革成果1400多项。

一、经济体制改革持续深化

深入推进供给侧结构性改革，“十三五”煤炭、钢铁去产能目标提前完成。商品房空置面积持续下降。规模以上工业企业负债逐步减少，市场化债转股取得实质性进展。清理规范行政事业性收费和政府性基金，严格落实收费减免政策，预计全年可减轻企业负担1亿元。“三农三牧”、创新驱动、生态环保、民生保障等薄弱领域持续加强，1—11月，全区民生支出2782亿元，同比增长6.7%，占一般公共预算支出的69%。扎实推进“放管服”改革。开展“证照分离”、相对集中行政许可权、企业投资项目承诺制改革试点，推进“多证合一”改革，全区范围内统一实现“32证合一”，呼和浩特市不动产登记、交易、税务“一窗式”综合受理获国务院第五次大督察通报表扬。开展清理“红顶中介”和“奇葩”证明、无谓证明行动，自治区本级529项证明取消231项。持续深化农村牧区综合改革，制定乡村振兴战略实施意见和规划，各项工作全面铺开，人居环境整治成效明显。启动实施农牧民增收行动计划，完善龙头企业与农牧民利益联结机制，新型经营主体快速发展，家庭农牧场和农牧业合作社分别达到1.3万个、8.2万家。国资国企、财税金融、科技体制等重点改革有序推进，扩大开放迈出新步伐。

二、民主法制领域改革稳步推进

加强民主监督制度保障。制定《内蒙古自治区预算审查监督条例》，修订《内蒙古自治区人民政府向自治区人大常委会报告国有资产监督管理情况的制度》。支持自治区人民政协按照年度协商计划开展协商，围绕中心工作和重点提案开展民主监督。深化地方机构改革。召开党委全会和全区机构改革推进会安排部署，自治区机构改革方案获党中央、国务院批准，盟市、旗县机构改革总体意见获中央备案同意，机构改革迅速展开、压茬推进，自治区本级机构调整已基本到位，盟市、旗县机构改革稳妥有序推进，事业单位改革年内启动。推进法治建设，全面落实国家机关“谁执法谁普法”普法责任制，乡镇（街道）公职律师队伍建设获中央领导同志肯定。推进群团改革，各类群团组织改革相继展开，解决基层“四缺”问题、组织“四化”问题初见成效。

三、文化体制改革取得新进展

大力发展乌兰牧骑事业，深入贯彻习近平总书记对乌兰牧骑事业发展重要指示精神，制定《关于深入贯彻落实习近平总书记重要指示精神加快推进乌兰牧骑事业发展的意见》，广泛开展“弘扬乌兰牧骑精神，到人民中间去”基层综合服务活动。牢牢掌握意识形态工作领导权，召开全区网络安全和信息化工作会议，网上意识形态阵地不断巩固。不断完善文化管理体制，移动媒体优先、采编流程再造、“中央厨房”建设等重点任务有效落实。推进基本公共文化服务标准化均等化，全民阅读、“数字文化走进蒙古包”工程有序实施。加快构建现代文化市场体系，媒体融合发展、文化旅游融合发展加快推进，国有文化企业健康发展。

四、司法和社会体制改革扎实开展

深化司法体制改革，司法人员分类管理改革按期推进，司法责任制进一步落实，法官和检察官正规化、专业化、职业化建设加快推进，全区三级法检两院完成法官、检察官职务序列套改。以审判为中心的刑事诉讼制度改革全面实施，罪刑法定、疑罪从无、非法证据排除等法律制度规定得到落实。公益诉讼工作进一步强化，全区各级检察院均成立公益诉讼指挥中心。创新社会治理体制机制，公共安全体系、公共法律服务体系不断健全，社会信用体系加快构建，城乡社区治理得到加强，社会治理水平进一步提升。

五、社会事业改革不断深化

推进教育领域综合改革，统筹城乡教育资源配置，义务教育均衡发展稳步推进。采取有效措施缓解“入园难”“入园远”问题，学前教育普及程度稳步提高。加大乱办补习班查处力度，中小学生课外负担进一步减轻。深化医药卫生体制改革，加强全科医生队伍建设，全区每万名城市居民拥有全科医生2.58名。推进分级诊疗制度建设，城市和县域医联体达177个，家庭医生服务团队达9247个。坚持“三医联动”，改革完善短缺药品供应保障机制。深化社会保障制度改革，落实企业职工基本养老保险基金中央调剂制度，统一规范企业职工补缴养老保险费政策，社会保险缴费比例持续降低。健全脱贫攻坚机制，制定《关于加强贫困旗县（市、区）脱贫攻坚工作队选派管理工作的实施意见》，统一向各贫困旗县派驻脱贫攻坚工作总队。加强扶贫项目和资金管理，全区70%以上财政专项扶贫资金用于产业扶贫。

六、生态文明体制改革加快推进

健全国土空间开发保护制度，将43个旗县（市、区）列入重点生态功能区并实施产业准入负面清单管理，将全区7%的国土面积划定为禁止建设区。全面推行河长制、湖长制，四级河湖长体系基本建立。加快完善自然资源资产有偿使用制度，矿产资源有偿使用实现全覆盖。健全环境保护管理体制，严格落实生态保护红线制度，建立健全生态环境损害赔偿制度，全力实施蓝天、碧水、净土三大保卫战，严格落实大气、水、土壤污染防治行动计划，加强环境监管和行政执法，污染防治攻坚取得新成效。

七、党的建设制度改革不断强化

深化干部人事制度改革，严格落实干部选任监管制度，提升干部工作规范化水平。健全年度考核制度机制，优化考核指标，改进考核方法，加强结果运用。坚持严管与厚爱相结合，出台关心关爱干部17条政策措施。加强组织制度建设，国有企业、互联网企业、社区、村嘎查党的建设工作扎实开展，各级党组织生机活力明显增强。深化人才体制机制改革，配套出台分类推进人才评价机制、提高技术工人待遇等政策措施，人才发展政策体系不断完善。推动转作风、改作风。制定出台《关于进一步净化政治生态的意见》《关于进一步激励广大干部新时代新担当新作为工作方案》，集中整治形式主义、官僚主义“十种表现”，干部作风持续好转。

八、纪检监察体制改革纵深发展

严格落实管党治党责任，加大“两个责任”督导力度。制定《关于加强干部日常监督、防止“边腐边升”问题的实施意见》，严把选人用人关。健全派驻和巡视巡察工作机制，制定《内蒙古自治区纪委监委派驻机构工作规定（试行）》《关于加强派驻机构监督执纪监察工作的意见》等制度文件。全面落实国家监察体制改革试点任务。三级监委人员转隶、组建挂牌工作全面完成，机构、人员、职能全面融合，对公职人员和公权力监督实现全覆盖。

2019年，自治区党委将按照新时代全面深化改革要求，以习近平新时代中国特色社会主义思想为指导，以改革开放再出发的信心和决心，统筹推进党的十八大以来部署的改革举措和党的十九大部署的改革任务，更加注重大局站位，更好融入国家改革发展大局；更加注重问题导向，着力解决经济社会发展存在的突出问题和群众关切的热点难点问题；更加注重重点突破，在破除各方面体制机制弊端、调整深层次利益格局上再拿下一些硬任务；更加注重改革系统性整体性协同性，着力推动同一领域改革举措前后呼应、相互配合、形成总体效应；更加注重抓落实见实效，实事求是，求真务实，创造性地推动各项改革举措落地生根，切实增强人民群众的获得感，全力推动全区思想再解放、改革再深入、工作再抓实。

供　　稿：王雪峰　内蒙古自治区党委政研室（改革办）
责任编辑：梅　园

内蒙古对外经济贸易形势

摘要：2018年，自治区外经贸系统认真总结改革开放40年来的成果，在新时代高质量发展引领下，贯彻落实国家以及自治区党委、政府的重大决策部署，积极推动开放合作，形成内蒙古对外经贸工作新亮点、新成效，对外贸易稳中有升，对外投资合作提质增效，提升利用外资水平，为推进自治区经济又好又快发展做出了贡献。

关键词：内蒙古；对外；经济；发展

2018年是改革开放40年，自治区外经贸系统认真贯彻落实国家以及自治区党委、政府的重大决策部署，积极推动开放合作，形成内蒙古对外经贸工作新亮点、新成效。全区外贸进出口总额由1978年的0.16亿美元增加到2017年的139亿美元。贸易结构进一步优化，2017年一般贸易比重上升到57%，机电、高新技术产品出口增长75.5%和52.8%。口岸优势明显，国务院批准设立对外开放口岸18个、国际航空口岸4个，满洲里、二连浩特成为我国对俄对蒙最大陆路口岸。2017年，全区口岸进出境货运量8707万吨、客运量586万人次；中欧班列实现常态化运行，满洲里、二连浩特过境中欧班列1877列，过货量超过13万标箱，有效发挥了向北开放桥头堡作用。党的十八大以来，在习近平新时代中国特色社会主义思想的指引下，内蒙古商务和口岸各项事业取得了历史性的成就，为推进自治区经济又好又快发展做出了贡献。

一、2018年指标完成情况

（一）对外贸易稳中有升

据海关统计，1—10月，全区累计实现进出口总值852.70亿元，同比增长8.6%，增幅较前三季度扩大2.9个百分点。其中，累计进口额542.76亿元，同比增长6.4%，增幅较前三季度扩大2.9个百分点；累计出口额309.94亿元，同比增长12.6%，增幅较前三季度扩大2.8个百分点。按照美元口径，1—10月，全区累计实现进出口总值130.6亿美元，同比增长13.4%。其中，累计进口额83.0亿美元，同比增长10.9%；累计出口额47.6亿美元，同比增长17.9%。运行主要特点是当月进出口增幅持续创2018年以来新高。10月，全区进出口额完成95.6亿元，同比增长37.7%。其中当月进口63.0亿元，同比增长34.7%；当月出口32.6亿元，同比增长44.1%，当月进出口、进口、出口增速均创2018年以来新高。加工贸易持续快速增长。1—10月，全区加工贸易进出口额完成35.37亿元，同比增长83.1%，增幅较前三季度扩大8.3个百分点；一般贸易进出口额完成476.62亿元，同比增长5.4%，增幅较前三季度扩大3.2个百分点；边境小额贸易进出口额完成265.72亿元，同比增长7.1%，增幅较前三季度扩大1.4个百分点。私营企业企稳回升。1—10月，私营企业实现进出口额611.47亿元，同比增长3.4%，增幅较前三季度扩大3个百分点。国有企业继续保持快速增长，实现进出口额176.70亿元，同比增长40.3%。外资企业进出口额59.14亿元，同比下降1.0%，降幅持续收窄。贸易市场进一步多元化。1—10月，我区前十大贸易伙伴中，除俄罗斯，与蒙古国、澳大利亚、美国、越南、韩国、德国、日本、印度、荷兰等贸易伙伴进出口均呈现增长，其中与7个贸易伙伴进出口增速达到2位数以上。我区与蒙古国贸易额达到271.51亿元，同比增长24.7%，增幅较前三季度扩大5.3个百分点；与俄罗斯贸易额达到161.58亿元，同比下降7.8%，降幅较前三季度收窄1.5个百分点。盟市发展不均衡。1—10月，全区有8个盟市进出口呈现正增长，其中6个盟市增幅在2位数以上；呼伦贝尔市、锡林郭勒盟、赤峰市、乌兰察布市等4个盟市呈现负增长，降幅较前三季度均有所收窄。

（二）直接利用外资平稳向好

1—10月，全区新设外商投资企业47家，同比增加6家；实际利用外资21.88亿美元，同比增长2.1%。从地区看，外商投资主要来自香港；从投资行业看，主要集中在采矿业、制造业、电力燃气和水的生产供应业、租赁和商务服务业、农林牧渔业、批发零售业等；从资金分布情况看，主要集中在鄂尔多斯市、呼和浩特市、锡林郭勒盟、巴彦淖尔市、包头市和兴安盟。

（三）对外投资合作提质增效

1—10月，全区新备案对外投资企业34家，同比减少2家，中方协议投资总额5.9亿美元，同比增长70.5%。投资地区主要是蒙古国、俄罗斯、香港、马来西亚、南非、荷兰、澳大利亚、英国、老挝。投资领域主要是木材采伐加工、矿产开发、农业种植、建筑施工、餐饮服务、肉食品生产以及国际贸易等。

（四）口岸运量持续扩大

1—10月，全区口岸进出境货运量7185.28万吨，同比增长7.6%，增幅较前三季度扩大1.7个百分点。其中，进境货运量5617.66万吨，同比增长8.6%；出境货运量684.43万吨，同比增长11.6%；转口货运量883.19万吨，同比下降1.0%。对蒙口岸进出境货运量4652.34万吨，同比增长10.4%。其中，进境货运量4296.91万吨，同比增长9.8%；出境货运量355.43万吨，同比增长18.3%。对俄口岸进出境货运量2532.94万吨，同比增长2.8%。其中，进境货运量1320.75万吨，同比增长5.0%；出境货运量329万吨，同比增长5.2%。全区口岸进出境客运量504.69万人次，同比增长7.9%；进出境交通工具155.45万列辆架次，同比增长0.3%。

二、工作完成情况

（一）推动外贸扩规模调结构

全面落实党的十九大精神，以全区商务和口岸工作会议为契机回顾总结2017年商务和口岸工作，全面部署2018年商务和口岸重点工作任务。发挥全区外贸工作厅际联席会议机制作用，深入推进包保服务工作，做好重点地区、重点行业和重点企业精准服务。组织相关部门开展全区重点盟市外贸运行情况调研，采取听取汇报、座谈了解、实地走访等形式进行，与80余家企业负责人进行面对面交流，实地走访企业16家，了解掌握各地贯彻落实国家和自治区促进外贸稳增长系列文件精神情况，研究解决影响和制约我区外贸发展的困难和问题，为巩固我区传统外贸优势，培育外贸竞争新优势，持续保持我区外贸回稳向好势头营造良好外部环境。经商务厅积极争取，呼和浩特市羊绒制品基地、包头市黑色金属材料基地、包头稀土高新技术产业开发区稀土新材料基地、鄂尔多斯市羊绒及制品基地、通辽市肉牛基地、巴彦淖尔市番茄基地、巴彦淖尔市籽仁产业基地、巴彦淖尔市脱水蔬菜产业基地、赤峰市羊绒制品基地、赤峰市杂粮杂豆基地等我区10个基地获批国家级外贸转型升级基地认定名单，获批数与河南省并列全国第八位，在19个中西部地区中位列第一位。这批国字号外贸转型基地的获批，将对我区外贸结构转型升级，供给侧结构性改革和巩固提升传统产业国际竞争力起到积极推进作用。举办全区进出口企业汇率避险培训及融资对接活动，帮助企业合理利用金融工具节约成本、应对汇率风险，搭建银企交流平台。与满洲里市人民政府共同在东莞市主办内蒙古满洲里市承接产业转移推介会，会上签订了12项合作协议，协议金额达3亿元。参加 2018香港国际羊绒交易会，展会期间我区有3家企业直接签单，13家企业取得了意向订单。订单涉及羊绒衫43万件，货值1850万美元；羊绒围巾1.3万件，货值37万美元；无毛绒70吨、纱线15吨。科学规划、周密部署、高效协调，组织我区近300家企业参加进口博览会，扩大了我区影响力。

（二）提升利用外资水平

赴香港开展了招商推介活动并取得丰硕成果，共有19个项目签约成功，签约金额达112.98亿美元。其中，签订合作协议12个，签约金额30.44亿美元；签订意向性合作协议7个，签约金额82.55亿美元。合作领域涉及仓储物流、现代农业、芯片加工、锂电池、风电、矿产品加工、原料药、燃料乙醇等项目。在广州启动“内蒙古味道”——内蒙古绿色农畜产品展览交易会暨内蒙古绿色农畜产品全国行活动，我区264家企业、广东省及周边地区222家采购商以及商业协会参加本次展交会。活动期间，我区企业与区外企业签订合作协议金额达13.3亿元，246家企业现场销售额243.8万元。将各盟市利用外资纳入年度考核目标，每月调度各盟市利用外资规模和增幅及新设企业外资到位情况、大项目资金到位情况。积极与自治区外管局沟通对接，达成了从2018年度开始每月由外管局提供实时的外资到位数据并与各盟市上报及商务部通报数据进行比对。完成外资企业设立备案“一口办理”，方便外资企业办事。

（三）深化“走出去”战略

推进境外经贸园区建设工作，鼓励我区企业在俄罗斯、蒙古国建设和参与建设境外经贸园区，争取园区建设工作取得实质性进展。与美国驻中国大使馆商务参赞彭谐康先生就赴美投资论坛事宜进行前期对接，就我区对美合作在进出口贸易、双向投资等方面提出了期望。积极参与国家和自治区与蒙古国、俄罗斯等国的经贸协调工作机制项下的重点工作和重要活动，引导我区企业开展跨国经营，组织20余家有关食品安全、果品蔬菜贸易、食品包装的企业参加第三届克拉斯诺亚尔斯边疆区食品机械博览会，取得良好成效。积极推动中俄林业合作第五期规划落实，就下一步合作计划达成意向。

（四）提升口岸综合服务功能

额布都格、阿日哈沙特口岸扩大为常年开放口岸获国务院批复同意，验收准备工作已进入收尾阶段，即将由国家相关部门进行验收。包头航空口岸对外开放列入2018年国家年度审理计划，预计年内通过审批。“单一窗口”标准版主要功能应用覆盖率在全国口岸名列前茅，关检“统一申报”100%，公路运输工具舱单申报100%，税费支付工功能使用100%，公路运输工具申报完成国家下达的试点任务，原产地证书申领、企业资质办理、许可证申请等功能推广应用顺利完成。为落实国家质检总局与自治区政府对进口蒙古国屠宰活羊项目的要求，组织相关部门赴云南省德宏州、西双版纳州对跨境动物疫病区域化管理试点项目实施情况进行调研，详细了解试点项目的政策体系、运作模式、实现路径、组织形式和进展情况，并形成调研报告报送自治区人民政府。积极推进策克口岸进口蒙古国屠宰活羊项目，正在征求自治区党委农牧办、农牧厅、呼和浩特海关等相关部门意见。协助国家口岸管理办公室筹备中蒙边境口岸管理合作委员会第三次会议和中俄总理定期会晤口岸工作组第二十一次会议，及时汇总会议议题落实情况和新的议题内容。积极推动并组织开展中蒙、中俄口岸联合检查和工作会晤，与蒙古国海关总局就中蒙联合检查工作事宜进行多次沟通商议，拟定于11月下旬或12月初在俄罗斯赤塔市组织召开口岸工作会晤。

三、下一步工作计划

11月21日，经合组织将其全球经济增速预测从此前的3.7%调低至3.5%，全球经济将放缓。经合组织称，“最近的发展态势显示，全球经济的扩张已经见顶，而且有可能在未来两年内放缓”。2019年，我国消费、投资、进出口增速或存在一定下行压力，预计2019年国内生产总值增速将回落到6.3%左右，基建仍是稳增长的重要工具。2018年，我区外经贸内生动力不断加强，结构持续优化，市场多元化进程加快。2019年，内蒙古经济运行环境仍趋复杂，从宏观、市场、企业等基本面判断，总体运行压力不减，全年经济将在爬坡过坎中承压前行。自治区外经贸工作将认清市场、顺势而为，转变思维、积极应对，抢抓机遇、稳扎稳打，以改革为统领，以“一带一路”建设为契机，积极融入国家新一轮对外开放的大战略，争取把我区一些重大基础设施建设项目、人文交流活动纳入国家规划层面或工作体系之中，千方百计争取国家的支持和倾斜，争取一批重点项目率先在我区落地实施。落实好国家关于加快培育外贸竞争新优势、促进跨境电子商务健康发展、支持沿边重点地区开发开放等政策措施。充分发挥进口对满足人民群众消费升级需求、提升供给体系质量，推动经济结构升级，增强外贸持续发展动力的作用，扩大进口，优化出口，服务自治区开放新格局。推进我区外商投资体制改革，推动我区鼓励投资优惠政策出台。完善外商投资企业备案工作办理程序，做好外资大项目的跟踪服务。推进国家级经开区转型升级。推进二连浩特、满洲里边合区转型升级、加快发展，推动二连浩特—扎门乌德中蒙跨境经济合作区建设。抓好上海等自由贸易试验区可复制经验推广工作。推进境外经贸园区建设工作，鼓励我区企业在俄罗斯、蒙古国建设和参与建设境外经贸园区，争取园区建设工作取得实质性进展。落实国家和自治区与蒙古国、俄罗斯、美国等国的经贸协调工作机制项下的重点工作和重要活动，为企业“走出去”搭建交流合作平台。继续推动确定甘其毛都、阿尔山铁路口岸坐标位置。推动策克、珠恩嘎达布其铁路口岸开放事宜。做好额布都格、阿日哈沙特、策克、甘其毛都、珠恩嘎达布其口岸增加临时开放时间的申报和乌力吉口岸建设及开放工作。积极支持二连浩特空口岸申请临时开放。协调国口办，争取将二连浩特航空口岸开放计划列入年度审理计划，指导各口岸抓好口岸规划工作。做好口岸基础设施建设资金申报、评审、下拨工作，积极申请口岸基础设施建设新增地方政府债券资金，加大落实对各盟市资金到位情况跟踪检查工作。加快推进策克、满都拉等肉类指定口岸建设，争取尽快通过国家验收并投入使用。支持额布都格、珠恩嘎达布其口岸饲草进口常态化运行。尽早开通满洲里—后贝加尔斯克农产品快速通关绿色通道。积极落实中蒙常设协商工作组第四次会议和中蒙口岸合作会议的会晤成果。保持与俄联邦边界建设署赤塔分局工作联系，及时交换口岸动态运行信息。充分利用“内蒙古口岸”微信平台做好全区口岸对外宣传工作，重点完成全区各口岸及各联检部门之间信息在微信平台上互通、共享。通过视频监控全区口岸基本运行、服务、管理情况。

供　　稿：张振鹏　内蒙古自治区商务厅
责任编辑：范丽君

社会篇

内蒙古教育事业发展形势

摘要：2018年以来，全区教育系统深入学习贯彻习近平新时代中国特色社会主义思想和党的十九大精神、全国教育大会精神，按照自治区党委、政府决策部署，统筹推进各级各类教育协调发展，着力推进教育体制机制改革，推动全区教育发展发展迈上了新台阶，进一步发挥了教育的基础性、先导性和全局性重要作用。

关键词：教育；协调发展；质量提升；综合改革

一、2018年全区教育事业发展的总体情况

（一）教育优先发展战略的地位和基础保障能力进一步提高

2018年，对于教育事业发展来说是不平凡的一年，在这一年党中央召开了全国教育大会，深刻阐述了一个基本战略：教育是国之大计、党之大计。习近平总书记出席会议并发表重要讲话，强调教育是民族振兴、社会进步的重要基石，是功在当代、利在千秋的德政事业，对于提高人民综合素质，促进人的全面发展，增强中华民族创新创造活力，实现中华民族伟大复兴具有决定意义。自治区党委、政府认真贯彻落实习近平总书记关于教育的重要论述和全国教育大会精神，进一步推进落实教育优先发展战略。

教育投入力度加大。深入实施义务教育经费保障机制，下达经费近30亿元。制定出台了公办幼儿园和普通高中生均公用经费基准定额和普惠性民办幼儿园补助标准，其中，公办园年生均600元（特殊教育幼儿园和随班就读残疾幼儿年生均6000元）、普通高中年生均800园、

普惠性民办园补助标准年生均120元，进一步促进学前教育和普通高中阶段教育持续健康发展。继续深入实施全面改善贫困地区义务教育薄弱学校基本办学条件项目，累计投入资金82.47亿元，学前教育投入专项资金6.6亿元，改善普通高中学校办学条件项目投入1.33亿元。通过这些项目工程的实施，不断改善农村牧区特别是深度贫困地区学校办学条件，抬升全区教育发展底部。

教育信息化建设加快。全区中小学校（除少数教学点）全部实现宽带网络接入，83%的中小学建成校园网，95%的中小学教室配备多媒体教学设备，“三通两平台”任务基本实现。全区101个旗县（市区）建成同频互动课堂，覆盖52%的中小学校，有力地保障了优质教育资源共享。

（二）坚持立德树人根本任务，统筹推进各级各类教育协调发展，促进教育质量稳步提升

基础教育办学水平进一步提高。全区学前三年毛入学率继续稳定在90%以上，高于全国平均水平，通过实施“第三期学前教育行动计划”，加强民办普惠性幼儿园建设，着力扩大普惠性学前教育资源，“入园难”进一步缓解。义务教育均衡发展步伐加快，年内有8个旗县通过国家评估认定，全区累计已有101个旗县通过义务教育均衡发展认定，义务教育发展基本均衡县达到99%，处于全国中上、西部省区领先水平。出台《内蒙古自治区县域义务教育优质均衡发展督导评估实施办法》，推动义务教育由基本均衡向优质均衡发展。深入推动高中阶段教育普及攻坚，出台《内蒙古自治区高中阶段教育普及攻坚计划实施方案》，进一步扩大高中教育资源、改善办学条件，推进普通高中优质特色多样化发展，在12所普通高中开展了自治区级“选课走班”试点。促进学生德智体美劳全面发展的育人机制不断完善。举办了全区第十四届中学生运动会、第九届中学生冬季运动会，开展了校园篮球、排球、田径特色学校及试点旗县（市区）创建工作，举办了青少年冰雪技能培训夏令营和2018年青少年冰雪运动进校园系列活动。通过分片区展演和全区集中展演等形式，在全区中小学校广泛开展艺术展演活动，不断提高学生参与美育活动的普及程度和质量，评选认定了首批260所美育特色校，推进了中华优秀传统文化传承基地建设，深入推进内蒙古学校美育改革发展。下发《关于进一步加强学校卫生工作的通知》，加强学校卫生教育和安全管理工作。积极推进学校国防教育工作有序开展。

现代职业教育体系进一步加强。成功举办了2018年度全区中职学校和高职院校学生技能大赛、2018年全区高职院校教学能力比赛，继续通过职业技能大赛引领职业院校专业内涵建设，提高师生综合素质。继续推进职业人才培养立交桥建设，13所高职院校与9所本科院校举办职业本科教育试点，完成招生1945人。深化产教融合，1所高职院校荣获国家级教学资源库牵头建设单位并入选全国职业院校实习管理50强，有3所高职院校获批教育部第三批现代学徒制试点单位。推动呼伦贝尔市、通辽市、赤峰市的东北老工业基地产业转型技术技能“双元”培育试点。

高等教育内涵建设进一步加强。制定出台了自治区加快“双一流”建设实施方案，落实2亿元专项经费支持7所高校的16个一流学科进行建设，同时推进内蒙古大学“部省合建”，促进高校高水平建设和发展。学位建设水平进一步提升，全区11所高校新增13个一级学科博士学位授权点和35个硕士学位授权点，其中10个新增博士点填补我区博士一级学科授权空白，7个硕士专业学位在我区属首次授权。大学生创新创业教育取得新进展，举办第四届自治区“互联网+”大学生创新创业大赛，全区参赛项目9000多个，参赛人次4万余人，参与人数实现历史新高。同时立项支持17所本科院校的创新训练项目173项、创业训练项目48项、创业实践项目30项，培训骨干教师100人。组织开展了第八届自治区高等教育教学成果奖评审和年度自治区级教学名师、教坛新秀、教学团队评选等工作，促进高等教育内涵发展。2018年，我区获得高等教育国家级教学成果二等奖1项、职业教育国家级教学成果奖2项。加强高校科技创新，内蒙古大学草原家畜生殖调控与繁育实验室被批准为省部共建国家重点实验室（填补了我区该项指标历史空白）。高校毕业就业率稳中有升，截至2018年9月1日， 2018届高校毕业生就业率为88.2%。

民族教育进一步优先重点发展。加强政策保障，认真落实自治区《内蒙古自治区民族教育条例》《内蒙古自治区人民政府关于加快发展民族教育的意见》，继续在资金投入、资源配置等方面优先保障民族教育发展。加强高层次人才培养，年内国家少数民族高层次骨干人才计划录取我区硕士研究生332人、博士研究生95人，完成了教育部下达我区87名蒙古语授课免费师范生招生计划。不断提升蒙古语授课教师专业能力，连续组织5期全区蒙古语授课中小学校长及专任教师培训。加强教学资源建设，审查中小学（幼儿园）蒙古文教材教辅153种，组织编译编写54部大中专蒙古文教材，审定61部大中专蒙古文教材，新出版大中专院校蒙古文教材22部，向蒙古语文协作八省区提供了300多种约7万册大中专院校蒙古文教材。

民办教育、特殊教育、继续教育协调发展。印发了《内蒙古自治区民办学校分类登记管理办法（试行）》《内蒙古自治区营利性民办学校监督管理办法（试行）》；规范校外培训机构发展，制定了《内蒙古自治区民办教育类培训机构设置指导标准》，进一步健全民办教育监管机制，强化民办教育规范发展。集中开展校外培训机构专项治理工作，全区共摸排校外培训机构5505个，其中存在问题的机构4102个，截至12月12日已完成整改3592个，整改完成率87.06%。推进实施自治区第二期特殊教育提升计划，安排特教专项经费3000万元，着力构建布局合理、学段衔接、普职融合、医教结合的特殊教育体系，促进特殊教育融合发展。持续推进社区教育和老年教育，开展了老年教育专题研究，形成了老年教育发展规划中期评估报告，广泛开展全民终身教育学习活动周。稳步发展继续教育，着力推进终身教育体系建设。

（三）坚持以人民为中心的发展思想，积极推进教育综合改革

继续推进高考综合改革。深入开展高考综合改革自查评估调研，加快补齐全区在教师资源、教室资源、考试命题能力、教学组织模式等方面的短板。印发了《内蒙古自治区高中阶段学校考试招生制度改革实施方案（试行）》，进一步完善了普通高中学业水平考试、学生综合素质评价等系列配套文件。

以校园足球改革带动学校体育工作深入发展。截至2018年底，全区已建成国家级足球特色学校1222所、自治区级特色学校428所。2018年“主席杯”自治区校园足球四级联赛中，建立了“分区赛+总决赛”赛事体系，共有412队次、6400人次参加，参赛队数和人数比2017年增长近2倍。校园足球通过“主席杯”赛事的杠杆作用，极大地推进了校园足球普及水平。我区代表队参加全国校园足球系列比赛取得第二名、第三名的好成绩，1支代表队进入全国大学超级男子组总决赛。在2018年全国青少年校园足球夏令营中，我区有412名优秀运动员入选全国青少年校园足球夏令营总营“最佳阵容”，取得了历史最好成绩。完成5期109名教练员赴英培训工作，全部获得英足总一级教练员证书；组织1500余名优秀运动员完成了2018年全国青少年校园足球夏令营活动的各年龄段的选拔任务。

强化教育扶贫，大力促进教育公平。教育投入和项目全力向贫困地区倾斜，制定了《内蒙古自治区扶智育人脱贫攻坚行动2018—2020年实施方案》，与北京市教委签订了《全面深化京蒙扶贫协作三年行动框架协议》，实施了《推普脱贫攻坚行动计划（2018—2020年）》。进一步完善了学生资助政策，使资助扶贫更加精准，年内共落实各类学生资助资金45亿元，惠及学生412.4万人次。积极回应社会关切，制定印发了《内蒙古自治区教育厅关于强化规范中小学办学行为的规定》《内蒙古自治区教育厅关于推迟全区中小学生到校时间的通知》，强化规范办学行为管理，对盟市进行了专项督查。从2018年秋季学期开始，消除了起始年级“大班额”。

深化教师队伍建设改革。9月8日，自治区党委、政府制定出台《全面深化新时代教师队伍建设改革的实施意见》，从加强师德师风建设、全面提升教师队伍专业素质能力、全面深化教师管理综合改革、提高教师地位待遇等方面提出21条政策举措，全面深化教师队伍建设改革。继续加大对教师的培训力度，年内通过实施“国培计划”“区培计划”，培训全区中小学校长教师5万余人次。继续加大乡村教师补充力度，为农村牧区招聘特岗教师791名、培养公费师范生405 名。加强中小学教师校长交流工作，年内全区教师校长交流2506名，从城镇优质中小学选派944名中级以上专业技术职务的骨干教师到乡村学校脱岗支教。进一步提高教师待遇，为集中连片特困地区乡村教师提高了生活补贴标准，惠及2个盟市8个旗县的9743名教师。

二、存在的问题和困难

随着自治区党委、政府深入推进教育优先发展战略，2018年，全区教育事业发展取得了显著成就。但面对新形势新任务，教育与经济社会发展、人民群众日益增长的需求相比，教育发展还不平衡不充分，面临着不少难题和挑战，突出表现在四个方面：一是科学的教育理念尚未牢固树立，实际工作中背离教育规律的情况还时有发生，学生身体素质和心理健康发展依然存在诸多薄弱环节，比如中小学校“小胖墩”“小眼镜”为数不少的问题，促进学生德智体美劳全面发展的机制有待进一步健全，美育、劳育等短板亟须加强自上而下的机制建设和基层的行动落实；二是人才培养的类型结构、学科专业结构、知识能力结构与社会经济转型升级的发展需求不相适应；三是教师队伍建设在适应教育教学改革和时代发展需求方面仍有较大差距，教师管理仍处于多头并管状态，教师资源统筹调配难度大，阻碍了教师校长交流工作，高校学术领军人物和高水平科技创新团队依然缺乏；四是依法治校和现代化教育治理能力水平有待进一步加强。

三、2019年重点工作

2019年及今后一个时期，全区教育系统要深入贯彻落实习近平总书记关于教育的重要论述和全国教育大会精神，坚持立德树人根本任务，努力提升教育质量，促进教育公平，推进社会教育领域综合改革，推进教育现代化，办好人民满意的教育，取得新的发展成就。

扎实推动各级各类教育协调发展。继续扩大公办和普惠学前教育规模，实施好第三期学前教育行动计划，学前教育改革普惠健康发展。二是推动义务教育从均衡发展向优质均衡发展迈进，统筹推进县域内城乡义务教育一体化发展，全面振兴乡村教育。深入实施高中阶段普及攻坚计划，推进普通高中优质特色多样化发展，推动普通高中课堂教学改革，切实转变育人方式，提升学生综合素养，促进学生全面发展。坚持以校企合作、产教融合为重点推动职业教育改革发展，推进教育链、人才链与产业链、创新链有机衔接，推动校企双主体育人。加强高校高水平人才培养体系建设，稳步推进“双一流”建设、地方本科高校转型发展和高校创新创业教育改革，加快建设高水平本科教育，全面提高人才培养能力。坚持优先重点发展民族教育，继续实施“蒙古语授课理科教学质量提升工程”，加强民族学校科技活动室建设和教学资源建设，完善蒙古语授课学生招生、培养、就业联动机制。进一步提升特殊教育保障能力，提高随班就读比例，扩大特殊教育教学资源。进一步加大对民办教育的扶持力度，加强规范管理。坚持以构建终身教育体系为重点，推进继续教育、老年教育和社区教育。

加大投入力度，促进教育公平。进一步完善“城乡统一、重在农村”的义务教育经费保障新机制，加强教育经费监管。打好破解“入园难、入园贵”攻坚战、减轻中小学过重课外负担攻坚战、解决“城镇挤、乡村弱”“大班额、大校额”攻坚战、教育脱贫攻坚战等，精准施策，重点突破，全面提升。推动“互联网+教育”，充分发挥教育信息化优势，着力提高各级各类教育优质资源供给能力。

深入推进教育领域综合改革，答好人民群众关切题。积极推进高考综合改革，深化教育评价改革，完善指标体系，引入社会评价，减少对学校的各类检查、评估、评价。全面深化新时代教师队伍建设改革，实施师德师风建设工程，振兴师范教育。进一步扩大教育对外开放，以俄蒙为重点开展国际交流合作，鼓励高校引进国外高水平大学的优质教育资源。

全面加强教育系统党的建设。进一步加强党对教育工作的全面领导，牢牢掌握党对教育工作的领导权，把思想政治工作贯穿学校教育管理全过程。实施党建“对标争先”建设计划和教师党支部书记“双带头人”培育工程。推进全面从严治党和反腐败斗争，加强党员日常教育管理，打好作风建设持久战。进一步推动人防、物防和技防建设，强化日常管理，确保学校不发生重特大安全事故。

供　　稿：郝文婷　内蒙古自治区教育科学研究所
责任编辑：乌仁塔娜

内蒙古人力资源和社会保障事业发展形势

摘要：2018年是贯彻党的十九大精神的开局之年，是改革开放40周年，在全区各级人社部门的共同努力下，全区人力资源和社会保障事业发展呈现良好态势，就业局势保持总体稳定，社会保障工作扎实推进，人才工作不断加强，人事制度改革和收入分配制度改革进一步深化，劳动关系总体保持和谐稳定，全力提升公共服务能力水平，为全面建成小康社会做出了积极贡献。

关键词：就业创业；社会保障；人才；劳动关系

2018年，全区各级人社部门认真贯彻落实党的十九大精神，以习近平新时代中国特色社会主义思想为指导，围绕民生为本、人才优先工作主线，坚持稳中求进的工作总基调，全面落实以人民为中心的发展思想，坚持改革创新，守住民生底线，主动作为，精准发力，全力打造群众放心、人才称心、社会安心、干部用心、服务尽心的“五心”人社，各项重点工作取得新进展，主要计划指标好于预期，事业发展呈现良好态势。

一、人力资源和社会保障事业发展基本情况

（一）就业形势保持总体平稳

把稳就业摆在首要位置，全面落实新一轮积极的就业政策，完善政策措施，狠抓工作落实，保持了就业局势总体稳定。截至11月底，全区城镇新增就业25.8万人，完成年度计划的103%；城镇登记失业率3.60%，低于年度计划0.4个百分点。

主要采取了以下几项措施。

一是健全完善创业就业政策体系。认真落实自治区“十三五”促进就业规划，制定了2018年全区就业工作实施方案，全面推动就业政策的落实；建立了就业工作激励机制，出台了《促进就业工作先进地区激励实施暂行办法》，对排名靠前的盟市提请政府办公厅通报表扬。

二是统筹做好以高校毕业生为重点的各类群体就业工作。开展了高校毕业生就业创业政策集中宣传，持续推进引导和鼓励高校毕业生到基层工作，制定了高校毕业生基层成长计划实施方案，截至11月底，全区高校毕业生实现就业或落实就业去向13.9万人，完成年度计划的106.9%。积极推进农牧民转移就业，农牧民转移就业252.2万人，完成年度计划103%，其中转移就业6个月以上的206.0万人，完成年度计划103%。

三是发挥创业带动就业的作用。深入实施“创业内蒙古”行动6项计划，创业培训2.56万人，培训后成功创业1.52万人，创业带动就业4.68万人。完善创业担保贷款政策，将农牧民纳入贷款支持范围，降低贷款申请条件，放宽财政贴息政策，发放创业担保贷款11.08亿元。

四是着力提升劳动者就业能力。完善技能培训工作机制，提请自治区政府印发了《内蒙古自治区人民政府关于推行终身职业技能培训制度的实施意见》。实施农牧民工职业技能提升计划——“春潮行动”，组织城乡就业技能培训15.04万人，培训后实现就业12.03万人。与北京市人社局签署了《扶贫协作框架协议》，制定了京蒙劳务协作三年行动计划，开展了“京蒙劳务协作”专项行动，进一步加强与北京劳务对接，建立劳务输出工作机制。强化贫困劳动者技能培训，提升就业创业能力，目前，已有17842人实现就业，完成2018年年度目标任务16359人的109.1%。

五是加强公共就业服务。组织开展春风行动、就业援助月、民营企业招聘周、残疾人就业帮扶等专项服务活动。“零就业”家庭保持动态清零，共帮助“零就业”家庭279户的287人实现就业。就业困难人员实现就业5.52万人，完成年度目标任务的110%。实施失业保险援企稳岗“护航行动”，累计发放稳岗补贴资金2.66亿元，惠及企业1665户、职工34.16万人。启动失业保险支持技能提升“展翅行动”，累计为10325人次发放技能提升补贴1679.55万元，提升了职工职业技能。做好化解过剩产能职工安置工作，22家煤炭企业去产能分流职工得到妥善安置。认真开展失业动态监测工作，监测企业数扩大到4502户，为分析研判就业形势提供可靠的数据支撑。

（二）社会保障工作扎实推进

坚持全覆盖、保基本、多层次、可持续方针，稳步提高社会保障能力。

一是积极扩大社会保险覆盖面。深入推进全民参保登记工作，认真开展参保信息采集和入户调查工作，全面比对核实各类人群参保情况。截至11月底，全区参加职工养老保险人数达到728.9万人，参加失业保险人数达到255.2万人，参加工伤保险人数达到324.1万人，均已提前完成年度扩面任务。

二是稳步提高社会保险待遇水平。第十四次调整了退休人员基本养老金，月人均提高5%左右；城乡居民基础养老金由每月110元提高到128元；失业保险金标准上调10%，平均月增加166元；调整了全区工伤职工的伤残津贴、生活护理费、供养亲属抚恤金待遇标准。落实社会保险倾斜政策，按照每人每年100元的标准，为35万名困难人员代缴了城乡居民养老保险费。

三是阶段性降低了社会保险费率。2018年5月1日起，将企业职工养老保险费率由20%下调至19%，工伤保险平均费率由2017年的0.73%下降至0.4%以下，继续执行阶段性降低失业保险费率政策，全年可减轻企业负担19.5亿元。

四是社会保险管理服务进一步加强。取消了社会保险待遇的集中认证事项，实现了养老保险远程认证。加快社会保障卡发放和应用推广工作，全区社会保障卡持卡人数达到1922.82万人，完成年度计划的101.7%。深入贯彻落实“放管服”改革，全力解决群众办事堵点问题，简化证明材料清单，目前已解决群众办事堵点问题20个，取消社会保险经办证明材料8项。

（三）人才工作不断加强

一是推进人才政策创新。提请自治区党委印发了《关于加强新形势下引进外国人才工作的实施意见》，提出了引进、使用和服务保障方面的具体措施。拟订了《关于分类推进人才评价机制改革的实施方案》《关于提高技术工人待遇的实施意见》，已经自治区党委深改委审议通过，拟于近期印发。

二是加强专业技术人才建设。深入实施专业技术人才知识更新培训项目，举办旅游、大数据、生态建设、稀土新材料等12期高级研修项目。开展少数民族专业技术人员特殊培养计划。做好国务院政府特殊津贴专家选拔推荐工作。开发了内蒙古自治区专业技术资格网络电子证书查询系统。

三是加强高技能人才队伍建设。深入实施高技能人才振兴计划，立足本地区产业优势，广泛开展岗位练兵、技术比武和各类职业技能竞赛，评选认定2个国家级高技能人才培训基地建设项目和5个技能大师工作室建设项目，10个自治区高技能人才培训基地建设项目和10个技能大师工作室建设项目，完成第四十五届世界技能大赛内蒙古选拔赛盟市初赛、自治区复赛及全国选拔赛工作，实施了“技能中国行2018——走进内蒙古”暨内蒙古职业技能竞赛系列活动，表彰了10名全区技师高级技师突出贡献奖和50名全区技术能手。截至11月底，新培养高技能人才2.68万人，完成年度计划的134%。

四是加大高层次人才引进培养力度。做好高层次急需紧缺人才引进服务，会同自治区党委组织部在北京大学、复旦大学、中国人民大学等重点院校举办了专场招聘会，吸引高质量优秀毕业生来我区就业创业。加强青年创新人才培养，举办了2018年内蒙古自治区“草原英才”工程青年创新创业人才高级研修班。发布了2018年全区高层次急需紧缺人才需求目录，涉及大数据产业、生物科技、高端装备、节能环保、蒙中医药等产业1079个岗位2199人。

（四）人事制度改革和收入分配制度改革进一步深化

积极探索符合行业特点的分类设岗办法，修订完善了高校岗位设置管理政策措施。完善公开招聘制度，以中小学、公立医院为重点，着力解决基层事业单位“招人难”“留人难”问题。深化工资收入分配制度改革。积极推进公立医院薪酬制度改革试点，扩大了公立医院薪酬制度改革试点范围，各地共选择37家医院进行公立医院薪酬制度改革试点。扩大工资集体协商覆盖面，公布了2017年度国有企业平均工资标准，发布了2018年企业工资指导线和15个行业工资指导线，引导企业职工工资合理增长。

（五）劳动关系总体保持和谐稳定

一是完善劳动关系协调机制。认真落实构建和谐劳动关系实施意见，启动和谐劳动关系综合试验区建设试点，开展了旗县、盟市、自治区三级劳动关系知识竞赛，对集体协商和工资集体协商工作互查互评，完成了高院、检察院劳动用工书记员管理实施方案。

二是加强劳动人事调解仲裁工作。加强基层调解组织建设，全区仲裁院组建率99%，大中型企业劳动争议调解委员会组建率82%，乡镇街道调解组织组建率85%。推进调解仲裁信息化建设，全区调解仲裁办案系统已实现盟市仲裁机构全覆盖，90%以上旗县仲裁机构已开通使用，线上办案率达到60%以上，提前完成国家年度目标任务。加大调处争议力度，前三季度全区各级调解仲裁机构共处理争议1.43万件，同比增加22.1%，调解成功率65.2%，涉及劳动者1.69万人。

三是加强劳动保障监察执法。开展了全区用人单位遵守劳动用工社会保险法律法规、清理整顿人力资源市场秩序等专项检查，集中开展了保障农牧民工工资支付工作专项督查。建立劳动保障诚信“红黑名单”制度，对不履行支付主体责任的企业，列入信用“黑名单”并向社会公布，让企业“一处违法，处处受限”。

二、存在的主要问题

总的来看，2018年全区人社工作进展顺利，但是还存在一些困难和问题。

一是就业总量压力、结构性矛盾依然突出，自治区经济增速放缓对就业的拉动效应减弱，稳定和扩大就业难度加大。

二是随着人口老龄化进程加快，社会保险扩面空间收窄，基金征缴难度增加，加上社会保险待遇刚性增长，社保基金收支平衡、持续发展的风险增多。

三是人才政策落实不到位，尽管自治区出台了一系列创新型人才政策，但在政策实施过程中，由于相互之间衔接配套不够、经费支持不到位等原因，导致好的政策无法落地。

三、2019年主要工作安排和措施

2019年是中华人民共和国成立70周年，是决胜全面建成小康社会第一个百年奋斗目标的关键之年。我们将以习近平新时代中国特色社会主义思想为指导，坚持稳中求进工作总基调，全面落实以人民为中心的发展思想，坚持改革创新，守住民生底线，主动作为，精准发力，推动人力资源和社会保障事业实现新发展。

（一）全力保持就业局势持续稳定

一是扎实抓好新一轮就业政策落实。结合自治区实际，制定我区《关于做好当前和今后一个时期促进就业工作若干意见的实施办法》《关于促进劳动者社会性流动体制机制改革的指导意见》《关于推进全方位公共就业服务的指导意见》等政策，完善就业政策体系，为实现更高质量和更充分就业提供政策保障。

二是积极扩大和稳定就业。围绕培育新产业、新模式、新业态和发展服务业，拓宽就业渠道，增加就业岗位。统筹抓好高校毕业生、农村牧区转移劳动力、城镇困难人员等各类群体就业，拓展就业渠道，兜牢民生底线。

三是大规模开展职业技能培训。制定自治区大规模开展职业技能培训规划，开展全区企业用工和培训需求摸底调查，制定全区培训需求指导目录。围绕区域经济、特色产业和新业态发展等，持续培育和打造就业技能特色培训品牌。开展技能培训脱贫行动，引导和支持企业在贫困地区建立劳务培训基地，面向有培训需求的贫困劳动力开展精准培训。

四是推动以创业带动就业。进一步发挥创业担保贷款政策作用，降低贷款门槛，提高贷款获得率。加强创业师资队伍建设，创新创业培训模式，支持培训机构开展网络创业培训，提高劳动者创业能力，打造一批示范性创业园和创业孵化基地。

（二）扎实做好社会保障工作

一是扩大社会保险覆盖面。全面实施全民参保计划，推动精准扩面，以灵活就业人员、各类新业态就业群体等为重点，引导更多人群参加社会保险，以建筑业、小微企业为重点推进工伤保险参保扩面。

二是健全完善社会保障制度。认真落实中央调剂金制度，进一步完善企业职工基本养老保险自治区级统筹制度，为企业职工基本养老保险全国统筹做好准备。完善机关事业单位养老保险制度改革相关政策措施，确保机关事业单位养老保险制度改革顺利推进。

三是加强社保基金管理。探索建立养老保险全程电子化监控平台，进一步丰富大数据比对手段，堵塞基金支付漏洞。做好城乡居民养老保险丧葬补助金政策贯彻落实工作，督促各地做好生存认证工作，杜绝发生死亡冒领现象，确保基金安全。

四是提高经办服务水平。全面推广标准化建设和综合柜员制服务，结合社保费税务征缴实际，重新修订我区各项基本养老保险的经办规程，进一步简化经办流程。

（三）着力强化人才队伍建设

一是完善人才政策。尽快出台人才引进绿色通道管理办法等配套政策，提升我区人才竞争力。推动落实引进人才相关支持激励政策待遇，积极协调有关部门解决引进人才配偶就业、子女入学等问题。加快推进重点领域人才评价机制改革，持续深化职称制度改革，分类推进人才评价机制改革。建立青年创新人才表彰制度，促进优秀青年人才脱颖而出。

二是实施重点引才引智工程。发布和宣传高层次人才需求目录，继续组织开展区外重点高校专项引才活动，提升引才精准度。落实高层次人才引进等专项工程，立足自身需求打造人才工作亮点，力争形成有区域影响力的人才引进特色品牌。

三是加强专业技术人才队伍建设。出台自治区职称评审管理规定，加强职称评审工作宏观管理，强化评审事中事后监管。分类推进人才评价改革，指导协调各行业、领域部署开展改革工作，重新修订各专业评审条件。完善自治区职称评审管理系统，扩大职称网上评审范围。

四是加强高技能人才队伍建设。组织实施国家级和自治区级高技能人才培训基地、技能大师工作室建设项目，实施技能大师带头人、优秀中青年技能人才和民族产业技能带头人培养计划，全年新增高技能人才2.3万人。

（四）积极推进人事制度改革和工资收入分配制度改革

做好事业单位人事管理工作，进一步规范和加强岗位管理，在完善岗位设置政策的基础上，重点研究完善其他事业单位岗位管理问题。健全完善公开招聘制度，切实研究解决基层事业单位“招人难、留人难”问题。积极推进公立医院薪酬制度改革试点工作，制定事业单位高层次人才分配激励机制的指导意见。深化企业工资收入分配制度改革，发布2019年度企业工资指导线和行业工资指导线，对最低工资标准执行情况进行评估。深化国有企业负责人薪酬制度改革，制定改革国有企业工资决定机制实施意见相关配套措施。

（五）积极构建和谐劳动关系

一是做好劳动关系协调工作。完善政府、工会、企业共同参与的协调机制，充分发挥三方委员会的功能和作用，指导盟市协调劳动关系三方委员会工作。做好化解过剩产能职工安置中劳动关系处理工作。落实企业劳动用工网上备案制度，推进企业法人劳动保障信用评价制度。

二是健全劳动争议处理机制。充分发挥调解基础性作用和仲裁准司法制度优势，切实加强基层调解组织建设和规范化建设，提高调解成功率；推动构建“互联网+调解仲裁”，打造智能仲裁院、数字仲裁庭；完善便捷高效处理争议的机制，做好调裁审衔接工作。

三是健全劳动保障监察执法机制。加强日常监察执法和专项检查，全面推行“双随机、一公开”监管机制，畅通劳动者举报投诉渠道。狠抓治欠保支长效机制建设和源头治理，推动“两金三制”等制度措施落实到每一个在建工程项目。加大重大欠薪违法行为社会公布和违法失信联合惩戒力度，对涉嫌拒不支付劳动报酬犯罪的，依法及时移送司法机关追究刑事责任。

供　　稿：高国青　内蒙古自治区人力资源和社会保障厅
责任编辑：双　宝

内蒙古卫生健康事业发展形势

摘要：2018年，全区卫生健康系统全面贯彻党的十九大精神和自治区第十次党代会精神，有序推动健康内蒙古建设，深入实施健康扶贫，深化医药卫生体制改革，提高基层医疗卫生服务质量，加强公共卫生能力，提升医疗服务水平，推动蒙医药中医药振兴，强化卫生健康综合保障水平，推进人口家庭发展工作，努力开创卫生健康事业新局面。

关键词：卫生；健康；家庭；发展

2018年，全区卫生健康系统全面贯彻党的十九大精神和自治区第十次党代会精神，以习近平新时代中国特色社会主义思想为指导，以新时代卫生与健康工作方针为指引，以健康内蒙古建设为主线，突出抓重点、补短板、强弱项、攻难点，各项工作任务进展顺利。11月10日，自治区卫生健康委员会于正式挂牌。

一、发展情况

（一）健康内蒙古建设有序推动

印发《“健康内蒙古2030”实施方案》重点任务分工方案，明确了20项重点工程和13项规划指标的责任部门，建立推进“健康内蒙古2030”实施方案重点任务情况联络制度。印发《内蒙古健康乡村建设实施方案》，助力全区乡村振兴战略。

（二）健康扶贫深入实施

一是健康扶贫工作体制机制不断完善。强化自治区、盟市、旗县三级健康扶贫工作领导体制，加强各级卫生健康部门、二级以上医院、基层医疗卫生机构三支队伍，形成了“一把手抓一把手”、一级一级压责任的工作格局。二是精准救治的措施深入落实。连续三年对贫困人口进行入户核实核准，核准率100%。实施“三个一批”行动计划，已核实的儿童白血病、儿童先心病等9种大病实现全部救治，逐步扩大大病集中救治范围；家庭医生签约服务覆盖了常住贫困人口；全面落实贫困人口参保财政补贴政策，建立了基本医保、大病保险、商业健康补充保险、医疗救助、大病保障基金“五重”保障机制，贫困人口医疗费用实际报销比例达到90%左右。三是贫困地区医疗服务和防病能力持续提升。组织京蒙两地104家三级医院对口帮扶57个贫困旗县及9个边境旗县医院，远程医疗实现贫困旗县全覆盖，累计为贫困地区培养医学人才1780人，贫困旗县综合医院达到二级及以上服务水平。启动健康扶贫三年攻坚行动，着力推进“关口前移”，努力让群众“少得病”。

（三）医药卫生体制改革持续深化

1.公立医院综合改革不断深化

修订完善8543项医疗服务项目价格，将价格调整权限下放至盟市，推动建立价格动态调整机制。自治区财政设立5000万元专项资金，激励调动各地推进改革的积极性。全区12个盟市均制定出台建立现代医院管理制度具体工作方案，101所医院开展章程制定试点工作。公立医院薪酬制度改革试点覆盖所有盟市，试点医院扩大至38家。乌海市和兴安盟先后被国务院授予公立医院改革真抓实干成效明显地区。

2.分级诊疗制度加快建设

全面启动医联体建设，共建成覆盖自治区所有盟市的医联体177个，所有三级医院全部参加医联体建设。开展日间手术试点，全区三级甲等医院全部启动日间手术工作。143家医疗机构开展远程医疗服务，覆盖97个旗县（市区）。部分盟市通过取消普通门诊静脉输液、在社区设立名医工作室等方式，进一步推动医疗服务资源下沉、重心下移。

3.医保支付方式改革积极推进

基本医保政府补助标准提高到人均490元，政策范围内报销比例达到75%。推进以按病种付费为主的复合型医保支付方式改革，制定605种按病种付费目录。建立完善自治区临床路径管理监测平台，成立全区临床路径管理质控中心，为推进医保支付方式改革和精细化管理等工作奠定良好基础。

4.药品供应保障机制不断完善

持续巩固完善国家基本药物制度，落实城市医疗集团、县域医共体和承担慢性病定点诊疗的基层医疗机构执行二级医疗机构用药目录和基本药物比例政策。推进自治区药品集中采购平台信息化建设，严格落实药品购销“两票制”。健全药品分类采购机制，将部分采购量大的直接挂网药品调整为限价挂网药品，价格平均降幅16.87%。对10类高值医用耗材实施网上阳光采购，5类限价采购耗材降价幅度为20%左右，启动医用耗材备案采购工作。呼和浩特市、包头市等5个盟市实施医联体带量采购，药品耗材价格进一步降低。完善省际联盟联采机制，启动省际联盟进口抗癌药专项采购工作。

5.综合监管制度加快建立

按照国务院办公厅《关于改革完善医疗卫生行业综合监管制度的指导意见》，制定我区实施方案。在全区全面推行卫生健康监督“双随机”抽查机制，2018年第一批国家随机监督抽查任务全区完成率82.93%，完结率97.5%，分别比2017年提高了11.27个百分点和3.45个百分点。进一步加强事中事后监管，规范卫生健康综合监督执法行为，保障人民群众合法权益。

（四）基层医疗卫生服务质量不断提高

一是基层医疗卫生机构能力和服务水平持续提升。启动“优质服务基层行”活动，加强基层信息化建设，建立“基层检查、县级诊断”模式。研发内蒙古基层APP线上培训系统，通过“每日一题、每周一课、每月一考、每年一赛”模式提升基层业务人员能力。二是家庭医生签约服务工作扎实开展。采取“六师共管”家庭医生服务团队及“送医配药送健教+转诊咨询协助+医疗保险咨询与服务”“一病一方、一家一法”的家庭医生签约服务处方式服务模式，全区组建家庭医生签约服务团队9247个，完成群众签约1062万余人，签约率42.16%，重点人群签约服务覆盖率70.48%，残疾人签约率67.2%，建档立卡贫困人口签约率97.62%。三是基本公共卫生服务效果显著。人均财政补助标准提高到55元，全区城乡居民规范化电子健康档案建档率83.82%，各项工作达到国家年度指标，服务对象满意度达到92%。

（五）公共卫生能力不断加强

1.重大疾病防控持续加强

实施疾病预防控制服务体系建设和服务能力建设行动。开展重点传染病防控攻坚行动，全面落实鼠疫综合性防治措施，疫情报告及时率和疫区处理率达到100%，保持了不发生人间鼠疫的防控成果。全面推进结核病综合防治服务模式。启动消除艾滋病、梅毒和乙肝母婴传播工作，推动在儿童中实现“零艾滋”、消除儿童新发感染的目标。落实国家扩大免疫规划，加强接种单位规范化建设、接种工作规范化管理。94个旗县保持碘缺乏病持续消除状态。全区所有旗县级综合医院设立了精神科，实现了基层精神卫生服务全覆盖。

2.健康教育与促进积极推进

启动22个国家级健康促进县创建工作。开展以“宣传健康素养66条”为主要内容的万场健康巡讲活动，出台《内蒙古自治区国民营养计划（2017—2030年）实施方案》分工方案，居民健康素养水平提高到15%。

3.卫生应急能力不断增强

调整组建了8支自治区级突发事件卫生应急队伍。积极打造陆空一体化紧急医学救援体系，已有 5个盟市开展航空救援。所有旗县医疗机构、疾控机构均达到应急规范化建设标准。

4.爱国卫生运动深入开展

推进城乡环境卫生整洁行动，80%以上的嘎查村完成了环境整治任务，集中供水嘎查村覆盖人口达到80%。实现了自治区卫生城市全覆盖。推进健康城市、健康村镇和“健康细胞”建设，建成健康促进医院165家、健康促进学校1580所、健康社区1112个。

5.食品安全工作持续加力

加强食品安全风险监测，全区食品安全状况总体稳定，未出现重特大食源性疾病。开展了亚麻籽粉、生马乳、策格、嚼克、生驼乳、灭菌驼乳、驼乳粉、荒漠肉苁蓉等8个食品安全地方标准制定工作，推进奶茶粉食品安全地方标准修订工作。

（六）医疗服务水平持续提升

一是医疗服务能力和水平不断提升。自治区本级8个重点卫生项目积极推进。启动实施“互联网+医疗健康”工程，组织开展远程医疗试点。14个临床专科成为国家重点建设专科。重点支持12个学科建设，积极开展科技创新、应用技术研发和适宜技术推广。实施进一步改善医疗服务3年行动计划，开展全区“新时代改善医疗服务标杆”创建活动。全区三级医院全部开展预约诊疗。32家医院列入自治区卒中急救地图。推进呼包鄂一体化三级医院检验结果互认工作。二是医疗质量安全管理不断加强。进一步完善自治区医疗质量控制体系，自治区级质控中心增加至61个。加强全区患者安全管理，发布《内蒙古自治区医疗质量安全管理报告》。持续推进抗菌药物专项整治活动。全面实施麻醉药品和第一类精神药品印鉴卡电子化管理工作，临床用药趋于合理化。推进护理服务业改革与发展，三级医院优质护理服务病房覆盖率均达到100%。大力开展无偿献血工作，全面取消互助献血，深入开展血液安全技术核查工作，临床用血100%来源于自愿无偿献血。

（七）蒙医药中医药振兴取得进展

一是服务能力持续提升。完成53个贫困旗县蒙医中医医院基础设施建设，完成自治区国际蒙医医院二期工程前期准备，完成内蒙古民族大学附属医院传承创新工程项目建设。自治区中医医院大楼投入使用。二是公立蒙医中医医院改革持续深化。启动39个蒙医中医临床重点专科建设，建立39个蒙医中医专科质量控制中心，加强10所蒙医中医医院的制剂能力建设。新建160个基层医疗卫生机构蒙医馆中医馆。规范和推广中医病种的临床路径管理，编制130个病种蒙医诊疗指南和57个病种蒙医临床路径。筛选30个蒙医优势病种和30个中医优势病种试点开展按病种付费。建成全区蒙医药中医药远程医疗中心，组建蒙医中医医疗联合体和专科联盟。三是蒙医院中医院传承创新推进。加快蒙医药标准进程，推广3部蒙医药标准化成果和9个蒙医临床诊疗指南项目，14个蒙医药标准化项目获得立项。加快72个自治区蒙医中医领先重点学科及实验室、1个重点研究室及10个国家级传承工作室建设。推进全国第四次药材资源普查工作。四是人才队伍不断壮大。新建1个全国名老蒙医药中医药专家传承工作室和15个全国基层名老蒙医药中医药传承工作室。开展第六批全国名老蒙医药中医药专家学术经验继承。推进第四批全国中医（临床、科研）优秀人才研修项目，启动自治区第三批名老蒙医药中医药专家学术经验继承，开展蒙医中医住院医师规范化培训。五是对外交流与合作持续加强。举办“中医中药中国行·蒙医蒙药内蒙古行”大型健康文化推进活动。鼓励各级蒙医中医医院开展多种形式的对外交流活动，与蒙古国有关机构签署多项合作协议。

（八）人口家庭发展工作取得进展

开展全面两孩政策实施效果评估，推进母婴设施建设。出台《加快妇幼健康事业发展的指导意见》，启动母婴安全行动和健康儿童行动，建立省际危重孕产妇和新生儿协同救治机制，设立全区危重孕产妇救治质量控制中心。孕前优生健康检查，出生缺陷综合防治取得实效。出台《内蒙古自治区健康老龄化规划（2018—2020）》《内蒙古自治区医养结合实施方案》，积极推进健康老龄化和医养结合工作。

稳妥实施计划生育家庭奖励和扶助政策，落实完善计划生育特殊家庭扶助关怀政策，推动特殊家庭联系人制度、家庭医生签约、就医绿色通道全覆盖。发布《内蒙古自治区0～3岁婴幼儿科学育儿发展报告》。出生人口性别比保持在正常值范围。

（九）卫生健康综合保障水平不断强化

人才队伍建设不断加强，从区外医学院校引进31名紧缺人才，住院医师规范化培训在培人数达到6500余人，专科医师规范化培训试点专业基地达到8个。举办国家级继教项目79项，自治区级继教项目1486项。农村牧区订单定向医学生培养年度招生180人，首批经规范化培训的236名定向生全部赴定向点履约。以麻醉、康复专业为重点，培训紧缺人才和县级医院骨干专科医师98人。卫生健康领域法治建设持续深入，完成了自治区、盟市、旗县三级1524项行政权力审核。卫生健康委“互联网+政务服务” 21项工作全部完成，卫生健康领域8项堵点问题已经解决6项。完成各类非法定证明事项清理工作，做到简证便民、优化服务。大力提升干部保健服务能力，圆满完成重要会议重大活动医疗保障任务。

（十）卫生健康行业党建全面加强

组织起草《关于加强公立医院党的建设工作的实施意见》，围绕推进“三类清单”“三项承诺”“三本台账”，层层压实责任。探索建立基层党支部政治例会制度，组织开展“抓实基层党支部”专项行动。逐级签订党风廉政建设工作责任书、廉洁从政承诺书、廉洁风险防控责任书，强化压力传导。

二、问题和建议

2018年，卫生健康系统也存在一些问题和困难：健康扶贫顶层制度设计尚不完善、政策执行不到位和政策执行偏差同时存在；推进健康内蒙古建设工作体制机制尚未理顺；一些医改任务推进力度不够，部分地区仍存在等待观望现象；鼠疫、艾滋病、布病、结核病等重大传染病和地方病防治形势依然严峻，慢性非传染性疾病防治任重道远，重大疾病防治能力亟待提高，工作体制机制还需要完善；临床专科建设水平有待提高，医疗服务质量和水平还不能满足人民群众多层次的健康需求；对新时代计划生育转型发展认识不充分，工作存在不到位和缺位的问题。这些问题须认真面对，在下一步工作中以问题为导向加以解决。

2019年，全区卫生健康工作要坚持以人民健康为中心，以事业高质量发展为目标，以实施健康内蒙古战略为主线，通过抓重点明确事业发展的主攻方向，通过补短板实现事业整体联动协调推进，通过强弱项促进工作平衡充分发展，通过惠民生切实增强群众对卫生健康服务的获得感。重点抓好以下工作：

一是进一步做好健康扶贫工作，全面推进健康扶贫三年攻坚行动，做好已纳入的23种大病集中救治工作。

二是持续深化医疗卫生改革，继续做好分级诊疗制度建设重点工作，全面推进旗县域综合改革，深化公立医院综合改革，开展现代医院管理制度建设试点工作，继续巩固破除以药补医改革成果，健全完善全民医保制度。

三是大力做好公共卫生工作，全民健康素养水平达到17%以上，“两癌”筛查实现57个贫困旗县全部覆盖，开展人口监测，强化出生缺陷综合防治，健全家庭发展政策，推进医疗卫生与养老服务相结合，积极应对人口老龄化。

四是大力提升医疗质量，实施以重大疾病多学科诊疗为基础的专科能力建设支持项目。扩大临床路径实施范围，力争所有公立医院年底前实施临床路径管理。持续推进住院医师规范化培训工作和全科医生制度建设，实施家庭医生签约服务提质增效行动、提升基层医疗卫生机构能力和服务水平。

五是深入推进蒙医药中医药振兴战略，实施中医药（民族医药）传承创新工程、岐黄工程等重大项目。加强苏木乡镇卫生院、社区卫生服务中心蒙医中医综合服务区（蒙医馆、中医馆）建设，完成55个旗县蒙医中医医院建设任务。

供　　稿：杨若锋　内蒙古自治区卫生健康委员会

责任编辑：双　宝

内蒙古文化事业发展形势

摘要：2018年，内蒙古文化事业紧紧围绕深入学习贯彻习近平新时代中国特色社会主义思想和党的十九大精神，坚持守正创新的历史方位，大力弘扬乌兰牧骑精神，以坚定的文化自信引领文化发展、集聚文化力量、激发文化活力，推动文化供给侧结构性改革，以高质量的文化产品和服务不断满足人民群众日益增长的美好生活需要，为“建设亮丽内蒙古，共圆伟大中国梦”贡献了深沉、持久、强劲的文化底气和文化力量。

关键词：文化事业；文化产业；发展形势

2018年，内蒙古文化事业紧紧围绕深入学习贯彻习近平新时代中国特色社会主义思想和党的十九大精神，深入贯彻习近平总书记参加十三届全国人大一次会议内蒙古代表团审议时的重要讲话精神，坚持守正创新的历史方位，大力弘扬乌兰牧骑精神，以坚定的文化自信引领文化发展、集聚文化力量、激发文化活力，推动文化供给侧结构性改革，加强优秀文艺作品创作生产，完善公共文化服务体系，推动文化产业加快发展，不断提升中华文化的对外影响力，以高质量的文化产品和服务不断满足人民群众日益增长的美好生活需要，为“建设亮丽内蒙古，共圆伟大中国梦”贡献了深沉、持久、强劲的文化底气和文化力量，总体呈现向上向好的发展态势。

一、乌兰牧骑事业蓬勃发展

深入贯彻落实习近平总书记重要指示精神，积极推动乌兰牧骑事业发展。一是启动乌兰牧骑地方立法工作。研究起草《内蒙古自治区乌兰牧骑条例》，组织编制《内蒙古自治区乌兰牧骑事业发展中长期规划（2018—2025年）》。设立乌兰牧骑事业发展专项资金。修订《内蒙古自治区乌兰牧骑考核评估管理办法》，组织对全区乌兰牧骑考核评估。二是在全区全面启动“弘扬乌兰牧骑精神，到人民中间去”基层综合服务活动。采取“乌兰牧骑+”的方式，整合各行各业服务资源，组建235支“草原综合服务轻骑兵”，以小分队形式深入农村牧区，开展惠民演出等综合服务2000余场次，服务群众23万多人次。三是举办全区蒙古语汉语小戏小品比赛、乌兰牧骑新人新作比赛，选拔优秀乌兰牧骑进行集中展演，开展“扎根草原、情系人民”采风创作和“向乌兰牧骑致敬”惠民演出等活动，全区乌兰牧骑深入基层演出7000多场次。四是乌兰牧骑研究不断深化，举办乌兰牧骑座谈会和乌兰牧骑发展论坛，围绕传承弘扬乌兰牧骑精神、推广乌兰牧骑经验深入开展主题交流和理论研讨。组织专家编撰《乌兰牧骑史》《乌兰牧骑队员回忆录》《乌兰牧骑优秀作品选》等系列丛书，开展对乌兰牧骑文物及特色精品剧节目的抢救性保护。五是乌兰牧骑自身建设不断加强。组建乌兰牧骑队员东、中、西部实训基地，对全区乌兰牧骑队员进行轮训，对乌兰牧骑队长、业务骨干进行系列专题培训。推动组建民间、行业、高校、企业乌兰牧骑，建设“网上乌兰牧骑”，在群众中建设“不走的乌兰牧骑”。六是组织举办习近平总书记给乌兰牧骑队员回信一周年庆祝活动，组织歌舞剧《我的乌兰牧骑》、歌舞《草原上的乌兰牧骑》进京汇报演出，在各地开展乌兰牧骑联动演出活动。策划制作电视纪录片《梦开始的地方》，在北京卫视、内蒙古卫视、中国教育电视台等卫视集中推出，引起巨大反响。

二、文艺创作演出日益繁荣

坚持以人民为中心的创作导向，把提高质量作为文艺作品的生命线。一是文艺创作繁荣发展。召开全区艺术创作工作会、重点文艺作品策划研讨会，深入实施当代文学艺术创作、草原文学重点作品扶持、舞台剧扶持、优秀蒙古文译介、重点题材纪录片创作、中华优秀传统文化传承发展、文化艺术长廊成果出版等重点工程，设立民族艺术发展专项资金，推出民族歌舞剧《我的乌兰牧骑》、长篇小说《那红红的萨日朗》、歌曲《放歌新时代》、图书《中国民间文学大系·内蒙古卷》（民间说唱、神话卷）等一大批优秀文艺作品。二是文艺精品硕果累累。电视剧《安居》获得第三十一届中国电视剧飞天奖现实题材优秀电视剧大奖，《北方大地》入选飞天奖提名名单，儿童影片《骑士阿吉》获上海电影节展映单元奖、电影频道传媒大奖，电影《片警宝音》被列为全国庆祝改革开放40周年9部重点影片之一，《解良扶贫记》被列为中宣部2018年度“优秀电影剧本孵化工程计划”，舞剧《草原英雄小姐妹》获第十一届中国舞蹈“荷花奖”。实施老艺术家经典宝库建设工程，制作完成30位老艺术家口述史纪录片。三是草原文化节叫响品牌。全面改革创新并成功举办第十五届中国·内蒙古草原文化节，设置10个板块37个项目98项具体活动，直接参与群众360多万，通过网络直播、电视录播、即时相册播放等方式参与1.5亿人次，是历届草原文化节中内容最丰富、形式最多样、覆盖最广泛、参与人数最多的一次。秉承“人人参与、大众共享、促进发展”办节理念，坚持重心下移，从参与主体、惠民场次、剧场设置、票务管理、线上线下互动等多种渠道优化惠民方式，推动草原文化节真正办成“人民的艺术节”。四是惠民演出蓬勃开展。设立惠民演出补助专项资金，组织全区文艺院团深入践行乌兰牧骑精神，主动对接基层群众文化需求，开展“草原文艺天天演”“百团千场下基层”“草原音乐周末”等各类惠民演出近万场次。广泛开展各类文化惠民活动。按照中宣部部署，组织开展“我们的中国梦——文化进万家”科尔沁右翼中旗分会场活动，组织各级文艺院团开展惠民演出3000余场，各类文化服务600余次。组织“双服务”推荐及评选表彰，苏尼特右旗乌兰牧骑等11个单位获评第七届全国“双服务”先进集体，组织第四届全区“双服务”评选并表彰先进集体51个。五是重大活动亮点纷呈。举办2018年中国·内蒙古国际合唱周、上海国际艺术节内蒙古分会场、庆祝改革开放40周年草原歌曲展演、第四届辽吉黑蒙四省区地方戏曲优秀剧目展演。组织内蒙古文化名人及国家级自治区级非遗传承人肖像展，在京举办内蒙古籍文化名人座谈会、内蒙古青年文艺才俊北京分享会。承办全国现实题材舞台艺术作品展演活动。选送优秀剧目参加中国首届戏曲（昆山）盛典、全国基层院团地方戏展演、全国优秀音乐剧展演、第十一届中国评剧艺术节，集中展示了内蒙古民族艺术的独特魅力。

三、公共文化服务不断完善

着眼推动公共文化服务标准化、均等化，不断完善公共文化服务体系，提高基本公共文化服务的覆盖面和适用性。一是积极推进《中华人民共和国公共文化服务保障法》《中华人民共和国公共图书馆法》宣传贯彻工作，召开全区公共文化服务信息化建设现场会，深入实施基层综合文化服务中心建设工程、广电网络基本公共服务入户工程、“鸿雁图书悦读计划”，满足人民群众多样化公共文化需求。二是积极推动国家公共文化服务体系示范区创建工作，组织对呼和浩特市创建情况进行了督导检查和实地验收。召开了全区公共文化服务体系示范区推广会议。三是举办了全区农牧民文艺汇演、原创民族舞大赛、优秀摄影作品展览、中国西部民歌会、全区广场舞汇演等一系列具有导向性和示范性的群众文化活动，开展了送戏曲进乡村惠民演出活动，极大地丰富了基层群众精神文化生活。四是扎实推进“两馆一站”等文化场馆的免费开放工作，推动文化馆、图书馆总分馆制建设，部署开展第二次全区苏木乡镇综合文化站评估定级，不断提高基层公共文化服务效能。五是积极推进公共文化机构法人治理结构改革，印发了公共文化机构法人治理结构试点工作方案，指导内蒙古博物院、内蒙古图书馆、内蒙古文化馆等试点单位开展工作。六是公共文化服务效能不断提升。组织对基层综合性服务中心建设、管理、使用情况进行了实地检查，对全区苏木乡镇综合文化站开展了评估定级。开展了政府购买服务试点，在科尔沁右翼中旗开展了政府购买公益岗位试点，为四子王旗等边境贫困旗县提供了公共文化数字服务。七是组织实施“阳光工程”“圆梦工程”文化志愿服务，与海南省、广西壮族自治区、福建省开展了文化志愿服务双向交流活动。评选命名32个旗县（市区）、苏木乡镇（街道）为2018—2020年度全区民间文化艺术之乡。

四、文物保护利用不断加强

加强新时代文物保护利用改革，进一步做好文物保护利用工作。一是编制完成《内蒙古自治区长城保护总体规划》等20多项重点文物保护规划。组织对五当召、辽上京遗址、新忽热古城、金界壕遗址等实施保护修缮。对美岱召、乌素图召、成吉思汗陵等文物安防工程进行检查验收。二是积极推进辽上京与祖陵遗址、红山文化遗址、阴山岩刻和万里茶道等申报世界遗产工作，申遗文本编制、考古发掘、遗址保护和展示工程等工作有序推进。三是召开全区文物安全会议，深入开展文物法人违法案件专项整治，对元上都遗址违建进行了重点督办。联合公安部门组织开展打击文物犯罪专项行动，对各地文物安全责任落实情况进行了督察检查。与自治区纪委监委建立破坏文化遗产问题线索移送工作制度。四是组织对鸡鹿塞古城遗址、新忽热古城遗址等地开展考古调查、勘探和发掘工作，持续推进中蒙合作考古发掘工作。《和林新店子墓地综合研究》《岱海地区东周墓群发掘报告》等文物考古研究取得重要进展。五是博物馆工作得到加强，印发《关于进一步完善全区特色博物馆体系建设的指导意见》。智慧博物馆建设取得重大进展，内蒙古博物院、内蒙古民族解放纪念馆数字展厅和网上数字博物馆建设通过验收。组织对非国有博物馆文物藏品进行登记备案。对全区博物馆纪念馆免费开放情况进行绩效考评，对全区重点博物馆运行状况进行评估。六是策划推出一批精品展览，在首都博物馆举办“大辽五京——内蒙古出土文物暨辽南京建城1080年展”，在内蒙古展览馆举办了“长城精神　永续传承——内蒙古长城历史文化展”。内蒙古博物院“大辽契丹——辽代历史文化陈列”展览荣获全国十大陈列展览精品奖。开展博物馆巡展活动。七是组织对全区重点文物、革命文物和工业遗产资源状况开展普查核查。完成和林格尔土城子遗址技术检测与数据采集工作，为推进考古遗址公园建设提供了科学依据。

五、非遗传承保护稳步推进

积极推动非遗保护传承，促进中华优秀传统文化创造性转化、创新性发展，不断增强非遗的生命力和影响力。一是非遗名录体系不断完善。公布第五批国家级非遗代表性传承人名录、第六批自治区级非遗名录和扩展名录。组织评选了第六批自治区级非遗代表性传承人。积极推进“蒙医外治法”项目中蒙联合申遗工作。二是继续实施国家级非物质文化遗产代表性传承人抢救性记录工程，对3位70岁以上的国家级传承人技艺进行全面记录，1位传承人记录成果获评文化部年度优秀记录成果。三是落实中国非物质文化遗产传承人群研修研习培训计划，举办蒙古文书法、蒙古族皮艺、蒙古族金银铜器制作技艺、蒙古族刺绣项目培训班。启动自治区非遗传承人群研修研习培训计划，确定非遗传承人群培训参与院校，开展传统音乐、戏剧及美术培训。四是设立自治区传统工艺工作站，与中国艺术研究院合作，积极筹建国家传统工艺工作站。启动自治区传统工艺振兴目录建设工作，申报13个项目入选第一批国家传统工艺振兴目录。五是“文化和自然遗产日”期间，全区开展“多彩非遗·美好生活”非遗宣传展示活动，在呼和浩特市莫尼山非遗小镇举办主会场活动，在内蒙古展览馆举办“传承工艺·文化扶贫”系列活动。六是在草原文化节期间，组织举办“守望相助”56个民族非遗邀请展，来自22个省、自治区、直辖市的171个国家级非遗代表性项目200余名传承人应邀参展。内蒙古非物质文化遗产保护中心获评2018年全国非物质文化遗产保护工作先进集体。

六、文化产业持续健康发展

加快推进全区文化产业发展，更好地实现人们的文化权益，丰富人们的精神世界，促进人的全面发展和社会全面进步。一是扶持文化产业发展，召开全区文化改革发展工作座谈会，启动编制全区文化产业中长期发展规划纲要和三年行动计划，制定《内蒙古自治区文化产业项目库管理暂行办法》《内蒙古自治区文化产业评审专家管理暂行办法》，加大项目培育、引导、管理、支持力度，当前入库项目295个，总投资额1048亿元。认定和命名74个重点文化产业项目、自治区文化企业10强、60个重点小微文化企业，建设文创产品展示园。二是积极搭建会展平台。举办第三届全区文化产业博览会，组织文化企业参展深圳、西安、北京、敦煌文博会、“内蒙古味道”农畜产品展、中国国际进口博览会，宣介内蒙古文化产品和文化品牌。三是拓展新型文化业态。启动自治区现代马业发展规划编制工作，在京举办首届内蒙古国际马文化博览会新闻发布会，统筹推动马科学、马产业、马文化、马旅游、马体育协同发展，在全社会大力弘扬吃苦耐劳、一往无前的蒙古马精神。四是深化文化金融合作。积极搭建文化金融合作平台，支持文化产业园区、文化旅游、大遗址开发等重点项目与金融资本对接，推进文化产业重点项目建设。五是推动文化创意产品开发。举办全区首届文化旅游产品创意设计大赛、首届蒙古族时装和帽饰设计大赛、2018内蒙古创意设计展。选拔确定18家文创开发试点单位。赴斐济开展“中国内蒙古·斐济文化创意产品周”活动，赴蒙古国乌兰巴托举办内蒙古文创产品展览。

七、对外文化交流亮点纷呈

坚持国家站位，推进对外文化交流，文化“走出去”迈出新步伐。一是创新“走出去”的内容形式，在蒙古国成功举办“感知中国”——中国内蒙古文化旅游周，直接参与活动的蒙古国民众2万多人次，蒙古国53家媒体对活动情况进行报道，产生广泛影响。二是积极参加“欢乐春节”活动。选派艺术团组分赴越南、斯洛伐克、罗马尼亚、德国等11个国家及地区开展“欢乐春节”活动，先后演出52场次，观众100多万人次，向当地集中展示丰富多彩的中华文化和草原文化。三是深入开展对俄蒙交流与合作。在蒙古国举办第九届中蒙新闻论坛，制作《中国内蒙古》形象宣传片。举办“索伦嘎·2018中蒙网络春节晚会”，开展中国内蒙古—蒙古国后杭盖省教育文化交流活动。在图书展览、人才培养、联合考古及博物馆领域开展交流合作，在莫斯科市举办“蒙古娃少儿美术作品展”活动，持续推进“草原丝绸之路”中蒙联合考古项目。三是与斐济中国文化中心合作开展“美丽草原我的家”中国内蒙古文化年活动，在斐济举办文创产品展示周、风情摄影展、少儿书画展、非遗展示活动和文艺演出活动。四是赴澳门开展“衣锦风尚”内蒙古民族服饰展系列活动，举办民族服饰展、非遗摄影展、传统工艺演示、民族歌舞演出、文创产品展示。五是与日本、印度、韩国、美国、意大利、哈萨克斯坦等国家和地区开展丰富多彩的文化交流活动。先后接待40多个国家和地区人员来访，开展文艺演出、交流座谈活动。

展望2019年，全区文化事业将以习近平新时代中国特色社会主义思想为指导，全面贯彻落实党的十九大精神，坚持以人民为中心的发展思想，以高质量发展为目标，以融合发展为主线，以改革创新为动力，聚焦为人民群众提供优秀文化产品和服务、优质旅游产品和服务，不断满足人民群众美好精神文化生活需要。聚焦文艺繁荣发展，弘扬乌兰牧骑精神，围绕中华人民共和国成立70周年、中国共产党成立100周年等重要时间节点，聚焦现实题材和重大革命历史题材，策划推出一批有筋骨、有道德、有温度，体现时代特征、彰显草原特色的文艺精品。聚焦公共文化服务，积极推动《内蒙古自治区公共文化服务保障条例》《内蒙古自治区公共图书馆管理条例（修订草案）》地方立法工作，统筹推进边境和贫困地区公共文化服务体系建设，建好管好用好基层文化服务中心，健全群众评价和需求反馈机制，努力提高公共文化服务效能。聚焦文物保护利用，全面落实《关于加强文物保护利用改革的若干意见》精神，实施文物安全监管平台建设工程和重点文物保护工程，加强对文化遗产资源的挖掘，扩大内蒙古文物影响力。聚焦非遗传承保护，深入实施非遗记录工程，开展非物质文化遗产抢救性保护工作，推进自治区级文化生态保护区建设，建立常态化文化遗产普及传播机制。聚焦文化产业发展，加强顶层设计，深入实施“文化+”“旅游+”战略，推动文化和旅游、金融、创意及相关产业深度融合，培育新型文化产业业态，扩大和引导文化消费，让人民群众有更多文化获得感。聚焦推动文化“走出去”。围绕国家外交工作大局，加强文化对外交流合作，讲好中国故事、讲好内蒙古故事，提高国家文化软实力和中华文化影响力。

供　　稿：冯　超　内蒙古自治区党委宣传部
责任编辑：张　敏

内蒙古科技事业发展形势

摘要：2018年，自治区科技工作“围绕产业链，部署创新链，安排资金链”，继续深化科技体制改革，引导多元投入，突出创新主体，部署创新平台，推动资源流动，服务“三个扎实”，取得了显著的进展。面对新要求、新任务，2019年科技创新将从问题导向入手，主动同国家和自治区各项战略部署对表，努力破除与形势要求不相适应的束缚科技创新的体制机制障碍，提高科技供给能力，推进创新创业，支撑经济高质量发展，为建成创新型内蒙古，决胜全面建成小康社会做出更多贡献。

关键词：改革；创新生态；新动能

2018年，内蒙古自治区深入贯彻习近平总书记科技创新思想和对内蒙古发展的重要讲话精神，大力实施创新驱动发展战略，着力营造良好创新环境，优化区域创新资源布局，完善科技创新工作体系，努力开创创新内蒙古建设新局面。

一、全区科技工作进展

（一）深化体制机制改革

认真落实习近平总书记在全国人大内蒙古代表团审议讲话精神，积极推进基础研究、科研事业单位绩效评价、科学数据管理、科研诚信建设、科技服务业发展、人才评价等方面的改革，出台了《关于深入实施创新驱动发展战略推动自治区经济高质量发展的实施方案》《内蒙古自治区促进科技成果转化条例》《内蒙古自治区技术转移体系建设方案》《关于推进科技人才评价机制改革的实施意见》《关于科技创新促进民营经济高质量发展九项措施》等一系列激励创新的政策措施，科技政策体系更加完善，为科技创新发展奠定了制度基础。全面落实以增加知识价值为导向的分配政策，科技人才创新创业的活力得到极大释放。

（二）建立多元科技投入机制

在自治区层面，主要围绕三个方面发挥财政资金的导向作用。一是优先保障财政科研投入。全年安排自治区应用技术研究与开发资金、自然科学基金、科技重大专项、知识产权专项、科技创新引导奖励资金、科技成果转化专项和科技类政府债券资金7类项目，会同自治区财政厅下达专项资金187270万元。二是加大企业研发费用税前加计扣除政策的落实力度。加强与税务、财政部门的协作，全年为331家企业扣除应纳税所得额174603万元。三是大力发展科技金融。全年完成8家科技企业的知识产权质押贷款放款，质押企业专利20项，投入风险补偿资金677万元，撬动贷款金额总计6970万元；指导科技协同创新基金管理机构新投资科技型中小企业5家，投资1.29亿元，撬动盟市财政、银行、基金、民间投资等机构资金7.2645亿元，投资项目覆盖自治区7个盟市。

（三）加快创新平台建设

实施高新技术企业倍增行动，全年上报新认定高新技术企业340家，同比增加37%以上。内蒙古股权交易中心科技创新板正式启动，引导各类资金投资科技型中小企业。加快创新创业孵化体系建设，全区孵化器面积达118万平方米，累计毕业企业1117个，众创空间总面积超过150万平方米，累计服务创业团队和初创企业8200多个。实施创新平台科研能力提升工程，自治区本级增加投入6.5亿元，用于重大科研装备和仪器的购置，自治区首个超算中心落户和林格尔新区，85家国家和自治区重点实验室装备了急需的科研仪器。认定7家自治区临床医学研究中心。新增1家国家农业科技园区，赤峰高新区有望升级为国家级高新区。

（四）推进科技交流合作

加强与蒙古国、俄罗斯等国的合作，通过实施科技项目、搭建创新平台、强化科技人员交流等方式提升科技创新能力。在乌兰巴托市成功举办2018中国内蒙古·蒙古国投资贸易合作推介会和“一带一路”·中蒙科技成果展示交易会，双方共组织40家企业的45个项目进行了展览展示。深化京蒙科技合作和两地对口扶贫工作，积极促成两地高校、科研院所、企业对接洽谈，实现优势资源对接。加强粤蒙科技合作交流，举办了内蒙古·广东推动经济高质量发展科技合作与产业对接大会，签署了36项科技合作协议，促进双方技术共享、合作共赢。推进与中国科学院新一轮科技合作，自治区政府与中科院签订了全面合作协议，在人才引进培养交流、重大关键技术攻关和成果推广应用等9个方面与中科院达成共识。新建13家自治区院士专家工作站，柔性引进一批院士。袁隆平院士专家团队将在盐碱荒漠沙地改良、优质高产水稻品种研发和品质提升方面开展技术攻关和成果转化，实现耐盐碱产业的科研、种植、销售全产业链。

（五）促进产学研协同创新

一是重视创新载体协作共建，将内蒙古科技大学、内蒙古民族大学和内蒙古北方重工业集团建设的国家重点实验室事宜列入部区会商议题，新认定自治区级工程研究中心、工程实验室15家，全区工程研究中心、工程实验室总数达到95家，重点实验室达到159家。二是推进高校与企业协同创新。支持内蒙古财经大学内蒙古大数据培训基地等10所高校10个项目建设资金830万元。三是推进科学仪器设备开放共享。网内仪器提供的检验检测服务涉及新材料、能源化工、食品药品、装备制造等多个领域，13家注册实验室94台（套）仪器设备共计为226项国家级和73项省部级科研项目以及178个企事业单位提供检测服务。确定9家单位46台（套）仪器加入协作共用网，支持11家单位63个检验检测开放课题；开发运行自治区科研仪器与设施开放共享服务管理平台。四是自治区政府办公厅印发《内蒙古自治区科学数据管理办法》，推进科学数据资源开放共享。五是组建以企业为主体，高校积极参与构建的蒙商、高粱、绿豆、荞麦4家产业技术创新战略联盟。目前，自治区产业技术创新战略联盟达到33家，新型研发机构47家。

（六）推进民生科技发展

在精准脱贫方面，通过派出干部、实施科技项目、引进资金技术、加强人员培训等措施帮助贫困地区发展，着力解决贫困地区内生动力不足的问题。强化与北京科委的扶贫合作，通过引进北京技术、人才、资金等创新资源帮扶贫困地区发展。2018年，选派“三区”科技人员896人，培训乡土骨干科技人才400余人次，为贫困地区发展提供了强大的人才支持。在打好污染防治攻坚战方面，组织专家提出《乌海及周边地区大气污染防治技术瓶颈及解决方案》，部署了“乌海及周边地区大气污染防治重大关键技术研究与示范”科技重大专项项目。围绕水污染控制与综合治理，部署了“内蒙古一湖两海水污染控制与综合治理关键技术研发与集成示范”科技重大专项。

（七）启动创建呼包鄂国家自主创新示范区

积极推进赤峰、阿拉善等自治区级高新区升级。助力金山国家高新区打造乳业全产业链。支持稀土高新区建设国内一流创新型园区。鼓励鄂尔多斯高新区探索引进、利用外资模式和制定激励政策。调研学习合芜蚌国家自主创新示范区成功建设经验。起草《关于建设呼包鄂国家自主创新示范区调研报告》（此报告将作为自治区政府报国务院请示的附件）。启动呼和浩特科技城建设。布小林主席在自治区推进呼包鄂协同发展专项工作会议上指出，要统筹人才资源，统筹重点实验室、工程研究中心等基地建设，协同提升创新能力，加快创建呼包鄂国家自主创新示范区。

（八）支撑经济高质量发展

通过制定转移政策、设立专项资金、搭建交易平台、开展后补助、实施项目引导等举措，不断完善科技成果转化服务体系。首次设立5亿元的科技成果转化资金，支持了187个科技成果转化项目，对138个技术成果交易活动进行后补助。发挥内蒙古科技成果交易平台作用，线上线下成交项目合同金额16亿元。先进技术成果的应用和转化有效提高了产业的技术水平，产生了巨大的经济和社会效益。成功举办满洲里、赤峰、锡林郭勒三大展会，成交额达46.65亿元。1—11月，全区共成交各类技术4354项，实现技术合同交易金额141.03亿元。完善科技重大项目库、科技项目储备库，聚焦凝练重大需求，跟踪汇聚前沿技术，为创新驱动战略实施提供高质量项目源。围绕战略性新兴产业培育和传统特色产业技术升级，全年安排588个科技计划项目，为产业优化升级和经济高质量发展提供科技支撑。1—10月，全区申请专利量13295件，授权专利量7905件，同比分别增长40.93%和64.96%。

二、存在的问题与努力方向

基于自治区作为欠发达地区的基本区情没有改变，我们的科技创新能力还不能满足经济升级和社会转型的现实需要，在深化科技管理改革方面还存在如下问题：

（一）政策落实有待进一步加强

一方面是支持科技创新的政策出台不及时，不能及时跟上国家的整体部署；二是已经出台的激励政策的力度、兑现、宣传有待进一步加强。很多国家和自治区层面的政策需要一级一级出台配套措施后，才能最终在盟市、高校、科研院所落地，存在没有本级明确政策就不敢不能兑现的情况。

（二）联动机制有待进一步完善

特别是盟市、旗县党委政府在组织协调推动全面创新方面还不到位，科技部门与其他部门互动不足，创新驱动发展合力尚未形成，创新环境氛围营造不到位，创新发展的活力尚未得到充分激发，协同创新能力不强。

（三）投入机制有待进一步健全

财政科技投入法定要求（比例1.5%）一直没有达到。在全区经济下行和国家财政政策收紧以及脱贫攻坚、环保整改和化解政府债务等艰巨任务的大背景下，盟市、旗县科技投入不足的问题尤为突出，市旗两级财政增加科技投入困难，多元化科技投入机制尚未建立，财政科技投入和全社会研发投入不能适应基层创新发展的新要求，很多项目缺乏市旗两级配套资金。

（四）管理服务能力有待进一步加强

近年来，随着机构改革的实施，旗县区科技管理部门撤并比较普遍，科技服务职能弱化，基层抓手作用难以发挥，县域科技创新能力亟待提高。自治区科技创新平台载体总体层次不高、作用发挥不明显，不要说缺乏国家级创新平台，仅在自治区高新区、重点实验室、工程技术研究中心、企业研发中心等方面的建设也是数量少、功能弱、投入不足，机构的撤并加剧了这一局面。

为保证重点工作顺利进行，自治区科技管理部门应在全区构建高效的纵向协商工作机制，包括建立厅地会商机制、建立良性互动的决策管理机制、建立跨地区联动机制和共建科技网络信息平台，努力形成全区一盘棋的工作推进机制。同时，还应从加强项目顶层设计、加强“放管服”改革、探索科技决策机制、建立项目管理新流程、充分发挥科技创新平台载体效能、抓好科技创新政策的贯彻落实等方面深化科技管理体制改革。

三、2019年重点工作思考

2019年，自治区科技创新应着力增强经济高质量发展新动能，抓好与地方经济发展关系密切的重点科技攻关项目，抓好区域创新平台的规划、建设、打造，抓好国家、自治区和地方已出台政策的有效落实，抓好区外创新资源引进，抓好科技扶贫，抓好为企业创新提供有效服务工作，抓好污染治理、改善生态环境等重点工作，推动科技创新再创佳绩，为建成创新型内蒙古，决胜全面建成小康社会做出更多贡献。主要概括为以下5个方面：

（一）着力提高科技供给能力

围绕核心关键技术攻关和重大科研成果产业化，集中优势资源开展协同攻关，组织实施一批科技重大专项。加快推进科技成果转移转化，加大技术交易后补助力度，广泛开展技术交易活动。加大基础研究支持力度，为稳定科研人员、确保科技创新源头供给提供保障。

（二）强化创新平台建设

加强重点实验室、工程技术研究中心、新型研发机构等创新平台建设，积极培育国家重点实验室。推进呼包鄂国家自主创新示范区建设，积极争取将赤峰高新区、阿拉善高新区升级为国家级高新区，推动巴彦淖尔农业高新技术产业示范区和鄂尔多斯市国家可持续发展议程创新示范区建设。

（三）全面推进创新创业

实施高新技术企业培育行动，扩大高企培育库。大力培育科技型中小企业，增加入库科技型中小企业数量。积极培育认定一批自治区星创天地和众创空间。强化科技企业孵化器和众创空间功能建设。举办中国创新创业大赛内蒙古赛区比赛和全国沙产业创新创业大赛等大型赛事。

（四）深化科技交流合作

加强与俄蒙等“一带一路”沿线国家的合作与交流。加强技术转移与国际合作体系建设，认定一批自治区级国际科技合作基地和国际技术转移中心。拓展和深化与北京、广东等地区的科技创新合作。深化与大院大所和知名高校的科技合作。积极推进与中科院签订的科技合作框架协议的落实。启动新一轮部区会商，进一步加强对盟市、旗县科技工作的扶持与指导，建设科技部、科技厅、盟市、旗县的科技协作四级联动机制。

（五）营造良好发展环境

深入推进科技体制改革，加大政策落实力度，继续推进项目评审、人才评价、机构评估改革，加强基础研究、科学数据管理和科研诚信建设，突出知识价值导向，让广大科技人员享受改革红利。着力推动科技部门职能转变。大力培养引进高层次科技创新人才和创新团队。发挥政府，特别是盟市政府科技投入的导向作用，推动全社会加大科技投入，形成全社会多元化科技投入新格局。

供　　稿：姜宝林　内蒙古自治区科学技术厅

责任编辑：双　宝

内蒙古政府法治建设形势

摘要：2018年，内蒙古自治区全面加快法治政府建设步伐，努力开创政府法治建设工作新局面，进一步完善法治政府建设考核指标；推进政府科学民主立法；坚持不懈提高重大行政决策水平；推进行政执法三项制度改革；发挥示范作用，扎实开展“十百千万”四项活动。2019年，将在持续推进的基础上，加强法治政府建设评估工作，确保各项措施精准落地；深化“十百千万”四项活动，大力推动法治政府建设进程；扎实推进行政立法和行政执法各项工作，努力提升政府法治工作水平，为2020年实现法治政府初步建成的宏伟目标奠定基础。

关键词：内蒙古；法治政府；行政立法；行政执法

2018年，在自治区党委、政府的正确领导下，自治区全面贯彻党的十九大和十九届二中、三中全会精神及自治区第十次党代会议精神，牢固树立政治意识、大局意识、核心意识、看齐意识，着力抓好法治政府建设任务落实，全面加快法治政府建设步伐，努力开创政府法治建设工作新局面。

一、2018年法治政府建设情况

（一）进一步完善法治政府建设考核指标，加紧推进法治政府建设

1.党委、政府联合发布关于推进法治政府建设的实施意见

为了贯彻落实中共中央、国务院关于印发《法治政府建设实施纲

要（2015—2020年）》和自治区实施方案的要求，保证自治区在2020年底前完成法治政府建设各项指标，自治区党委、政府高度重视，自治区党委办公厅、政府办公厅联合印发《关于加快推进法治政府建设的实施意见》（以下简称《意见》），总结我区法治政府建设进程的阶段性成果，明确未来两年法治政府建设重点任务，并对工作任务和完成时限细化到具体单位，同时建立了12项工作机制，为法治政府建设目标的实现提供充分的保障。《意见》的出台，是自治区法治政府建设成果的总结，也是未来法治政府建设的行动纲领，对于我区建成法治政府具有重要意义。

2.明确法治政府建设年度目标和任务台账

自治区政府印发的《内蒙古自治区2018年度法治政府建设工作计划》，安排部署了推进依法行政、建设法治政府的年度工作任务，将我区法治政府建设实施方案确定的47大项任务，细化分解为133项目标任务，221项目标成果。目前成果已经完成127项，需要完成72项，持续推进32项。为督促各牵头单位积极落实任务台账，自治区法制办通过召开调度会等方式，了解工作进度和工作成果，将法治政府建设年度目标任务落到实处。

3.制定2018年度法治政府建设考评指标，创新考评方式

为了确保2020年我区法治政府建设的实现，充分运用考核评价手段，将各地区、各部门法治政府建设情况作为衡量各地区、各部门领导干部工作实绩的重要内容。2018年年初，自治区制定印发了《2018年盟市（厅局）法治政府建设考评指标》和《2018年度全区法治政府建设考评办法》。创新考评方式，将原来的考核组实地考评改为由考评对象通过视频系统向自治区政府集中述职和接受证明材料的检验核查，并由法院、检察院、律师、媒体和专家等各界代表组成的考评委员会现场打分，结合日常监控情况，实行精细化考核，确保考核工作的公开公平公正。通过运用考核评价“风向标”“指挥棒”作用，深入推进法治政府建设。

（二）推进科学民主立法，扎实完成政府立法工作

1.关注本地区实际，体现地方立法特色

2018年，自治区地方立法立足于本地区实际情况，准确把握地方立法的特点和规律，突出地方特色，急需先立，制定出适合本地区经济社会发展成本最小化和效益最大化的制度安排。全年共完成地方立法项目11项，其中提请自治区人大常委会审议地方性法规草案6部，自治区政府规章5部，其中有重点解决生态环境保护，倡导绿色发展的《内蒙古自治区大气污染防治条例》《内蒙古自治区民用建筑节能条例（草案）》《内蒙古自治区促进新型墙体材料发展办法》，为贯彻落实内蒙古科技兴区战略提供法规支持的《内蒙古自治区促进科技成果转化条例》以及加大社会公用信息公开力度，建设诚信社会的《内蒙古自治区公共信用信息管理办法》，特别是为倡导和弘扬乌兰牧骑精神而起草的《内蒙古自治区乌兰牧骑条例》，充分体现了内蒙古地方立法特色，是贯彻落实习近平总书记对乌兰牧骑要求的重要举措。

2.关注民生，充分体现立法为民

立法为民是地方立法不懈的努力和追求，也是地方立法重点关注的内容。2018年的立法项目中体现了对特定群体权益的保护，制定了《内蒙古自治区老年人权益保障条例》和《内蒙古自治区无障碍环境建设办法》。这2个立法项目广泛征求社会各界的意见和建议，确保立法贯彻党和国家的大政方针，体现改革精神，符合民意，真正体现了立法项目为民，立法程序体现了社会公众最广泛的参与度。2018年11月29日，《内蒙古自治区老年人权益保障条例》《内蒙古自治区公共信用信息管理办法》《内蒙古自治区税收保障办法》3项立法成果荣获2018年内蒙古十大法治事件。

3.修改和废止并重，维护社会主义法制统一

随着中国特色社会主义法律体系的建成和改革的不断深化，2018年地方立法工作重点也由制定转向修改、废止上来，2018年修改和废止的法规规章达到36部，占立法总数的77%，也创造了历年之最。

2018年，废止地方性法规9部，政府规章1部；修改地方性法规12部，政府规章14部。

（三）坚持不懈提高重大行政决策水平

1.加强制度建设，从源头上重视重大行政决策合法性审查

2018年，国务院办公厅印发了《关于加强行政规范性文件制定和监督管理工作的通知》，从国家层面对规范性文件工作提出了具体、细致的工作要求。为了严格贯彻落实国务院文件精神，自治区政府办公厅印发了《关于加强行政规范性文件制定和监督管理工作的实施意见》。截至2018年12月初，前置合法性审查自治区政府拟制发的规范性文件共375件次，其中规范性文件203件，重大行政决策类文件140件，合同、协议类文件32件。

为了规范合法性审查工作程序，自治区政府办公厅制定了《内蒙古自治区人民政府行政文件合法性审查工作规程》，首次以自治区政府办公厅的名义规范了规范性文件和重大行政决策起草、调研、合法性审查、征求意见、集体讨论和公开公布制度，特别是对规范性文件起草和合法性审查工作进行了细致规定，建立了自治区规范性文件起草的指导性制度规范。

2018年，为了提高合法性审查质量，进一步发挥专家协助审查的作用，以自治区政府法律顾问和专家库为依托，2018年，自治区在涉及化解政府债务、公司改制、股权转让、国有企业资产管理等专业性强和疑难的重大行政决策方面，邀请专家参加审查和论证，为自治区政府的重大行政决策提供智力支持。

2.认真做好规范性文件专项清理工作

2018年，专项清理工作任务共4项，全区各级政府和各部门认真对本地区本部门现行有效的规范性文件进行了认真清理，其中涉及著名商标、产权保护和生态环境保护清理工作，共清理出250件规范性文件，提出了废止或者修改的建议。涉及证明事项的清理工作，正在进行中，预计2018年底完成全面清理任务。

（四）推进行政执法三项制度改革，强化行政执法监督

1.行政执法三项制度试点工作顺利完成

行政执法全过程记录、行政执法信息公示和重大行政执法决定法制审核三项制度改革工作是国务院加强行政执法监督的重点工作，呼和浩特市作为全国19个推行三项制度的试点地区之一，全面推行行政执法三项制度，在呼和浩特率先建立行政执法监督平台，将部分行政执法单位的行政执法全过程记录、上传至行政执法监督平台，实行行政执法信息公示和全过程监督，取得了明显成效。推进和实施工作的顺利完成，为2018年贯彻落实司法部规定，全面推开行政执法三项制度奠定了坚实的基础。

2.严把行政执法人员队伍入口关，提高管理的信息化水平

从源头上把住行政执法人员队伍入口，对于提高行政执法人员队伍素质，建立一支坚强有力、合法规范的队伍具有重要意义。自治区严格执行全区行政执法人员资格认证考试制度，2018年申请参加行政执法人员资格认证考试人员25460人，通过考试人员15267人，通过率59.9%。数字表明，我区行政执法人员队伍与过去相比有一定提高，但是总体水平仍然不容乐观。全区全年新增符合条件的行政执法人员12641人，行政执法人员总数129354人。为了完善行政执法人员管理智能化水平，落实行政执法人员的在编要求，正在努力将行政执法人员系统纳入机构编制人员经费共享信息管理平台中，实现对行政执法人员的信息化管理。

3.充分发挥行政执法义务监督员作用

为了加强社会监督，延伸监督触角，培育社会监督力量，截至2017年底，全区103个旗县市区组织完成了万名行政执法义务监督员的选聘工作。为了充分发挥行政执法义务监督员的作用，规范其行为，自治区政府法制办制定印发了《内蒙古自治区义务监督员管理办法》，为行政执法义务监督员履行监督职责提供了制度保障。行政执法义务监督员的产生，打通了行政执法社会监督的渠道，义务监督员

在监督行政执法行为，宣传国家法律法规和政策，化解行政执法人员和相对人的矛盾，维护社会和谐稳定等方面具有重要作用。

4.发挥主渠道作用，妥善化解行政争议

截至目前，行政复议机关共办理行政复议案件69件，国务院裁决案件20件，行政诉讼案件17件，信访案件1件。在办理的69件复议案件中，已办结21件（维持8件，撤销3件、责令履行2件、协调终止8件），依法中止5件，驳回17件，其他案件正在审理中。综合纠错12件，占办结案件的57.1%。总体来看，案件类型广泛，涉及政府信息公开、行政征收、行政确认、行政不作为、行政处罚等。在案件办理过程中，进一步规范行政复议案件立案登记制度，建立纠错机制，坚持疏堵结合，实现了案结事。

（五）发挥示范作用，扎实开展“十百千万”四项活动

1.开展10个法治政府示范旗县（市、区）创建工作

为了充分发挥法治政府示范的引领作用，自治区政府重点打造了法治政府示范旗县（市、区）。通过制定统一严格的考评标准，采取主动申报、盟市推荐和自治区选评的方式，经过实地检查等考评程序，于2018年产生了自治区首届法治政府示范旗县（市、区），呼和浩特市新城区、土默特右旗、满洲里市、鄂温克族自治旗、霍林郭勒市、翁牛特旗、锡林浩特市、伊金霍洛旗、鄂托克前旗、阿拉善左旗被确定为全区首届法治政府建设示范旗县（市、区）。入选的10个示范旗县（市、区）在法治政府建设方面的各项指标符合法治政府建设实施纲要确定的标准，同时也各具特色，都有适合本地区的工作亮点，为法治政府的示范和引领作用发挥了积极的影响作用。

为了扩大法治政府创建工作影响，营造良好的社会氛围，加强对自治区法治政府建设成果的宣传，自治区法制办与电视台联合制作部分示范法治政府示范旗县宣传片，在电视台滚动播出。现场会依托网易直播平台对外宣传，关注直播人群将近21万，让老百姓可以直观地感受法治政府建设的亮点和成绩，展示法治政府建设的新成效。

2.提高领导干部法治思维，开展“百名领导干部进课堂”活动

抓住关键少数，提高各级领导干部的法治意识，树立法治观念，增强依法行政的能力和水平，根据《全区各级领导干部法治教育培训三年规划（2017—2019年）》要求，自治区政府法制办先后邀请全国人大、中国政法大学、国家行政学院、浙江大学，围绕我区政府法制建设、领导干部法治思维与社会治理、大数据时代背景下的“互联网+新思维”等方面的内容进行专题讲座，通过培训，努力营造领导干部办事依法、遇事找法、解决问题用法和化解矛盾靠法的良好法治氛围。2018年，各地区各部门积极组织领导干部进行专题培训、讲座，自治区本级各部门组织200多期，各盟市组织180多期，各旗县、市区组织400多期，全区领导干部进课堂累计1.6万多人次。

二、2019年法治政府建设建议

2018年，自治区法治政府建设成绩斐然，但是仍然存在诸多缺点和不足，制约着自治区法治政府建设的进程，主要表现在：有些地区和部门对法治政府建设重视不够，领导法治意识不强，党政主要负责人法治建设第一责任人职责落实不到位；大部分地区和部门重大行政决策不能完全履行公众参与、专家论证、社会稳定风险评估等法定程序，重大行政决策法治化水平亟待提高；行政执法中有法不依、执法不严、超越职权、滥用职权的现象仍然存在，基层重点领域行政执法力量薄弱与多头执法、交叉执法并存，综合执法有待进一步向基层推广；法治政府建设水平不均衡，基层法治政府建设仍然比较薄弱；法治政府信息化建设有待进一步加强，覆盖自治区、盟市、旗县三级的智慧法治平台尚未建立。

2019年，法治政府建设在持续推进的基础上，应当关注法治政府建设短板，全面推进自治区法治政府建设进程，才能在2020年实现法治政府初步建成的宏伟目标。

（一）加强法治政府建设评估工作，确保各项措施精准落地

一是切实落实法治建设第一责任人职责。贯彻落实《党政主要负责人履行推进法治建设第一责任人职责规定》，压实各级各部门党政一把手建设法治政府的第一责任人，严格落实法治政府建设报告制度。

二是加强年终考评和责任追究力度。严格考核结果应用，加大法治政府建设考核在实绩考核中的分值权重，强化法治建设第一责任人落实。

三是探索第三方评估，加强督察实效。开展第三方评估试点，全面评估法治政府建设成效，形成评估情况报告向社会公开。开展法治政府建设专项督察，加强对各盟市和自治区各部门的督察，把法治政府建设工作督察作为落实纲要和法治政府建设年度工作计划的重要抓手，层层落实责任。

四是加强牵头部门落实法治政府建设职责。各有关部门应当切实承担牵头单位的职责，根据总任务措施和分解台账明确的完成时间，细化分解任务，逐项抓好任务落实。

（二）扎实推进“十百千万”四项活动，大力推动法治政府建设进程

深化10个法治政府建设示范旗县（市、区）创建活动，以点带面，推广法治政府建设示范旗县（市、区）的先进经验，不断扩大法治政府建设示范范围，进一步扩大示范范围，将示范点范围覆盖到旗县（市、区）、盟市和部门。

深化“百名领导干部进课堂”活动，强化对基层党政一把手的法治培训，牢固树立法治信仰，努力提升领导干部运用法治思维和法治方式深化改革、推动发展、化解矛盾、维护稳定的能力。

开展千家行政执法单位和执法人员大练兵活动，加强对行政执法人员的平时考核和监督，提高行政执法人员业务素质和职业素养。

培育行政执法义务监督员队伍，发挥行政执法社会监督实效，鼓励行政执法义务监督员积极参与行政执法和行政执法监督活动，成为行政执法监督的重要力量，促进行政执法人员和社会公众共同进步，打造法治国家、法治政府和法治社会三位一体化建设。

（三）扎实推进行政立法和行政执法各项工作，努力提升政府法治工作水平

一是发挥立法的引领和推动作用。坚持科学立法、民主立法、依法立法，强化立法前评估，加强立法项目的科学论证，制定符合内蒙古特色的立法计划。坚持开门立法，完善公众参与机制。立改废释并举，为转变政府职能、打造诚信政府、营造法治环境、促进经济社会发展提供法制保障。

二是严格履行审查监督职责。进一步完善合法性审查机制，做好自治区政府规范性文件、重大行政决策及其他请示建议类文件的合法性审查工作。进一步加强备案审查监督力度，做好自治区政府部门和盟市报送备案规范性文件的审查监督工作。健全完善异议审查制度，依法受理并及时办理公民、法人和其他组织提请异议审查的规范性文件的合法性审查工作。

三是强化行政复议、应诉工作。全面推行行政复议立案与审理分离制度。大力推进听证、实地调查、公开审理等方式的运用，提高行政复议案调解、和解结案比例。全面推行行政复议案卷电子化。加强行政复议队伍建设，强化行政复议人员资格管理。严格执行行政机关负责人出庭应诉制度，明确行政机关负责人出庭应诉比例，推动行政机关依法行政。

四是强化行政执法监督。自觉接受党委、人大、政协和舆论监督，强化政府内部层级监督和专门监督，建立行政执法监督平台，推行行政执法三项制度，保证各项监督制度落实到位。全面落实行政执法责任制，强化行政执法责任追究。构建大监督格局，促进行政机关提升依法行政能力，规范行政执法行为。

五是落实政府法律顾问制度。严格落实政府法律顾问选聘、日常管理、考核评价等相关配套制度，发挥法律顾问在政府立法、复杂规范性文件、重大行政决策、重要行政行为的论证，重大合同和协议的审查，疑难复杂行政复议、诉讼案件的代理等方面作用，助力政府工作规范化、法治化。

供　　稿：戴　燕　内蒙古自治区政府办公厅

责任编辑：朱　檬

热点篇

内蒙古脱贫攻坚形势报告

摘要：2018年，内蒙古大力实施产业、就业、易地扶贫搬迁、生态、教育、健康、住房保障、社保兜底等精准到户工程，进一步增强贫困人口发展内生动力；充分发挥行业扶贫优势，补齐贫困地区交通、水利、电力、信息网络等方面短板；积极构建完善扶贫大格局，京蒙协作、定点帮扶、社会帮扶力度持续加大，高质量地完成了“人脱贫、村出列、县摘帽”的年度目标任务。

关键词：脱贫攻坚；贫困；精准

2018年，内蒙古自治区党委、政府坚持用习近平新时代中国特色社会主义思想，党的十九大和十九届二中、三中全会精神统领脱贫攻坚工作，坚决把脱贫攻坚作为重大政治任务和第一民生工程，以前所未有的重视程度、资源投入、帮扶力量和工作力度，聚焦精准，强化措施，狠抓落实，推动脱贫攻坚工作取得新进展新成效。在2017年1个国贫旗县、13个区贫旗县退出的基础上，2018年超额完成20万人的减贫任务，可实现10个国贫旗县、13个区贫旗县退出。

一、夯实精准扶贫精准脱贫基础，切实强化要素保障，提高扶贫实效和脱贫质量

（一）层层压实责任

落实自治区负总责的要求，调整充实了自治区扶贫开发领导小组，增设由发改、财政、教育、卫健委、民政、住建、农牧等16个部门主要负责同志任组长的专项工作推进组，分头推进相

关行业部门脱贫攻坚任务落实。向57个贫困旗县分别派驻由自治区1位厅级干部带队的工作总队，常驻贫困旗县督导推动当地的脱贫攻坚工作。成立由自治区党委常委、组织部长任主任的管理办公室，加强统筹协调和工作调度。严格落实三年行动实施意见中自治区党委书记遍访贫困旗县的要求，自治区党政主要负责同志以上率下，不打招呼，不预设线路，直接进村入户，先后30多次深入50多个贫困旗县调研督导脱贫攻坚工作。36位省级领导干部“一对一”联系36个贫困旗县，重点推进联系点的脱贫攻坚工作。自治区党委、政府为脱贫攻坚开辟绿色通道，凡脱贫攻坚重大事项重要问题，均第一时间部署落实。自治区人大常委会深入66个苏木乡镇99个嘎查村调研，梳理出5个方面25个具体问题，并对自治区政府脱贫攻坚工作开展情况进行专题询问。自治区政协就“推动少数民族聚居贫困地区如期脱贫”进行专题协商。强化盟市、旗县抓落实的责任，各盟市、旗县参照自治区做法，成立相应机构推动落实。为压实盟市、旗县特别是党政一把手的责任，实行比学赶超述职交流制度，李纪恒同志每两个月主持召开一次打好精准脱贫攻坚战旗县（市、区）委书记述职交流视频会，好的讲经验，差的做检讨，已召开3次述职交流视频会，14个旗县做经验交流、6个旗县做检讨，起到了传导压力、推动工作的作用。各盟市旗县和各部门都下沉工作重心，开展遍访贫困村贫困户活动，调研并现场解决实际问题。

（二）完善政策措施

自治区党委、政府出台了《内蒙古自治区打赢脱贫攻坚战三年行动实施意见》《内蒙古自治区人民政府关于进一步加强扶贫资金使用管理的意见》等7个政策性文件。行业部门结合自身承担的攻坚任务，围绕压实脱贫攻坚责任、规范扶贫资金使用管理、整合涉农涉牧资金、精准识别贫困人口、更好发挥驻村帮扶作用、推进扶贫政策衔接、深化京蒙扶贫协作等，出台30多个配套政策文件，打出了政策组合拳。

（三）精准动态管理

在全区开展以贫困识别、退出为内容的大排查大整治动态调整专项行动，新识别贫困人口1.39万户5.38万人，清退不符合条件5万户15.7万人，贫困识别退出精准度大幅提升。升级精准扶贫大数据平台，着力建设地区间和部门间数据信息互联互通、共享共用、实时高效的动态系统。与民政、残联、住建、卫计、国土、人社等部门开展数据交换和比对工作，有效减轻了基层填表报数负担。

（四）保障扶贫投入

2018年，中央下达自治区扶贫资金23.81亿元，本级投入扶贫专项资金39.45亿元，盟市、旗县投入38.26亿元，各级共计投入扶贫资金101亿元。扎实推进贫困旗县涉农涉牧资金统筹整合使用，截至9月底，已整合涉农涉牧资金62.3亿元。稳步实施扶贫小额信贷，严格落实扶贫小额信贷“5万元以下，3年期内，免抵押免担保，基准利率放贷，财政贴息，县建风险补偿金”六项政策。2018年，新发放扶贫小额信贷19亿元，覆盖贫困户454万户。

（五）加强资金监管

加强扶贫项目库建设，坚持凡使用财政专项扶贫资金的项目从项目库中选取的原则，出台《关于完善旗县脱贫攻坚项目库建设的实施意见》，审定入库项目7.67万个，已经实施4.17万个，3664个贫困嘎查村受益，覆盖贫困人口45.96万户111.43万人。解决扶贫项目储备不足、资金闲置等问题。严格资金管理，出台《内蒙古自治区人民政府关于进一步加强扶贫资金使用管理的意见》《扶贫资金管理使用方面负面清单》，在57个贫困旗县开展财政扶贫资金专项督查、审计“回头看”和使用绩效评价，在全区范围内开展扶贫资金闲置清理工作，清理闲置资金3.74亿元。全面推行公告公示制度，修订《内蒙古自治区扶贫资金项目公告公示实施办法》，对自治区、盟市、旗县扶贫资金分配结果一律公开，苏木乡镇、嘎查村两级扶贫项目安排和资金使用情况一律公告公示。加强扶贫资产管理，对扶贫形成的资产做全面盘点，巩固脱贫成果。

（六）强化驻村帮扶

向3694个贫困嘎查村各派驻1支驻村工作队，共选派驻村干部35735人。为每个贫困户落实1名帮扶责任人，全区共安排帮扶责任人5.6万名。嘎查村第一书记全部兼任工作队队长，未出列贫困嘎查村按不少于5人配齐配强，出列贫困村不少于3人。在干部选派上，主要从政治素质好、综合能力强、工作作风实、懂扶贫会帮扶，年富力强、身心健康的干部中选派，优先选派优秀年轻干部和后备干部。在工作纪律上，要求驻村队员在帮扶期间不再承担原单位工作，必须与派出单位脱钩，驻村时间每月不少于20天，大部分时间进村入户。在监督执纪上，采取督查、暗访、“帮扶通”手机APP等方式从严监管驻村工作队帮扶工作，同时把工作队员驻村帮扶情况与派驻单位绩效考核挂钩，加大随机检查力度，工作不力的工作队员召回，同时问责派出单位主要负责同志。2018年，自治区表彰奖励驻村干部1152名，提拔重用331名，召回136名，问责209名。

（七）聚焦深度贫困

2018年，自治区投入深度贫困旗县资金20.1亿元。对15个深度贫困旗县财政专项扶贫资金投入高于全区平均水平10%，财力性转移支付增幅高于其他旗县，平均增幅85.8%。京蒙扶贫协作资金投入50661万元，占年度投入9.3亿元的54.5%。向深度贫困旗县选派干部1108人，其中京蒙协作选派干部41人，中央定点帮扶选派干部31人，自治区选派240人，盟市选派796人；选派技术人员249人，其中京蒙协作选派技术人员206人，中央定点帮扶选派12人，自治区选派7人，盟市选派24人；帮助贫困人口就业11170人，其中就地就近就业593人，京蒙劳务协作转移就业323人，区内转移就业9358人，其他省份转移就业896人。

（八）加大教育培训

2018年，全区共举办各类扶贫干部培训班1033期，培训扶贫干部32.4万人次。制定《聚焦打好精准脱贫攻坚战加强干部教育培训实施方案》，组织贫困旗县百名党政领导干部去河南省参加“走出去”专题培训。实施千名贫困旗县苏木乡镇党政正职精准脱贫专题培训，完成558个苏木乡镇1100余名党政正职全员轮训。实施万名嘎查村党组织负责人集中轮训，对新换届的11066名嘎查村党组织书记集中轮训。采取专题讲座、网络培训、远程教育、以会代训等多种教育培训渠道，基本实现扶贫干部教育培训全覆盖。

（九）强化典型引领

启动乌兰牧骑助力脱贫攻坚专项行动，组建200支“草原轻骑兵”，深入贫困地区开展扶贫政策宣讲、乌兰牧骑巡演、脱贫典型故事分享、社会主义核心价值观、文学艺术工作者采风创作、励志主题电影展演“六进村”活动。大力选树在脱贫攻坚工作中涌现出的先进典型，组织开展全国“扶贫日”活动，我区1个集体、2名个人获得全国脱贫攻坚奖，清水河县武汉鼎获全国脱贫攻坚模范荣誉称号。《内蒙古日报》以特刊对自治区脱贫攻坚生动实践进行深度报道，在内蒙古广播电视台推出《打赢脱贫攻坚战——奋斗在一线》栏目，讲述内蒙古脱贫攻坚好故事，传递内蒙古脱贫攻坚好声音。公开发行反映内蒙古驻村干部工作先进事迹书籍《向阳花开》，编印精准扶贫典型案例《路在脚下》，拍摄《小村之恋》《京城来的副旗长》《枣儿红了》《暖》等扶贫微电影，进一步扩大精准扶贫政策覆盖面，激发干部群众脱贫攻坚信心。

（十）开展作风治理

印发《关于2018年起至2020年开展扶贫领域腐败和作风问题专项治理的实施方案》，从减少填表报数、严格督查检查频次、强化执纪问责等方面推进扶贫领域作风建设。健全完善精准扶贫大数据平台，充分发挥建档立卡信息系统作用，通过信息化手段减少填表报数多问题。自治区明确，每年自治区层面开展的脱贫攻坚督查检查原则上不超过2次，凡行业部门涉及脱贫攻坚的检查考核一律整合，做到一次检查，结果共用。2018年，共开展1次脱贫攻坚暗访和1次专项督查。在全区各级扶贫部门层层设立12317监督举报电话，重点解决扶贫对象漏评错评、资金使用不规范、挤占挪用等群众反映的突出问题。各级纪委监委将扶贫领域腐败和作风治理作为重点，查处脱贫工作履职不力问题626个、作风问题534个。先后对49名县级及以上党政负责同志进行提醒谈话或约谈，对脱贫攻坚问题突出、工作不力的2个国贫旗县的3名党政主要领导给予免职处理，对在扶贫工作中失职渎职、违规违纪的领导干部进行立案审查。扶贫领域腐败和作风问题线索“大起底”和“回头看”，截至11月底，处置扶贫领域问题线索6204件，立案1556件，党纪政务处分1229人，组织处理1524人，移送司法73人，通报曝光典型案例413次827件。

二、落实“五个一批”工作要求，深入推进分类施策，充分发挥部门职能和行业优势

（一）突出抓好产业扶贫

围绕区域特色，采取“菜单式”“企业或合作社带动”“资产收益”等方式，支持有带动能力的贫困群众参与产业发展。2018年，实施特色产业扶贫项目7290个，较2017年增加275个，覆盖贫困人口60.75万人次。农牧业产业化重点龙头企业与贫困户有利益联结比例稳定在81%以上。在47个贫困旗县开展电子商务进农村示范县工程，建成县级电商公共服务中心38个，乡村电商服务站2688个，实现农副产品网络零售额148亿元，服务建档立卡贫困户18万人次，带动建档立卡贫困户就业8239人。实施旅游扶贫示范创建项目70个，覆盖494个嘎查村，带动3.3万户8.2万贫困人口增收。2017年，我区获是100万千瓦光伏发电建设指标，建设集中式光伏扶贫电站31个，已并网发电，覆盖3.9万户无劳动力贫困户，每户每年可增收3000元以上；获得36.8万千瓦村

级光伏扶贫项目，在925个贫困嘎查村建设村级光伏扶贫电站755座，已全部开工建设。

（二）大力实施就业扶贫

增强贫困群众培训的针对性，提高劳务输出组织化程度，有效增加贫困群众就业机会。2018年，帮助就业16581人，其中转移就业10638人（跨省转移就业2298人）、公益性岗位安置5447人。围绕服装加工、笤帚苗生产、特色种植、食用菌栽培等技术，焊工、月嫂、保育员、养老护工等工种，培训贫困群众3472名。围绕服装、手工艺品等产业，兴办“扶贫车间”93个，吸纳贫困劳动力5114人。回引本土人才，遴选致富带头人1700人，培训1625人次。

（三）稳步推进易地扶贫搬迁

2018年，计划搬迁建档立卡贫困人口4.93万人，2.6万人已搬迁入住。优先保障易地扶贫搬迁用地需求，推进贫困旗县城乡建设用地增减挂钩结余指标流转交易。2018年，落实自治区增减挂钩指标34950亩；申请跨省调出节余指标3600亩，15个深度贫困旗县调入资金总额11.4亿元。坚持哪有产业往哪搬、哪能就业往哪搬，先后投入各类资金13亿元，重点解决后续产业发展和就业问题，确保贫困搬迁家庭至少1个劳动力就业。

（四）扎实开展生态扶贫

加大贫困地区生态保护修复力度，将70%以上的国家重点林业生态工程和建设资金安排到贫困地区。

2016—2018年，投入28.2亿元用于贫困旗县林业重点工程任务，投入46.8亿元用于贫困旗县国家级公益林补偿，森林生态效益补偿使7.6万名贫困人口受益。加大对贫困地区新一轮退耕还林还草支持力度，符合政策条件的贫困嘎查村、贫困户实现全覆盖。落实生态护林员政策，为1.15万名建档立卡贫困人口提供护林员公益性岗位，2018年新增3500名，年人均补贴1万元。

（五）抓好“三保障”政策落实

一是抓好教育扶贫。2018年，落实义务教育阶段建档立卡贫困家庭学生资助资金5633万元，惠及学生5.5万人次，贫困旗县义务教育阶段无因贫失学辍学学生。投入13.78亿元在老少边穷地区实施义务教育薄弱学校改造和乡村小规模学校、乡镇寄宿制学校建设。在31个国贫旗县实施农村牧区义务教育阶段学生营养改善计划，56个贫困旗县通过国家义务教育发展基本均衡县评估认定。二是抓好健康扶贫。重点推进“三个一批”行动计划和县域内定点医疗机构先诊疗后付费、一站式结算服务，大病救治比例达98%，签约服务贫困慢病患者31.3万人，城乡居民基本医疗保险和大病保险覆盖全部贫困人口，贫困旗县全部实现县域内定点医疗机构先诊疗后付费和一站式结算政策。所有贫困旗县综合医院达到二级及以上服务水平，87%的苏木乡镇卫生院和所有政府支持的嘎查村卫生室达到硬件建设标准化。三是抓好危房改造。2018年，筛查出危房贫困户3.2万户，在完成国家2.29万户贫困户危房改造任务的基础上，将可调节任务指标全部用于建档立卡贫困户和计划年内脱贫旗县，已开工2.95万户，竣工2.84万户，剩余2500户将在2019年全部改造完成。

（六）做实保障兜底扶贫

推进低保政策与扶贫开发政策有效衔接，将37.8万人中符合条件的16.94万贫困人口全部纳入社会保障兜底范畴。为42.47万名困难人员代缴基本养老保险费，其中符合条件的未脱贫人口17.48万人，实现应保尽保。实施建档立卡贫困人口临时救助2.08万人次，支出救助资金2241万元；实施重特大疾病贫困人口医疗救助14.73万人次，支出救助资金1.28亿元；将6549名贫困人口纳入农村牧区特困人员救助范围。4.8万名贫困人口享受自治区困难残疾人生活补贴，3.2万名贫困人口享受自治区重度残疾人护理补贴，为贫困残疾人代缴基本养老保险、意外伤害保险、医疗保险分别为1.6万人、2.2万人、3.6万人。

（七）加快补齐基础设施短板

一是加快解决饮水安全。2018年，开展了贫困人口饮水安全现状核查，确定7.6万贫困人口未达到国家饮水安全标准，在年内解决5.1万人，剩余2.5万人在2019年全部解决。二是开展交通扶贫。结合实施“四好农村路”建设，加大贫困地区资源路、旅游路和产业路建设，国家和自治区公路补助资金80%以上用于贫困地区。2018年，建成贫困地区农村公路5100公里。三是开展电力扶贫。重点实施贫困旗县农网升级改造，解决网架结构薄弱、低压电、供电受限等问题。2018年，实施动力电扶贫59个贫困嘎查村，受益建档立卡贫困户1474户；解决23个贫困旗县5132眼机电井高压配电和7220户偏远农牧区新能源互通网电问题，实现了贫困村全覆盖。四是加强贫困村信息化建设。2018年，全区贫困嘎查村通宽带（包括无线宽带）3488个，较2017年增加80个；光纤通达3481个贫困嘎查村，较2017年增加80个；4G网络覆盖3168个贫困嘎查村，213个贫困嘎查村纳入第四批普遍服务。

三、充分发挥党总揽全局、协调各方的领导核心作用，广泛凝聚社会力量，完善大扶贫格局

（一）深化京蒙扶贫协作

2018年，京蒙扶贫协作力度明显加大，双方主要领导率团互访，各层级各领域深入对接。省部级以上领导互访11次，双方签署了扶贫协作三年行动框架协议和年度协作计划，在资金投入、产业合作、劳务协作、互派干部等方面实施了一系列重大举措，取得了积极成果。人才交流加强。北京市的100名干部在内蒙古挂职，内蒙古的123名干部赴京挂职；北京选派466人次技术人才到内蒙古服务，内蒙古选派1275人次专业技术人才到北京实习培训。帮扶资金增加。北京市财政安排的帮扶资金由上年的2.5亿元一次性增加到9.3亿元，到2020年将累计投入市级财政援助资金29.75亿元用于扶贫协作。修订完善《京蒙扶贫协作资金和项目管理办法》，80%的资金聚焦建档立卡贫困户。

产业合作加深。积极承接北京产业转移，出台《京蒙扶贫协作产业合作优惠政策》，签订各级各类协议754份，落地项目442个，到位资金6.28亿元。北京市200家企业到我区投资兴业，总投资5000万元以上项目236个，到位资金425.9亿元；147家企业到31个国贫旗县投资51.6亿元，共建产业园区27个，援建扶贫车间105个，带动1.25万贫困人口脱贫。劳务协作加大。自治区制定了《内蒙古自治区京蒙劳务协作三年行动计划（2018—2020年）》，31个旗县与北京市对口16个区签订了《京蒙劳务协作扶贫行动协议》，举办京蒙劳务协作专场招聘会49次，帮助2.5万建档立卡贫困人口实现就业。开展携手奔小康行动。北京市16个区投入财政援助资金11.95亿元，与我区31个国贫旗县在人才交流、劳务协作、教育培训、产业企业合作、健康扶贫、农畜产品进京、旅游、社团帮扶等多个领域开展“携手奔小康”行动；224个经济强镇、369个村（社区）、451家企业、235所学校、174家医院与我区31个国贫旗县的225个乡镇、436个贫困嘎查村、263所学校、186家医院建立了结对帮扶关系。

（二）深化定点帮扶工作

26个中央单位定点帮扶我区31个国贫旗县，2018年，各单位领导班子成员到定点扶贫县调研71人次，选派挂职干部33名、驻村第一书记19人，直接投入帮扶资金1.2亿元，帮助协调引进项目资金3.8亿元。培训基层干部9200人次，培训技术人员6230人次。开展消费扶贫，购买贫困地区农畜产品7850万元，帮助销售贫困地区农畜产品3.2亿元。自治区167个直属机关事业单位定点帮扶兴安盟和乌兰察布市167个贫困嘎查村，22个自治区直属机关和单位重点帮扶鄂伦春自治旗、莫力达瓦达斡尔族自治旗及额尔古纳市俄罗斯族聚居区等人口较少民族聚居区。

（三）广泛动员社会组织

在57个贫困旗县推广应用中国社会扶贫网，全区注册用户32.7万户。引导138家自治区级社会组织提供帮扶资金2264.8万元。“光明行”公益活动帮助3770名贫困白内障患者重见光明，内蒙古扶贫基金会为19个贫困旗县发放小额扶贫贷款8.9亿元，中华慈善总会为锡林郭勒盟13家医院捐赠价值1.5亿元的医疗设备。内蒙古云曙碧公益事业基金会投入970万元，助力贫困旗县抗旱保收。自治区、盟市、旗县区分别成立助力脱贫攻坚志愿者服务队，扶贫志愿服务团队116个1万人，累计服务时长80万小时。

（四）深化“万企帮万村”行动

全区576家企业与1298个嘎查村结成对子，实施项目1272个，完成投资5.2亿元，2.3万户6.5万建档立卡贫困群众受益。

2018年以来，虽然我区脱贫攻坚工作取得了一定成效，但与中央要求依然存在不小差距，工作中仍有许多难啃的硬骨头，依旧面临不少问题。

从致贫结构看，内蒙古贫困人口总量虽然不算大，但因病致贫比例高，对扶贫模式、精准度要求更高。

从贫困程度看，贫困人口接近或超过5万人的盟市有1个，深度贫困旗县有15个，贫困发生率高于10%的嘎查村有19个，数量虽然不多，但多集中于特别困难的地区，还需进一步深入研究解决对策。

从产业基础看，由于内蒙古地广人稀，产业基础设施滞后、发展基础薄弱，综合竞争优势不明显，产业带贫效果提高难度大。

从民族特点看，少数民族贫困人口占到23%，普通话掌握能力弱，缺乏就业技能，较难融入现代化产业链。

从内生动力看，大部分贫困人口受教育水平相对较低，接受新事物能力差，脱贫动力、就业能力不足，存在等靠要思想。

从工作机制看，扶贫对象识别退出不精准、优亲厚友现象时有发生，帮扶措施落实不够到位、脱贫质量不高问题依然存在；龙头企业、合作社等与贫困群众利益联结不紧密，贫困群众参与度低，持续增收能力弱；扶贫风险研判和防范化解机制还不健全。

四、2019年主要工作和措施

2019年，自治区党委、政府将全面贯彻党的十九大和十九届二中、三中全会精神，以习近平新时代中国特色社会主义思想为指导，深入贯彻习近平总书记考察内蒙古重要讲话和参加十三届全国人大一次会议内蒙古代表团审议时的重要讲话精神，坚持精准扶贫精准脱贫基本方略，坚持“五级书记”抓扶贫责任机制，坚持自治区负总责、盟市旗县抓落实的工作机制，坚持大扶贫工作格局，坚持脱贫攻坚目标和现行扶贫标准，聚焦深度贫困地区和特殊贫困群体，突出问题导向，落实保障措施，下足绣花功夫，着力激发贫困人口内生动力，着力夯实贫困人口稳定脱贫基础，持续加大扶贫资金投入，着力加强扶贫领域作风建设，切实提高贫困人口获得感，确保高质量完成贫困人口脱贫、贫困村退出、贫困旗县摘帽的年度目标任务，如期打赢脱贫攻坚战。

一是进一步压实责任。强化自治区负总责、盟市旗县抓落实的工作机制和党政一把手责任制，持续压实行业部门、脱贫攻坚工作总队、驻村工作队和苏木乡镇、嘎查村的责任，始终保持干劲不松、压力不减。注重培育致富带头人，打造“不走工作队”。

二是切实落实帮扶措施。准确把握“两个确保”目标和“两不愁、三保障”标准，因户因人落实产业、就业、易地搬迁、生态、教育、健康、危房改造、社会保障兜底等帮扶措施，巩固扩大扶贫脱贫成效。

三是强化资金资产管理。严格扶贫资金监管，重点解决扶贫资金闲置滞留问题。全面梳理扶贫资金所形成的资产，建立扶贫资金资产管理制度，确保扶贫成效可持续。

四是增强内生动力。出台扶贫扶志激发内生动力的具体意见，从强化扶贫政策宣传、转变扶贫方式、强化信用体系建设、选树脱贫致富典型、加强技能培训、开展移风易俗、深化村民自治等方面综合施策，提高其自我发展能力。

五是防范化解风险。主要是防范化解扶贫产业应对自然灾害能力弱、小额信贷还款难等风险。

六是统筹谋划今后工作。落实好贫困地区乡村振兴的首要任务是脱贫攻坚的要求，把产业扶贫作为脱贫致富长久之策，确保贫困群众当期能脱贫、增收可持续。

供　　稿：张　国　内蒙古自治区扶贫办
责任编辑：双　宝

内蒙古生态环境保护形势报告

摘要：本文从自治区生态环境保护政策措施视角，分析和评价内蒙古生态环境保护战略中取得的成果及面临的问题，并提出建议。

关键词：内蒙古；生态环境；保护

绿色是内蒙古的底色和价值，生态是内蒙古的责任和潜力。内蒙古自治区2018年国民经济和社会发展计划，从污染防治攻坚战、绿色发展、生态保护修复、生态文明制度体系四个方面明确了全区年度生态环境保护与建设任务。一年来，自治区政府和各相关部门认真贯彻落实习近平生态文明思想和全国生态环境保护大会以及自治区生态环境保护大会精神，出台《关于全面加强生态环境保护　坚决打好污染防治攻坚战的实施意见》等，推进我国北方重要生态安全屏障建设，努力构筑祖国北疆万里绿色长城。

一、生态环境保护与建设成效

（一）全面打响污染防治攻坚战

打赢污染防治攻坚战，是党中央国务院确定的到2020年必须完成的重大政治任务。2018年，自治区政府高度重视污染防治攻坚战，在年度政府工作报告中进行专题部署，制定实施打赢蓝天清水净土保卫战3年行动计划，针对重点区域、重点行业企业和重点污染因子落实治理措施和工程项目。自治区环保厅组织成立了由一把手任组长，其他厅领导任副组长，有关处室、所属事业单位主要负责人为成员的污染防治攻坚战领导小组。

持续实施大气污染防治行动。内蒙古制定实施打赢蓝天保卫战三年行动计划，印发《内蒙古自治区2018年度大气污染防治实施方案》《内蒙古自治区打赢蓝天保卫战三年行动计划实施方案》，自治区政府常务会议专题讨论《内蒙古自治区大气污染防治条例（草案）》，实施冬季清洁取暖五年规划，突出抓好散煤治理，有序推进煤改气、煤改电，持续削减全年原煤散烧量。针对重点区域、重点行业企业和重点污染因子落实治理措施和工程项目，加强乌海市及周边地区大气污染联防联控联治，推进转型发展。内蒙古加大污染联防联控力度，狠抓重污染天气应对，有效控制扬尘污染，不断提高优良天数比例。

加快推进水污染防治。深入实施"水十条"，内蒙古印发了《内蒙古自治区2018年度水污染防治计划》，自治区环保厅编制了《内蒙古自治区水污染防治三年攻坚计划（征求意见稿）》，强化地下水保护与治理，强化城镇、园区污染处理设施建设和提标改造，全面整治农村环境，基本消除城市建成区黑臭水体，持续提升饮用水安全保障水平。重点推进黄河流域大黑河、乌兰木伦河和辽河流域的老哈河、西拉木伦河及额尔古纳河治理，加快呼伦湖、乌梁素海、岱海综合整治方案实施进度。不断强化水环境形势分析和通报预警，1—10月，自治区52个地表水考核断面（点位）水质达到或优于Ⅲ类断面28个，比例为53.8%；劣V类水体断面3个，比例为5.8%，劣V类断面比例同比下降1.9%。考核的42个地级城市水源地水质达标率为81%。

加强土壤环境保护。全面实施"土十条"，加快推进土壤污染状况详查，开展全区第二次农业污染源普查工作，年底前查明农用地土壤污染的面积、分布及其对农产品质量的影响，实施农业环境突出问题治理试点项目；启动重点行业企业用地污染地块调查工作，加强重金属污染防治，严格污染地块环境管理，加快推进土壤污染治理与修复，切实保障土壤环境安全。推进绿色矿山建设，规范管理矿产资源开发利用，建设一批自治区绿色矿业发展示范区。加大区域产业布局调整力度，推进城市建成区重污染企业退出城区进入工业园区工作，形成有利于污染防治的城市格局。

（二）大力推动绿色发展

扎实推进节能降碳，印发《内蒙古自治区节能减排“十三五”规划》，以节能减排倒逼经济转型升级。实施重点用能单位“百千万”行动，加强高耗能企业节能监管，推进实施能效领跑者和能效对标行动。加快排污许可制实施步伐，对钢铁等8个行业核发排污许可证。把淘汰落后产能、整治散乱污企业作为供给侧结构性改革的内容，2018年，全区退出煤矿22处、产能1110万吨，加上2016年和2017年已经完成退出的煤矿和产能，3年内共退出煤矿57处、产能2520万吨，提前完成“十三五”期间地方煤矿退出任务。

发展循环经济，推动工业园区（开发区）循环化改造，加强城市废弃物规范处理和大宗固体废弃物综合利用。农牧业领域制定实施《内蒙古2018—2020年农机购置补贴实施方案》《畜禽养殖废弃物资源化利用工作考核办法（试行）》等，积极推进农牧业绿色循环发展。

转变能源消费方式，在居民采暖、生产制造、交通运输等领域加快实施电能替代，加强电动汽车充电设施建设，推进老旧小区节能改造和绿色建筑发展。强化危险废物环境管理，积极争取“无废城市”建设试点，全面禁止洋垃圾入境。《中华人民共和国环境保护税法》已于2018年1月1号起施行。4月，内蒙古地税局65个基层征收局陆续开出环保税完税凭证，环境保护税征管工作顺利启动。

自治区运用政府和社会资本合作模式，推动经济结构向绿色低碳化发展。积极推动公共交通、供排水、生态建设和环境保护、水利建设、可再生能源、教育、科技、文化、养老、医疗、林业、旅游等多个领域政府和社会资本合作项目。截至2018年10月，全区累计入库污染防治与绿色低碳领域项目250个，总投资1856亿元，分别占入库项目总数和总投资的63%和46%，其中落地项目99个，总投资990亿元，分别占入库污染防治与绿色低碳项目总数和总投资的40%和53%。

（三）推进生态保护修复

加大林业生态建设力度，按照“三山两沙四区”林业生态建设框架，分区施策、重点突破，开展大规模国土绿化行动，持续推进天然林资源保护、“三北”防护林建设、新一轮退耕还林、京津风沙源治理等重点工程，启动实施阴山绿化工程，积极打造呼包鄂沿黄生态走廊，完成营造林面积1000万亩以上。

推进草原生态保护，落实草原生态保护补助奖励政策，已覆盖内蒙古10.2亿亩天然草原，其中禁牧4.05亿亩，草畜平衡6.15亿亩，146万户534万农牧民从中受益，在国家草原补奖政策绩效评价中连续第七年获得第一名。持续落实草原修复制度，仅锡林郭勒盟实施2.24亿亩草原休牧30天，保障了草场返青和草原生态功能的改善。

加快推进沙地综合治理，重点加大浑善达克沙地和乌珠穆沁沙地重度危害区治理力度，与国家对接实施好精准治沙重点县建设工程，沙地综合治理面积达到300万亩左右。浑善达克沙地成为国家三个新建规模化林场试点之一。

加强水土保持，强化全区水土保持基础工作，认真开展水土保持动态监测和重点监管监测等工作。落实最严格的水资源管理制度，推进地下水超采区综合治理。修改《内蒙古自治区湿地保护条例》，实施《内蒙古自治区湿地保护修复制度实施方案》，湿地保护率达到30%左右。

全面开展自然保护区调查，制定实施《内蒙古自治区自然保护区内退出工矿企业矿山地质环境恢复治理方案》，探索建立以国家公园为主体的自然保护地体系，森林类型、湿地类型、野生动植物类型、荒漠类型等多种类型的保护区达到143处，面积1.58亿亩，占自治区总面积的8.89%。野生动物保护成效显著，据全国第二次陆生野生动物内蒙古大兴安岭林区调查发现，全林区分布有陆生野生动物资源375种，较上期（1995—1999年）净增加34种。

（四）完善生态文明制度体系

建立河湖名录，全面推进河长制，实行湖长制。2018年7月4日，自治区主席、自治区总河湖长布小林签发自治区2018年第一号总河湖长令，要求各级河湖长进一步提高政治站位，贯彻落实好河长制湖长制各项工作，让河长制湖长制落地见效。7月9日，自治区党委书记、自治区第一总河湖长李纪恒就全区河长制湖长制工作做出重要批示，要求对全区的河长制湖长制工作进行督查，把机制健全起来，把工作全面启动起来。7月16日，自治区河长办组织召开2018年第一次河长制湖长制督导检查动员会，8月15日，全区总河湖长暨河湖长制电视电话会议召开，覆盖到苏木镇。进一步完善河湖长制工作体系，自治区、盟市、旗县、苏木乡镇已全面建立河长制和湖长制，制定《内蒙古自治区实施湖长制工作方案》，为全面提高河湖生态环境质量提供了有力的政治保障。

深入实施主体功能区战略，调整修订主体功能区规划，印发《内蒙古自治区国家重点生态功能区产业准入负面清单（试行）》，落实不同类别功能区产业准入政策，推动主体功能区战略在市、县层面精准落地。制定《内蒙古生态保护红线划定方案》，自治区政府专题研究划定生态保护红线工作，加快推进生态保护红线划定工作。加大生态文明建设示范创建力度，落实全国生态文明先行示范省（区）创建工作，开展国家生态文明建设示范市县创建，鄂托克前旗、新城区、阿尔山市通过国家生态文明建设示范区创建评估和考核验收。制定《内蒙古自治区生态环境损害赔偿制度改革实施方案》，健全自然资源资产产权制度，研究建立市场化、多元化生态补偿机制。

建立和完善各领域规章制度。自治区印发《内蒙古自治区农村牧区人居环境整治三年行动方案（2018—2020年）》《关于禁止洋垃圾境推进固体废物进口管理制度改革工作方案》《内蒙古自治区人民政府办公厅关于健全完善保护发展森林资源目标责任制的通知》，研究制定《内蒙古自治区人民政府关于加强地下水生态保护和治理的指导意见》《内蒙古自治区农业水价综合改革工作绩效评价办法（试行）》，出台《自治区以下环保机构监测监察执法垂直管理制度改革实施方案》《关于深化环境监测改革提高环境监测数据质量的实施方案》等，使生态环境保护制度更加完善。自治区实行最严格水资源管理制度考核。强化环保领域社会信用体系建设，开展企业环境行为信用评价。深化排污权交易试点，发展排污权交易二级市场。

二、生态环境保护与建设中存在的问题

（一）保护生态环境任重道远

多领域、多类型、多层面生态环境问题累积叠加，生态环境质量与构筑北方重要生态安全屏障的要求尚有差距。

生态环境仍很脆弱。内蒙古自然生态先天脆弱，荒漠化、沙化土地分别占国土总面积的51.5%和34.5%，约2/3的耕地处于水土流失区域。森林生态功能有待进一步提升，草原退化、沙化、盐渍化面积近70%，天然湿地大面积萎缩趋势没有得到遏制。

产业发展与生态环境保护矛盾仍然存在。内蒙古产业结构重型化特征明显，生产力布局分散，经济社会发展与生态环境保护的矛盾比较突出。

生态环境保护历史欠账多。部分重点区域、流域、行业新老环境问题交织，区域性、布局性、结构性环境风险叠加；城乡生态环境保护不均衡，农村牧区环境基础设施建设滞后等。

（二）绿色发展挑战重重

产业结构重型化特征明显。内蒙古能源和原材料工业及高耗能高排放行业比重偏大，以煤为主的能源结构尚未根本改变，单位产值能耗、水耗和污染物排放总量处于高位，并且短时间内难以根本性转变。

生态文明制度有待进一步完善。内蒙古生态文明建设法治体系、制度体系、执法监管体系、治理能力体系还不健全，绿色发展的软环

境不够健全。

绿色社会风尚还未形成。广大群众在生活、工作、消费、出行等方面生态文明意识还不足，绿色理念还比较淡薄。广大群众在消费方面仍存在一些铺张浪费、追求奢华、超前消费、攀比性消费等过度消费或不合理消费。

（三）生态环境监管有待进一步加强

中央环保督察“回头看”期间，累计办理33批共2574个群众举报的环境问题，问题类型繁杂，覆盖面较广。其中，对违法违规企业关停取缔181家，停产整改274家，责令改正1538家；立案查处337件，罚款3794万元；公安部门立案侦查99件，对22人进行了刑事、行政拘留。对政府相关部门及企业负责人履职不到位的依法依规约谈和问责654人。同时，生态环境部针对“一湖两海”等问题严令通报，指出的问题十分突出，原因分析切中要害。对此，自治区主要领导多次批示，全区生态建设环境治理面临前所未有的压力。

三、内蒙古生态环境保护与建设对策建议

自治区按照习近平总书记在第十三届全国人大一次会议内蒙古代表团审议时讲话精神，把生态环境保护与建设工作做好、做实，在祖国北疆构筑起万里绿色长城。

（一）统筹山水林田湖草治理

山水林田湖草是生命共同体，必须强化系统思维，统筹兼顾、整体施策、多措并举，系统推进生态环境保护与建设。内蒙古生态环境由大森林、大草原、大沙漠、大湖泊构成，还有1亿多亩的耕地，无论推进内蒙古全境，还是某个单一自然地理单元的生态修复，都要遵循山水林田湖草是生命共同体的基本理念，统筹协调自然资源、生态环境、林业和草原等部门，协同开展生态环境治理与修复。

（二）认真实施重大生态建设工程

重大生态修复工程是推进生态环境综合治理、增强生态产品生

产能力的重大举措。围绕森林、草原、荒漠、湿地、生物多样性等，继续精心组织实施“三北”防护林建设、天然林保护、京津风沙源治理、退耕还林、退牧还草、湿地保护与恢复等重大工程，持续实施生态保护补助奖励机制，推进草畜平衡、禁牧休牧等制度，加大过程管理力度，引导社会积极参与，推动自然生态系统的全面修复和恢复。

（三）坚决打赢污染防治攻坚战

内蒙古把污染防治攻坚战摆在各项工作的重中之重，坚决解决好中央环保督察“回头看”反馈的问题和其他环境问题。这就要求，各级党委政府要以习近平生态文明思想为引领，站在讲政治、讲大局的高度，布局和落实污染防治攻坚战的各项任务；要围绕生态文明体制机制改革，坚持从严从实、零容忍态度，进一步健全环境信用评价、信息强制性披露、严惩重罚等污染者责任制度，不断完善审批监督、督察问责、考核评价等监管者责任制度，坚决堵住各领域制度缺口；要在增加环境保护公共投入的同时，加大鼓励和引导性政策力度，发挥社会投资、企业投入在环境保护中的关键作用。

供　　稿：宝　鲁　内蒙古自治区发展研究中心

责任编辑：额尔敦乌日图

内蒙古民营经济发展形势报告

摘要：改革开放以来，内蒙古民营经济逐渐发展成为推动自治区经济社会发展的重要力量。2018年，内蒙古民营经济发展呈现民营市场主体规模不断壮大，民营经济总体实现稳中有进发展，民营企业工业增加值和利润实现双增，民营社会消费品零售额增速和比重均高于全国，民营经济固定资产投资降幅收窄，民营经济成为就业的稳定器和税收的重要来源等特点。而政策措施落实不到位、民营经济产业结构不尽合理、重视和支持力度有待提高、融资难融资贵问题突出和生产成本居高不下等是内蒙古民营经济当前存在的主要问题。进一步加快内蒙古民营经济发展，应推动产业转型升级，提升企业科技和品牌实力，加大金融支持力度，推动“放管服”改革，构建亲清新型政商关系和培养壮大企业家队伍。

关键词：民营经济；转型升级；新型政商关系

改革开放以来，在党和国家政策的鼓励、支持和引导下，内蒙古民营经济从无到有、从小到大，已经成为自治区经济的重要组成部分和新的增长点，在稳定增长、促进创新、增加就业、改善民生等方面发挥了重要作用。2018年，全区各地坚持以习近平新时代中国特色社会主义思想为指引，全面落实习近平总书记在全国两会参加内蒙古代表团审议时的重要讲话精神，认真贯彻落实中央和自治区党委重大决策部署，大力鼓励支持和引导鼓励民营经济发展，民营经济运行总体平稳，质量效益稳步提升，继续为自治区改革开放和社会主义现代化建设发挥重要作用。

一、改革开放以来内蒙古民营经济发展情况

1978年12月，党的十一届三中全会将党的工作重心转到以经济建设为中心上来，内蒙古个体私营经济开始恢复发展。但在初期，内蒙古个体私营经济主要是个体工商户，经营规模很小，从业人员很少。1979年末，全区个体工商户从业人员有14万人，而且全部是个人独立从事经营活动，其中包括修理钟表、修自行车、修鞋、卖冷饮、卖早点、经营小百货等。

1980年以后，国家开始鼓励私营个体经济和村、街办工业，在政策上给予一定的优惠。内蒙古各地逐步放宽政策，开始鼓励个体工商业的发展。1981年，内蒙古城乡个体工商户23258户，从业人员30236人，注册资金达到86.4万元，平均每户人员1.3人，每户注册资金349.5元。从从业人员构成来看，社会闲散人员占75%，待业青年占17%，退休职工占8%，反映出当时个体私营经济还只是停留在一部分社会闲散人员自谋生路时期。

1987年，中共中央明确指出，在一个较长时期内，个体经济和少量的私营企业的存在是不可避免的，对私营企业应当采取允许存在、加强管理、兴利抑弊、逐步引导的方针，从政策上肯定了私营经济的存在。1988年4月，第七届全国人大第一次会议通过的宪法修正案，明确规定了私营经济的地位和作用。中共中央做出了在资金、人数规模上不加限制的规定，为个体私营经济发展创造了有利的条件。内蒙古认真贯彻落实中央有关政策，采取扶持措施，大力支持个体私营经济发展。1984—1988年，内蒙古个体工商业户数由14万户增加到22.9万户，平均每年递增17%；呼和浩特市、包头市、赤峰市、呼伦贝尔市、锡林郭勒盟、阿拉善盟年递增都在20%以上；从业人员由20万人增加到34万人，注册资金由2.7亿元增加到7.4亿元，年均递增43%。个体工商业注册资金增速远远高于户数和从业人员增速。

1992年，邓小平发表南方谈话，提出了判断姓“社”姓“资”

问题的“三个有利于”的标准，打消了人们的种种担心和顾虑，推动思想大解放，也为民营经济的发展开辟了更加广阔的舞台。内蒙古在推动思想大解放的同时，先后出台了许多扶持民营经济发展的政策、措施，不断优化个体私营经济发展环境，个体私营经济实现了快速发展。1992年末，内蒙古个体工商户达28万户，从业人员42万人，其中城镇个体工商户户数和从业人员数分别增长22%和25.5%，农村个体工商户户数和从业人员数分别增长37.4%和39.4%。个体工商户注册资金12.5亿元，实现营业额28.9亿元、商品零售额23.4亿元，比1991年同期分别增长41.1%、15.1%和16.8%。

1994年以来，内蒙古城乡个体工业逐步走上平稳发展的轨道。随着个人资本投资渠道逐渐增多，城乡私营企业户数从1993年的89064户减少到1995年的81417户，工业总产值由1993年的36.06亿元增加到1995年的71.44亿元。这种数量上的不同变化，标志着内蒙古私营企业已走出了波动式发展的阶段，进入了成熟期。

1995年，随着国有经济结构调整和国有企业改革的深入开展，一大批国有企业转制为私营企业，内蒙古个体私营经济实现了超常规发展。到1995年末，内蒙古个体工商户发展到40.7万户，私营企业6680户；个体私营经济从业人员达到73.4万人，注册资金总额50.9亿元；个体私营经济实现增加值83.28亿元，占全区地区生产总值的10%左右。

1998年，内蒙古自治区党委、政府出台了《中共内蒙古自治区委员会、内蒙古自治区人民政府关于鼓励、扶持和引导个体私营经济进一步加快发展的通知》。截至2000年末，内蒙古个体工商户和私营企业分别为80.7万户和2.95万户，比1995年同期分别增长1倍和3.5倍；注册资金为102.8亿元和173.4亿元，比1995年分别增长225.4%和838.1%；从业人数达到159.7万人和41.4万人，比1995年同期分别增长143.7%和297.8%；个体私营经济实现增加值286亿元，是1995年的3.2倍，占全区地区生产总值的20.9%；个体私营经济上缴税款15.5亿元，占全区工商税收收入的27%。

进入21世纪以来，自治区党委、政府相继出台了一系列鼓励支持和引导民营经济发展的政策措施，不断优化发展环境，有力地促进了民营经济发展。特别是2013年以来，内蒙古自治区党委成立了非公有制经济发展专项推进领导小组，办公室设在工商联。自治区人民政府出台了《内蒙古自治区鼓励和支持非公有制经济加快发展若干规定（试行）》，召开了非公有制经济发展表彰大会和招商引资大会，加大宣传力度，不断优化民营经济发展环境，推动内蒙古民营经济快速发展。2014年，内蒙古民营市场主体达到148.95万户，占全部市场主体的98.05%，比2013年同期增长14.15%。民营经济实现增加值11303.29亿元，占地区生产总值的63.6%，增速达8.3%。民营经济城镇从业人员566.31万人，占全区城镇单位就业人数的76.7%，比2013年同期增长16.22%。民营经济固定资产投资额完成7058.31亿元，占全区固定资产投资额的59.21%，比2013年同期增长13.6%。民营经济完成进出口119.76亿美元，占全区进出口总额的82.29%，比2013年同期增长31%。民营经济上缴税金1678.24亿元，占全区税收收入的80.8%。内蒙古80%以上的旗县税收收入主要来自民营经济。

2016年，自治区党委政府出台了《内蒙古自治区党委、自治区人民政府关于鼓励和支持非公有制经济加快发展的意见》《内蒙古自治区鼓励和支持非公有制经济加快发展若干规定》，自治区高级人民法院、自治区人民检察院相继出台了《关于依法保护和促进非公有制经济健康发展的若干意见》《关于充分发挥检察职能依法保障和促进非公有制经济健康发展的十二条措施》，自治区金融办、自治区工商联下发了《关于内蒙古自治区金融业支持非公有制经济发展十条措施的通知》等政策文件，为自治区民营经济发展提供了有力的政策支持。2016年12月，自治区党委、政府召开全区非公有制经济工作会议，自治区党委书记李纪恒做重要讲话，自治区主席布小林主持会议并讲话。会议回顾总结了近年来全区民营经济发展成就和主要经验，分析查找了存在的突出问题，明确了今后一个时期民营经济发展的目标、思路和主要举措，要求民营经济扛大梁、挑重担、做贡献，为实现自治区十次党代会确定的奋斗目标贡献力量。会议为全区民营经济快速发展营造了良好的发展环境。截至2017年末，全区民营经济主体发展181.25万户，占市场主体总量的98%。2017年，全区新登记各类市场主体36.78万户，日均新登记市场主体1008户。登记从业人员588.63万人，占就业人口的40%。全区民营经济实现增加值10193.32亿元，占地区生产总值的63.3%；全区民营经济实现纳税额1621.9亿元，占全区税收总收入的比重为67.69%；全区民营经济固定资产投资额完成6637亿元，占地区固定资产投资总额的48%。近年来，在经济下行压力持续加大的情况下，我区民营经济增速始终高于全区经济增速的平均水平，成为推动自治区经济社会发展的重要力量。

二、2018年内蒙古民营经济发展特点

（一）民营市场主体规模不断壮大

2018年前三季度，全区民营经济各类市场主体达188.4万户，比上年同期增长5.4%，占全区各类市场主体的比重为97.5%。从盟市个体私营企业来看，新登记注册个体工商户数量增速排名前三位的分别是赤峰市、巴彦淖尔市和乌兰察布市，分别比上年同期增长10.2%、8.6%和7.9%；新登记注册的私营企业数量增速排名前三位的分别是兴安盟、呼和浩特市和通辽市，分别比上年同期增长14.9%、14.8%和14.1%。

（二）民营经济总体实现稳中有进发展

初步核算，前三季度全区民营经济增加值按可比价格计算比上年同期增长4.4%，增速分别较上年前三季度和上年全年加快0.9个百分点和2.6个百分点；民营经济增加值占地区生产总值的比重接近60%，达58.7%。从盟市看，增速排名前三位的分别是乌兰察布市、阿拉善盟和乌海市，分别比上年同期增长10.2%、9.6%和8.1%，有7个盟市增速超过全区民营经济平均水平；民营经济增加值占地区生产总值比重排名前三位的分别为鄂尔多斯市、巴彦淖尔市和乌海市，分别达到70.9%、

70.3%和68.6%，有6个盟市比重超过60%。

（三）民营企业工业增加值和利润实现双增

2018年前三季度，全区规模以上民营企业工业增加值比上年同期增长4.7%，较上半年加快0.6个百分点，也快于全部民营经济增加值增速0.3个百分点；实现利润556.9亿元，比上年同期增长15.0%，利润占全部规模以上工业企业的52.0%。

（四）民营社会消费品零售额增速和比重均高于全区平均水平

2018年前三季度，全区民营经济社会消费品零售额比上年同期增长7.1%，增速比全区社会消费品零售总额增速高0.2个百分点；占全区社会消费品零售总额的比重也有明显提高，由上年同期的90.8%提升到2018年前三季度的94.1%，提高了3.3个百分点。前三季度，全区私营企业进出口总值达到542.5亿元，占全区进出口总值的71.7%。

（五）民营经济固定资产投资降幅收窄

2018年前三季度，全区民营经济固定资产投资比上年同期下降20.2%，降幅比上半年收窄3.2个百分点，也小于全区平均降幅12.4个百分点；占全部固定资产投资额的比重为59.6%。从盟市看，锡林郭勒盟、兴安盟和乌兰察布市非民营经济投资保持增长势头，分别比上年同期增长12.3%、11.8%和10.1%，其他9个盟市呈下降态势；民营经济固定资产投资占比排名前三位的分别是乌海市、赤峰市和鄂尔多斯市，分别为80.6%、71.3%和67%，有7个盟市占比超过全区民营经济投资占比。

（六）民营经济成为就业的稳定器

2018年前三季度，全区城镇民营单位从业人员达413万人，比上年同期增长3.2%，扭转了上半年负增长的局面；城镇民营单位从业人员占城镇从业人员的比重达56.4%，较上年同期提高0.1个百分点。2018年前三季度，全区城镇民营新就业人数达20.8万人，比上年同期增长1.2%，增速较上年同期加快8.8个百分点；城镇非民营单位新就业人数占城镇新就业人数的比重达81.3%，较上年同期提高3.5个百分点。

从盟市看，城镇民营单位从业人员增速排名前三位的分别为巴彦淖尔市、阿拉善盟和乌海市，分别比上年同期增长31.3%、27.2%和16.8%；城镇民营经济单位从业人员比重排名前三位的盟市分别为巴彦淖尔市、乌兰察布市和锡林郭勒盟，比重分别为74.4%、73.3%和69.7%，有9个盟市比重超过全区民营经济比重平均水平。从城镇民营经济单位新就业人员看，增速排名前三位的分别是乌兰察布市、鄂尔多斯市和赤峰市，分别比上年同期增长24.3%、21.6%和10.7%；比重排名前三位的分别为乌海市、锡林郭勒盟和兴安盟，比重分别为99.0%、95.7%和92.9%，有8个盟市比重超过全区平均水平。

（七）民营经济成为税收的重要来源

2018年前三季度，全区民营经济纳税额达1421.2亿元，比上年同期增长10.0%；纳税额占全区税收总收入的70.4%，较上年同期提高4.0个百分点。从盟市看，民营经济纳税额增速排名前三位的分别是鄂尔多斯市、乌兰察布市和赤峰市，分别比上年同期增长23.2%、20.8%和17.7%，有5个盟市增速超过全区民营经济纳税增长平均水平；民营经济纳税额占全区税收总收入比重排名前三位的分别是巴彦淖尔市、阿拉善盟和赤峰市，比重分别达到84.7%、82.2%和81.9%，有9个盟市比重超过全区民营经济比重。

三、内蒙古民营经济发展中存在的主要问题

（一）政策措施落实不到位

尽管近年来自治区出台了多项鼓励支持和引导民营经济发展的政策措施，但由于政策细化量化不够详尽、政策宣传力度不够，导致政策落实不到位的情况依然比较突出，民企对政策的整体获得感仍然不高。民营经济受自身实力较弱、市场空间狭小等方面限制，在行业准入、产业引导、土地等方面仍存在很大的制约条件，政策的引导性和操作性有待进一步加强。

（二）民营经济产业结构不尽合理

内蒙古民营经济仍然是传统产业居多，战略性新兴产业偏少。中小企业从事第三产业的占比超过80%，第二产业没有得到充分发展，尤其是制造业实体不多。特别是现代物流业、科技服务业、金融保险业、信息服务业、商务服务业等生产性服务业和现代服务业发展不足，配套主导产业和大型企业方面缺位严重，与企业转型升级、提质增效不相适应。创新能力不强，部分行业产品过剩、布局雷同现象突出。

（三）重视和支持力度有待提高

有的部门发展思路仍然停留于“大企业进入，大项目带动”，对中小企业发展的支持力度不够大。在招商引资过程中，偏爱大企业，将大量土地、资源、优惠政策用于支持大企业发展，客观上挤占了中小企业的发展空间，导致中小企业在政策支持和资本、土地、设备、技术、人才等生产要素配置上处于弱势地位。

（四）融资难、融资贵问题突出

尽管在政府与银行的共同努力下，中小企业贷款难问题较过去有一定程度缓解，但受市场大环境和经济不景气影响，从事实体经济的企业资金较为紧张，流动资金需求量大，贷款利率高、贷款周期短、贷款抵押物要求高，致使企业融资难度大。

（五）生产成本居高不下

受经济下行压力的影响，民企的盈利能力普遍下滑，部分行业的民企出现了经营困难的情况，而人工成本、原材料成本、物流成本等呈现上升趋势，在一定程度上挤压了企业的利润空间。

四、进一步加快内蒙古民营经济发展的思考

（一）推动产业转型升级

一是要加大传统产业升级改造力度。严守环保、能耗等产业准入门槛，坚定不移化解过剩产能、淘汰落后产能，围绕建设有色金属生

产加工基地、清洁能源输出基地、新型化工生产基地、绿色有机农畜产品生产加工基地，制定有吸引力的调整政策，采取切实可行的推动措施，通过技术改造、引联重组等方式，实现传统产业的转型升级。二是要大力培育战略新兴产业。出台产业扶持政策，设立产业发展基金，推动有色金属精深加工、生物制药、新型材料、智能制造、动漫加工等新兴产业蓄势破题，打造支撑增长新引擎、提升区域经济的发展活力。三是推动实体经济发展。围绕新产业、新技术、新业态、新人才培育，推动实体经济转型创新，形成对品牌型、创新型、成长型、智能型、规模效益型企业的政策引领。把支持实体经济发展的各项政策措施落实落细，进一步提高技术、资本、人力资源供给质量和组合效率，推动资源要素向实体经济集聚、政策措施向实体经济倾斜。

（二）提升企业科技和品牌实力

围绕构建推动经济高质量发展体制机制，创新科技、金融、经济服务，推动建立科企对接、产学研合作平台，大力引导和支持民营企业加大研发投入，加快技术改造，加强科技创新，培育新的发展动能。支持行业商会和龙头企业发起组建产业技术创新联盟，推动形成更多自主创新的知识产权和核心技术，提升核心竞争力。集中力量发展一批技术先进、行业优势明显、拥有自主知识产权和知名品牌、具有较强竞争力的大中型企业集团，鼓励中小企业和小微型企业从事专业化生产和特色经营。支持民营企业实施名牌和品牌战略，积极帮助企业引进各类专业技术和管理人才，推进企业制度创新和管理创新。围绕建立现代化经济体系，积极搭建服务平台，引导民营企业积极投身供给侧结构性改革，加快发展先进制造业和现代服务业，持续推进军民融合发展。加快推动中小企业服务平台建设，帮助企业不断完善产权结构，建立科学的决策机制和经营机制，努力促使更多的民营企业走上现代企业之路。围绕形成全面开放新格局，加强与境外特别是“一带一路”沿线国家和地区工商社团的交流合作，创新“走出去”

服务，引导民营企业积极参与“中蒙俄经济走廊”建设。

（三）加大金融支持力度

银信部门要针对民营企业这一新的客户群，探索适用于民营企业的信用评估机制、贷款程序、担保制度、抵押办法、债务追偿和惩处逃废债务手段等，开拓针对民营企业的新的服务领域和业务，切实提高民营企业的银行信用贷款的比重。加快完善民营企业的融资担保体系，进一步充实各地担保公司的资本金，建立统一的征信平台，切实增强金融行业对民营企业的信心。要进一步拓展民营经济直接融资渠道，抢抓创业板、“新三板”等多层次资本市场发展契机，大力拓展企业债、集合债、私募债等融资渠道，构建多元化融资体系。支持民营企业利用资本市场融资，逐步扩大中小型民营企业集合票据、集合债券、短期融资券发行规模，稳妥发展私募股权投资和创业投资等融资工具。政府设立过桥资金和国有控股担保机构，加大政府担保资金投入，强化资金撬动功能，帮助企业化解融资难题。加快建立中小企业信用担保体系，政府给予一定的财政税收支持，鼓励发展担保公司、小额贷款公司、村镇银行等民间金融机构，引导具备条件的民营企业依法开展多种形式的互助性融资担保，以多种形式解决融资难问题。

（四）推动“放管服”改革

政府应加强行政许可标准化建设，严格执行收费清单制度。加大涉企收费项目清理，逐步扩大涉企收费目录清单管理范围并实行常态化公示。清理具有垄断性质的中介机构，切实降低审批、评估等制度性交易成本。落实精简归并“五险一金”，在一定期限内适当下调“五险一金”缴存比例。降低企业建设过程中安评、环评、消防等审批收费标准。对小微企业要简化优惠政策申请程序，缩短减免税收申请时间。对缴税确有困难的小微企业，设置缓交期或宽限期，扶持小微企业发展。全面推行“不见面审批服务”，提高政务服务便利化水平，为企业松绑，让企业受惠。发扬“店小二”精神，驰而不息改作风，锲而不舍优服务，真正做到依法、高效和全方位的精准服务，以作风的大提升推动民营企业高质量发展。

（五）构建亲清新型政商关系

建立领导干部和职能部门联系重点非公有制企业制度，落实领导干部与民营企业代表人士交朋友制度，积极搭建党委政府与企业商会沟通协商的制度，深入企业调查研究，摸清实体经济面临的困难，积极协调解决问题。推动完善政企沟通机制，定期邀请民营经济人士座谈，听取意见建议，积极搭建党委政府与企业商会沟通协商的制度化平台，加快构建亲清新型政商关系。通过依法保护民营企业产权，维护其合法权益，让企业家放心安心发展，不断增强民营企业高质量发展活力、动力和潜力。

（六）培养壮大企业家队伍

充分认识企业家是推动企业高质量发展的关键少数，像尊重科学家一样尊重优秀企业家。通过对企业家精神的宣传表彰，形成鲜明的舆论导向，发挥先进典型的示范引领作用。重视民营企业家的教育培养培训工作，设专项资金，纳入党委、政府重点人才培训计划，以提升企业和企业家自主创新能力为核心，以引导要素向企业集聚为重点，以优化发展环境为保障，大力推动"企业和企业家培育工程"，着力培育一批具有引领支撑作用的龙头企业、在同行业中具有影响力的企业家和有发展潜力的年轻一代企业家。

供　　稿：赵庆禄　内蒙古自治区工商业联合会

责任编辑：辛倬语

专题篇

全面深化牧区改革，扎实推进现代畜牧业高质量发展

包思勤

摘要：内蒙古牧区改革发展正处于历史性转折期，面临千载难逢的历史机遇，同时也面临体制机制障碍、生态环境约束、生产方式落后等诸多挑战和问题。内蒙古要以习近平新时代中国特色社会主义思想为指导，牢固树立和贯彻落实新发展理念，深入实施乡村振兴战略，不断完善发展牧区改革发展的思路举措，扎实推进现代畜牧业高质量发展。

关键词：牧区改革；现代畜牧业；高质量发展

习近平总书记在考察内蒙古重要讲话中明确提出“四个着力”的要求，其中强调“着力抓好畜牧业和牧区工作”。内蒙古牧区面积居全国之首，也是全国牧区改革的发源地和先行区。改革开放40年来，内蒙古畜牧业发展取得了巨大成就，牧民生活发生了翻天覆地的变化，牧区面貌焕然一新。当前，牧区改革发展处于历史性转折期，面临千载难逢的历史机遇，同时也面临体制机制障碍、生态环境约束、生产方式落后等诸多挑战和问题。我们要始终牢记总书记的殷切嘱托，全面贯彻党的十九大精神，以习近平新时代中国特色社会主义思想为指导，深入贯彻习近平总书记考察内蒙古重要讲话和参加十三届全国人大一次会议内蒙古代表团审议时重要讲话精神，紧紧围绕统筹推进“五位一体”总体布局和协调推进“四个全面”战略布局，牢固

树立和贯彻落实新发展理念，深入实施乡村振兴战略，不断完善发展牧区改革发展的思路举措，扎实推进现代畜牧业高质量发展。

一、牧区改革发展取得历史性成就

经过改革开放40年来的砥砺奋进，牧区发展站在新的历史起点上。作为在全国率先推行“草畜双承包”“双权一制”改革的畜牧业大区，内蒙古正处在从传统畜牧业向现代畜牧业转变的历史转折期。改革开放40年，特别是党的十八大以来，内蒙古畜牧业经济转型发展和提质增效的步伐明显加快，产业整体素质持续提升，畜牧业开始步入高质量发展的新时期。

畜产品供给能力稳步提高。2017年牧业年度，全区牲畜头数1.26亿头只，比改革开放初期增长近1倍，连续13年稳定在1亿头只以上，实现“十三连稳”；牛奶、羊肉和绒毛的产量均居全国第一；畜牧业产值占农牧业产值的42.2%，比全国平均水平高12个百分点。畜牧业生产方式已经进入由散养迈向全面规模化养殖的关键期。养殖增量实现牧区向农区转移的战略性调整，新增牲畜出栏60%以上来自农区和半农半牧区，形成一批粮草兼顾、农牧结合、种养一体的养殖大旗强县和绿色示范旗县。产业优势区域布局加快形成，产业集中度进一步提高。以标准化养殖示范创建为引领，标准化规模养殖迅速推进，种养结合、绿色循环发展理念加快形成。牲畜良种繁育体系不断完善，牲畜良种化率达到90%以上。饲草料保障能力进一步提升，牧区畜牧基础设施条件明显改善。主要牧区旗县全部建立了牧草应急饲草储备库，可基本满足牲畜过冬需求。牲畜饲养全部实现棚圈化，特别是牧区永久性暖棚明显增加，实现了临产母畜和幼畜暖棚化，大小畜繁殖成活率达到98.7%，在全国五大牧区处于领先水平。

随着牧区经济的跨越式发展和惠牧政策的不断完善，牧民收入大幅提高，收入水平明显高于农民。牧民生活条件显著改善，彻底告别游牧生活方式，游牧民实现全部定居，还有相当一部分青年牧民在附近城镇买了楼房，牧区的汽车普及率远高于农区。

40年牧区改革的生动实践，探索和积累了许多宝贵经验，始终坚持和加强党的领导，坚持解放思想、实事求是，勇于创新、率先突破，坚持畜牧业领域改革和牧区各领域改革相协调，坚持市场化改革和生态环境保护相统筹，坚持消除牧区体制机制弊端和破除城乡二元结构体制相配套，为推动全国“三牧”工作实践和理论创新提供了“内蒙古经验”。

二、深化以草牧场制度为核心的体制机制创新

内蒙古牧区改革始于20世纪80年代初期，在全国率先进行了“草畜双承包”，继而实行了“双权一制”改革，极大地解放了牧区社会生产力。党的十八大以来，内蒙古在全国率先颁发了草原确权第一证，基本完成草原确权承包工作。牧区改革的不断深化，为现代畜牧业发展提供了制度保障。但是，从内蒙古牧区发展现状来看，新的矛盾和问题仍不断凸显，生产和生态之间的矛盾、生产和生活之间的矛盾、生产和市场之间的矛盾、个人和集体之间的矛盾等严重阻碍着牧区现代化进程。从表面上看，畜牧业生产连年丰收，牧民收入远高于农民，但繁荣背后隐藏着高收入、高成本、高负债的矛盾现象。经调研发现，牧区出现新情况新问题，主要是由于制度性障碍尚未完全破除，体制机制还不能很好地适应现代畜牧业发展要求。因此，继续深化牧区改革势在必行。

巩固和完善牧区基本经营制度。进一步落实牧区草原承包关系稳定并长久不变政策，衔接落实好第二轮草原承包到期后再延长30年的政策，让牧民吃上定心丸。巩固草原确权承包工作，为依法保护草原生态、落实草原生态补奖政策、稳步推进草原“三权分置”工作奠定扎实基础。在依法保护集体草场所有权和牧户承包权前提下，平等保护草场经营权，鼓励经营权有序流转。牧区承包草场经营权可以依法向金融机构融资担保，入股从事畜牧业产业化经营。建立健全精准有

效的政策支持体系，构建以家庭经营为基础、合作与联合为纽带、社会化服务为支撑的立体式复合型现代畜牧业经营体系，充分发挥新型畜牧业经营主体适应市场能力和引领带动牧民增收致富能力。

深入推进牧区集体产权制度改革。推进农村牧区集体产权制度改革，是巩固社会主义公有制、完善农村牧区基本经营制度的必然要求，是维护农牧民合法权益、增加农牧民财产性收入的重大举措。按照党中央和国务院决策部署，以明晰牧区集体产权归属、维护牧区集体经济组织成员权利为目的，以推进集体经营性资产改革为重点任务，以发展股份合作等多种形式的合作与联合为导向，坚持牧区草原集体所有，坚持家庭承包经营基础性地位，积极探索集体经济有效实现形式，不断增强畜牧业和牧区发展新动能。积极探索牧区集体所有制有效实现形式，创新牧区集体经济运行机制，保护牧民集体资产权益，不断增加牧民财产性收入。全面开展集体资产清产核资，切实做好集体经济组织成员身份确认工作，稳妥推进经营性资产股份合作制改革，发展壮大牧区集体经济，加强党对牧区集体产权制度改革工作的领导。推动资源变资产、资金变股金、牧民变股东。坚持牧区集体产权制度改革的正确方向，防止内部少数人控制和外部资本侵占集体资产。维护进城落户牧民草原承包权、集体收益分配权。

完善畜牧业支持保护制度和政策体系。以提升畜牧业质量效益和竞争力为目标，强化绿色生态导向，加快建立新型畜牧业支持保护政策体系。稳定和完善草原生态补奖政策，逐步实现制度化，注重提高补奖效能。深化畜产品收储制度和价格形成机制改革，加快培育多元市场购销主体。鼓励银行、保险等金融机构开发符合新型畜牧业经营主体需求和牧区产业融合发展的信贷产品、保险产品和服务模式。积极发展产业链金融，支持农牧业产业化联合体设立内部担保基金，放大银行贷款倍数。探索建立多层次广覆盖的畜牧业保险体系，继续实施奶牛政策性保险，探索建立肉牛肉羊保险制度，建立覆盖牧业旗县的肉牛肉羊政策性价格指数保险体系。强化人才科技支撑。实施“互联网+现代农牧业”行动，支持新型牧业经营主体带动牧户应用畜牧业物联网和电子商务。加强良种繁育、标准化规模养殖、重大动物疫病防控、草地综合治理、优质饲草料种植与加工等核心技术与设施装备的联合攻关和研发，突破关键领域的技术瓶颈，全面提升产业竞争力。依托新型职业农牧民培育工程，加快实施现代青年牧场主培养计划、牧区实用人才带头人培训计划。完善利益共享和利益联结机制。围绕股份合作、订单合同、服务协作、流转聘用等利益联结模式，鼓励龙头企业建立与牧户风险共担的利益共同体。

三、加快推进畜牧业供给侧结构性改革

进入新时代，我国经济已由高速增长阶段转向高质量发展阶段，社会主要矛盾已经转化为人民日益增长的美好生活需要和不平衡不充分的发展之间的矛盾，人民群众对物质文化生活提出了更高要求，消费结构提档升级，绿色畜产品市场需求前景广阔，为深化畜牧业供给侧结构性改革，促进传统畜牧业向现代畜牧业转变提供了难得的历史机遇。

推进畜牧业供给侧结构性改革，是推动现代畜牧业高质量发展的根本途径。坚持市场在资源配置中的决定性作用和更好地发挥政府作用，统筹保供给、保收入、保生态，以市场需求为导向，以增加牧民收入、保障有效供给为主要目标，以深化改革为动力，以绿色发展、提质增效为重点，创新体制机制，强化科技支撑，优化资源配置，扩大有效供给，增强供给结构的适应性和灵活性，真正形成更有效率、更有效益、更可持续的绿色畜产品有效供给体系，不断提高现代畜牧业发展的综合效益和竞争力。

深入贯彻落实乡村振兴战略，实施内蒙古农牧业高质量发展十大三年行动计划。坚持质量兴牧、绿色兴牧、品牌强牧，深化畜牧业供给侧结构性改革，构建现代畜牧业产业体系、生产体系和经营体系，推动畜牧业由数量扩张型向质量效益型转变。

加快构建现代畜牧业产业体系。提升畜产品加工转化能力，发挥畜产品加工业龙头企业的带动辐射作用，加强畜牧业品牌创建，构建从牧场到餐桌的完整产业链条。加快实施畜产品加工业转型升级工程，重点加强精深加工、质量品牌提升、技术集成、综合利用能力建设。鼓励龙头企业打造全产业链，支持企业加强畜产品深加工科技攻关和产品研发，促进畜产品初加工、精深加工及综合利用加工协调发展，推动畜牧业产业链延伸。推进牧民以草场经营权、畜产品等入股龙头企业、专业合作社，让牧民既能获得生产环节利润，又能获得畜产品加工、销售等高附加值环节的利润，增强对牧民增收的带动能力。实施“互联网+现代畜牧业”行动。扩大第四代移动通信网络覆盖面，加快电子商务、物联网、云计算、大数据、冷链物流等技术在畜牧业生产、流通、销售中的应用，提高全产业链智能化网络化水平。积极开发畜牧业多种功能。着力打造体验型新业态，实现畜牧业从生产向生态、生活功能拓展。推进草原畜牧业与旅游、教育、文化、健康养老等产业深度融合，发展牧家乐、开心牧场等体验型新业态。充分利用草原生态、大漠风光、民族风情、历史文化等元素，推动休闲观光畜牧业提质增效。

加快构建现代畜牧业生产体系。坚持农牧结合、草畜配套，做优草原畜牧业，做强农区畜牧业。加快改变传统草原畜牧业粗放型发展方式，严格落实草畜平衡、禁牧休牧制度，走少养精养、减羊增牛、优质优价、加工增值、品牌带动的高端畜牧业发展路子。大力发展农区畜牧业，推广“种养结合、农牧循环”发展模式，提高标准化规模养殖比重，实现粮经饲统筹、种养加一体、一二三产业融合发展。强化畜牧业科技创新驱动的支撑引领作用，引导龙头企业和科研机构建设运营产业园，发展设施畜牧业、精准畜牧业、精深加工、现代营销，带动新型畜牧业经营主体和牧户专业化、标准化、集约化、信息化、组织化生产，推动畜牧业全环节升级、全链条增值。加强生产标准化管理。实施国家农业标准化战略，突出优质、安全、绿色导向，健全畜产品产地环境、生产过程、收储运销全过程的质量和食品安全标准体系，加快实现内外标准的统一，用标准、规划来引领畜产品的优质化。加强畜牧良种工程建设，提高个体产出水平和品质。建立牧草良种繁育体系，扩大优质牧草种植面积，支持优质饲草料种植与加工。着力培育和保护畜产品的品牌，让品牌为畜产品担保，通过品牌建设真正实现优质优价。实施内蒙古绿色农畜产品区域公用品牌建设工程，优先在牛羊肉等优势主导产业培育自治区级“蒙”字号区域公用品牌。提升安全食品供给水平。利用互联网技术，应用物联网装备技术对生产经营过程进行精细化信息化管理，强化上下游追溯体系对接和信息互通共享，不断扩大追溯体系覆盖面，加强畜产品产前、产中、产后监管，建立从牧场到餐桌的全过程食品安全监管体系。加快无公害产品、绿色食品、有机食品、畜产品地理标志等“三品一标”畜产品建设步伐。

加快构建现代畜牧业经营体系。鼓励发展多种形式适度规模经营，充分发挥新型规模经营主体在畜牧业供给侧改革中的引领作用。发挥龙头企业产业组织优势，以“公司+牧民合作社+家庭牧场”“公司+家庭牧场”等形式，实现产加销一体化经营，强化品牌建设和供应链管理，提升畜产品质量安全水平和市场竞争力，引领全产业链转型升级。鼓励发展多种形式的牧民合作组织，支持普通牧户、家庭牧场组建牧民合作社，积极发展生产、供销、信用“三位一体”综合合作。支持牧户发展联户经营，依法组建共同出资、共创品牌、共同使用牧业机械、联合营销、共享利益的联合社。积极培育家庭牧场。重点培育发展以家庭成员为主要劳动力、以畜牧业为主要收入来源，从事专业化、集约化生产的家庭牧场。引导牧户采取转包、出租、转让等方式流转承包草场，解决承包草场细碎化问题，发展规模适度的家庭牧场。推进专业化管理和社会化服务水平。积极发展产前、产中、产后生产性服务业，大力发展畜产品电子商务等现代流通服务业。积极推广既不改变牧户承包关系，又保证草场有人放牧的托管服务模式，鼓励大户和牧机合作社开展全程托管或主要生产环节托管。建立健全畜产品产地营销体系，鼓励推广农牧业社会化服务组织在城市社区设立鲜活畜产品直销网点。

作者单位：内蒙古自治区社会科学院

中美贸易争端对内蒙古经济发展的影响

乔　瑞　于光军　辛倬语

摘要： 中美贸易争端已经逐渐演变为国际分工体系变化的导火索，并对世界经济产生深远影响。内蒙古作为国际分工体系的重要构成，立足于新经济环境的自身发展能力，应对中美贸易争端须从长远着眼，把握国际产业发展趋势，提升能源、原材料等传统产业国际竞争力，将改善营商环境、汇集和培育未来发展能力、建立与周边省区融合协同发展作为应对中美贸易争端影响的基本策略，谋求长期可持续的产业发展格局。

关键词： 中美贸易争端；产业核心区；区域发展能力

中美贸易争端的实质，既有美国等发达国家应对世界市场供需结构变化对社会经济保持稳定带来的压力，又有美国面对潜在危机，培植自身未来发展的优势地位的战略选择。对于已经以能源原材料产业优势介入国际分工体系的内蒙古而言，厘清中美贸易争端对内蒙古的影响，把握国际分工格局变化趋势，明确自治区发展方向目标，对内蒙古持续健康发展具有十分重要的战略意义。

一、中美贸易争端概述

近年来，随着中国经济的快速发展，美国明确将中国作为竞争对手，以中美贸易顺差、技术转让中的国家安全保障问题为借口，启动了加征关税、制裁中国企业等一系列针对中国的经济贸易政策，点燃了中美贸易争端的导火索。

从具体操作上看，中美贸易争端在三条战线上展开。

第一条战线是从美国针对钢、铝重启反倾销调查开始，宣布对进口太阳能电池、太阳能板及大型家用洗衣机征收临时性关税，继之涉及加征关税的范围和金额不断增加，从对价值600亿美元的中国进出口产品征收“惩罚性”关税，增加到拟加征约1300个独立关税项目，总值约500亿美元，涉及航空航天、信息和通信技术、机器人和机械等行业，提出对从中国进口的额外1000亿美元商品继续加征关税，使涉及加税的中国进口商品总额达1500亿美元，占到中国对美国出口贸易额的1/3。截至2018年9月，美国对从我国进口的2000亿美元商品征收的关税提高到10%。

我国采取对进口自美国的高粱和大豆展开反倾销和反补贴调查，公布对包含水果、干果、猪肉、葡萄酒以及部分钢铁制成品等七大类商品128项进口产品的清单加征关税；依法对美产品采取同等力度、同等规模的对等措施，将大豆、飞机和汽车加进中方制裁名单，加征税率高达25%；对美国600亿美元商品征收10%或5%的关税；发布《关于中美经贸摩擦的事实与中方立场》白皮书等应对措施。并进一步实施对外开放战略，提出增加采购美国农产品及能源意向。同时，我国向世界呼吁推进全球化，采取开拓新市场、加强与欧洲合作、推进“一带一路”倡议等更广泛的领域展开积极应对。

第二条战线是美国针对“中国制造2025”对新一代信息技术产业、高档数控机床和机器人、航空航天装备、海洋工程装备及高技术船舶、先进轨道交通装备、节能与新能源汽车等十大重点领域的支持，重启知识产权、技术转让领域的安全性调查，并对百度、阿里巴巴、腾讯、华为、中兴、小米等高新技术企业进行停止技术转让、终止销售渠道销售合作等手段，试图遏制中国高新技术产业的国际扩张。对此，我国采取了进一步鼓励和支持高新技术企业“走出去”，全面推动“中国制造2025”战略，开放金融业和农业市场等按预先规定和承诺达到开放多项的要求，加强知识产权保护和运用等措施予以应对。

第三条战线是美国在国内实施税收政策改革。美国税改的主要目的在于降低税率以实现减税，调整整体或部分特定行业的税收优惠以扩大税基，调整生产制造业相关政策，增加境外利润税负以促进境外利润回流，完善部分条款以对反避税加强管理。税改后美国国内总税率将与其他经合组织国家的平均所得税税率（25%）持平。这将激励更多的美国跨国企业重新回到美国本土进行投资。税改有效简化了税制，减少企业的申报负担和税收不确定性，以此降低美国本土企业运营成本，间接提高美国本土产品在国内及国际市场的竞争力，同时增厚企业利润，增加的资金会直接刺激企业扩大再投资，从而带动经济发展。

我国按照党的十九大确定的深化改革开放，强化市场配置资源主体地位的基本方略，一方面采取大力推进财税体制改革，简政放权，降税减费，向企业让渡资源控制权等改革措施，强化“稳中有进”的经济发展，稳定供给侧结构性改革，进一步完善营商环境，促进经济高质量发展顺利推进；另一方面，积极介入国际经济调整局势，加大实施“一带一路”倡议的力度，加强与周边国家、非洲各国的广泛合作。同时，在舆论上不断向全世界宣传中国立场，发出中国声音。在构建“人类命运共同体”的旗帜下，不断寻求为世界更多国家共同繁荣与发展，给全世界各国人民带来更多福祉，创造更多发展红利方面贡献中国智慧、中国力量。

二、中美贸易争端对全球及内蒙古经济的影响

（一）中美贸易争端导致世界各国纷纷调整国际贸易政策

在经济全球化发展的今天，生产要素的自由流动和优化配置扩大到全球范围，经济政策在国与国之间的联动日益频繁。增加关税、国内减税对于促进国际分工格局的改变产生一定影响，其影响程度与该

国在国际分工格局中的地位正相关。从表面上看，美国发动贸易争端是为实现总统竞选承诺、提高就业、增加选民支持等目的，但如果从近年来国际经济格局变化，特别是中国经济崛起对世界经济的影响分析，美国发起贸易争端指向的是未来发展，是保护未来美国的长期竞争优势地位。从另一个角度说，美国挑起贸易争端是其国内企业、资本家及社会意识到受到长期威胁。其所采取的经济手段，一是通过加大贸易成本，进而提高进口商品价格，降低国外产品在美国的市场竞争力；二是设置中国产业进步过程中吸收国际先进技术的障碍，进而削弱他国产品提高质量、降低成本的能力；三是降税可以增加投资者对在美投资的期望值，对投资品降税会使其价格下降，使单位货币购买投资品数量上升，即提高投资品的购买力和竞争力，进而实现美国本土产业振兴，提高本土产品竞争力；四是对投资直接降税，如降低资本税、投资税等，直接降低资本的税负，提高资本投入的积极性和资本积累速度，加快美国产业发展速度。

由于美国在国际分工体系居于上游优势地位，其贸易政策势必会对其他国家造成一定压力。对此，一些国家给予了正面回应并采取相关措施，以保持本国企业和产品竞争力。欧盟及国际上一些与美国经贸关系较为紧密的国家，针对美国的关税政策调整，提出了增收从美国进口产品关税，削减美国产品进口配额等措施，力图对美国进行反制。一方面试图通过不断反制，增加与美国进行贸易谈判的砝码，形成对各自有利的双边关系；另一方面试图通过采取对等措施，保护本国企业利益，保证本国资本收益。美国贸易政策的调整将导致国际资本和企业赴美投资的热情可能会持续上涨，进而提高美国产品竞争力、劳动生产力和工人工资，这些变化对我国的影响不可忽视。而我国的应对政策是加速深化改革，加快改善营商环境以对表国际标准；扩大国内对外开放的深度和领域，大力度开放国内市场，重新调整国际经济技术合作与贸易格局等举措，对世界经济的影响也较为深远。当前，全球经济深度融合，美国贸易政策调整所引发的中美之间的贸易争端，其影响范围已经波及全世界，而这种世界性的变化调整，也势必再度作用于我国经济发展态势。

（二）中美贸易争端对内蒙古的影响

内蒙古作为国家重要的能源、原材料主产区，必然受到国际贸易体系格局变动的影响。内蒙古关联企业以本国大型企业为主，国际贸易格局变化影响主要通过产品生产量、产品价格、企业利润等因素直接影响行业和企业发展，而在利用外资领域受到的影响会小于国际资本投资热点地区，地广人稀的区情将使这种趋势长期保存。

从近期国际市场动向分析，因中美贸易争端带来的国际大宗原材料价格波动不会过大，主要原因是各主要消费国已经基本度过原材料消费的高峰期，市场回暖的动力不足；新市场短期内经济发展很难拉动原材料需求快速上涨；各国吸引投资的政策对国际资本流动的影响短期内也很难形成生产能力。需求和价格的相对稳定会导致行业内质量、服务等方面竞争加剧，对企业经营管理、技术进步能力形成重大考验。内蒙古相关领域企业应能适应这一趋势变动，但由于国内去产能工作还在持续，行业内部竞争的规范化环境尚待进一步形成，所以一些内功不强的企业也会面临被淘汰的局面。

近期稳定的市场会给代表新生力量的行业内新资本发育成长时间，中期市场将呈现出剧烈淘汰企业的行业体系重构阶段，新资本会以集群网络、智能化等新型行业组织和现代科技，以个性化智能生产、低成本生产配送、规模利润等生产组织形态，淘汰传统行业的传统企业，并快速形成长期市场的新平衡状态。这一时段，会出现对掌握现代科技的高素质、技术型劳动力的大量需求。

据此，内蒙古需要关注中美贸易争端的中长期影响，该影响会在内蒙古中长期战略选择中逐渐体现，并成为决定内蒙古经济的重要因素。内蒙古经济发展涉及的战略决策领域集中在以下三个方面：一是确定能源原材料、高载能等产业转型升级方向；二是探索推进新动能发展的动力；三是明确产业体系、布局与社会发展布局之间的协调与配合。

三、对策与建议

（一）将改善营商环境作为服务型政府建设的重中之重

营商环境是生产力，持续优化营商环境是解放生产力、提高竞争力、推动经济高质量发展的重要举措。内蒙古过去凭借资源优势和政策优惠获得外商投资的青睐，成为经济高速发展的助推器。时至今日，赢得发展更需要的是良好的营商环境。应对中美贸易争端不论是从长远来看，还是从短期发展考虑，根本是靠产品和服务占据竞争有利地位。综合考虑内蒙古产业升级的需要，为企业提供更好的营商环境，树立“以促进资本收益为中心”的服务意识，应作为内蒙古改善营商环境的主要内容。内蒙古已经在营商环境制度建设上做了大量工作，下一步的重点，应在提高各工作环节人的工作质量上下真功夫，以形成能够提供优质服务的社会服务团队。

（二）促进传统优势产业转型升级，巩固内蒙古产业基础

没有传统优势产业的巩固提升，内蒙古的新经济就会失去发展基础。内蒙古区情和资源禀赋要求高新技术产业、现代服务业等新经济都需要围绕传统优势产业展开。从远期市场需求分析，新经济发展到成熟程度，能源、钢铁、有色金属、重化工、生物药品等领域的市场会保持稳定需求，储能产品、环保产品等领域的发展需要材料、能源行业支撑；面向这些产业的生产服务将会更贴近生产一线，这为内蒙古现代生产服务业提供了发展空间。因此，在传统产业优化升级与新经济发展之间的权衡中，内蒙古应向巩固提升现有产业发展有所倾斜，鼓励支持传统产业中有竞争力的企业进一步转型升级，加强企业研发扶持力度，鼓励企业经营国标化产品，提升国际竞争力。

（三）加强与周边发达省区经济技术合作，提升发展动力

内蒙古优势产业分布与资源分布高度一致，呈大分散、小集聚布局，产能与地区社会发展脱节，依靠企业驻地提供高质量的社会服

务，短时期难以满足企业和劳动力需要。内蒙古社会经济主要集中在呼包鄂经济核心区，与国内发达城市群相比，该区域对资本、高素质劳动力的竞争力不足；区内城市之间差距大，城际互动能力弱，而盟市中心城市周边的外省区城市发展水平几乎全部高于内蒙古城市。据此，内蒙古分布在各盟市的优势产业需借助周边外省区城市，进行企业间的广泛经济技术合作，形成区域产业集群网络。

（四）积极扩大开放合作领域，寻求新的进出口替代市场

内蒙古继续借助“一带一路”和“中蒙俄经济走廊”建设平台，积极扩大开放合作新领域，与更多的国家达成共享合作机制，帮助内蒙古有进出口贸易的企业寻求更多产品需求和供应市场，积极妥善应对中美贸易摩擦带来的不确定影响。

（五）针对内蒙古实际，加快落实中央深化改革的各项部署

党的十九大提出了全面深化各领域改革的总部署，对内蒙古促进优势产业发展需要解决要素汇集难题，如推动土地市场改革，降低企业和劳动力的土地成本。改变地方政府的收入与支出不匹配的状况，促进土地成本下降，从而改变高地价增加企业的用地成本、高房价推高企业用工成本的状态。消除水、电等公共供给领域因由垄断产生的高生产成本和高运营成本较高状况，降低要素成本价格。

落实中央全面深化改革措施，需要真正树立“以人为中心”的发展理念。对内蒙古各领域战略制定、政策选择而言，“以人为中心”有两个具体含义，一是保障和提高人的生活质量和发展能力，要不断提高社会公共产品供给质量；二是要为人口、劳动力、人才在城乡间、盟市间、区内外自由流动创造条件，提供制度与政策方面的支持，通过人的流动实现资源向更有效率的领域流动。

中美贸易争端是世界分工格局变化的表现，无论中美之间、中美与世界其他国家之间贸易政策如何演变，世界经济发展的趋势都会推动我国经济快速转向高质量增长。与这种潮流相对的是一个地区社会发展、科学发展、治理能力建设提升必然需要时间来完成积累。正视这两者之间的时间差，确定补短板的新思路、新路径，是内蒙古应对国际风云变幻的根本对策。

作者单位：内蒙古自治区社会科学院经济研究所

推进新型城镇化高质量发展研究
——以呼伦贝尔市为例

天　莹　杜淑芳　史主生

摘要：当前我国进入高质量发展阶段，对城镇化提出更高要求。本文以呼伦贝尔市为例，梳理了新型城镇化建设基本情况，分析了新型城镇化推进中面临的若干问题，提出通过增强发展动力、破解小城镇体制瓶颈制约和拓宽融资渠道、补齐小城市和小城镇基础设施建设短板、促进人口流动和人口的就近就地城镇化结合、完善就业服务体系建设、落实财政转移支付与农牧业转移人口数量挂钩政策、突出重点优化城镇体系等对策措施，促进新型城镇化高质量发展。

关键词：新型城镇化；高质量；发展

当前我国已经迈入新时代，按照党的十九大精神以及《国家新型城镇化规划（2014—2020年）》的要求，推进高质量发展是今后我国我区新型城镇化的重点。本文以呼伦贝尔市为例，分析探讨新型城镇化推进情况、面临的问题及对策。

一、新型城镇化建设基本情况

2017年，呼伦贝尔市常住人口达到252.9万人，其中城镇常住人口182.4万人，常住人口城镇化率达到72.13%，户籍人口城镇化率达到64.6%。近5年来，继扎兰屯市成为我区首个进入第一批国家新型城镇化试点地区之后，大杨树镇成为第三批试点地区，2016年、2017年莫尔道嘎和柴河镇先后进入国家特色小镇的行列。通过建设和发展，呼伦贝尔市城镇化率比2012年提高了3.61个百分点，城市承载力不断增强，空间布局得到优化，市民化水平正在逐渐提高，城市间公路、铁路、航空与过去相比更加便利，新型城镇化向深度推进。

（一）以规划为引领，加快小城市和特色小镇建设

呼伦贝尔市为内蒙古自治区地级市，有5个县级市、2个区，共67个镇。随着国家及我区新型城镇化规划实施及城乡一体化、美丽乡村建设等相关政策的出台，特别是在党的十九大精神引领下，在中心城区不断提升发展质量的同时，小城市和小城镇也进一步获得较快发展，规划引领未来城市发展的作用进一步增强。2013年，呼伦贝尔市制定《呼伦贝尔市新型城镇化发展规划（2013—2020）》，提出城镇化发展目标和思路，进一步优化四大板块空间布局，构建新型城镇体系。各旗县市也加强规划制定实施，比如《扎兰屯市城市总体规划（2012—2030）》提出了“强化两轴、优化两带、优化山区、多核联动”的城镇总体布局。在编制土地利用总体规划时积极同城市规划、主体功能区规划等相关规划做好衔接，划定城乡建设用地规模边界、城乡建设用地扩展边界、禁止建设用地边界，严格落实允许建设区、有条件建设区、限制建设区、禁止建设区空间控制标准，促进了城乡协调发展。前瞻性的规划也为柴河镇入选国家特色小镇加分不少。柴河镇是由林业发展起来的城镇，国家实施“天保工程”后，由林业镇逐步向旅游镇转变，经过多年的打磨提炼和高端策划，柴河旅游业发展思路已经趋于成熟。目前柴河镇旅游人数每年达到42.8万多人，当地居民来自旅游业的收入不断增长。

统筹城乡发展，加快小城镇建设，逐渐推进林业人口向小城镇转移。例如牙克石市的乌尔其汗镇，因林而兴，通过收缩转移、棚户区改造项目建设了一批移民楼，部分林业职工和家属从偏远的林场转移到林业局所在的小镇居住，与过去相比，居住条件大为改善。同时，林业职工每周义务清扫小镇卫生，并在废弃的垃圾场上建设森林公园，既改善了环境，又为附近的居民和职工提供了休闲活动的场所，小镇的市容市貌焕然一新。

（二）城市承载力增强，提升了人口吸引力

呼伦贝尔以中心城区为核心，中心城、副中心、重点镇和新区建设统筹推进。通过新型城镇化建设，城市基础设施建设不断完善，城市便利性、宜居性增强。呼伦贝尔市中心城区荣获自治区园林城市称号。扎兰屯市和阿荣旗荣获国家园林城市称号。呼伦贝尔市颁布实施了首个地方性法规《呼伦贝尔城市市容和环境卫生管理条例》。城市管理执法体制改革全面启动。

1.加大基础设施建设力度，促进要素流动和提升城市宜居程度

近5年，呼伦贝尔市市政基础设施累计投资369亿元，完成城市道路、广场、绿地、污水处理等项目1861个，城市市政公用设施水平不断提高（见表1），城市承载力不断提升。新开工建设各类保障性安居住房22.7万套，惠及59万群众。近5年，公路、铁路、民航投入420.6亿元，新增公路里程6586公里，新增铁路里程59.6公里，新增机场4座。海拉尔东山机场旅客年吞吐量突破200万人次，根河通用机场投入运营，扎兰屯支线机场、新右旗通用机场实现通航，莫力达瓦达斡尔族自治旗、阿荣旗通用机场竣工，全市一小时航空圈初步形成。信息通信网实现全覆盖，宽带网络实现村村通。缩短了城市间的空间距离，加快了物流、人流、信息流，促进了城镇化。大力开展绿色城市建设，近5年全市累计造林510.5万亩，森林覆盖率达到51.4%。大气、水、土壤污染防治工作取得积极进展，生活垃圾处理率达98.64%，城市环境不断改善。

表1　呼伦贝尔市城市市政公用设施水平[1]

年份	用水普及率（%）	燃气普及（%）	建成区供水管道密度（公里/平方公里）	人均城市道路面积(平方米)	建成区排水管道密度（公里/平方公里）	建成区绿化覆盖率（%）	生活垃圾处理率（%）
2014年	94.82	87.10	6.16	28.34	6.24	34.52	93.14
2015年	96.30	89.10	6.82	28.67	6.91	35.97	96.61
2016年	97.04	90.62	6.96	29.14	7.02	36.17	98.64

2.棚户区改造项目推进了人口向市镇的集聚，减少了林区人口的压力，形成城镇化与生态保护的良性发展

自“天保工程”实施以来，林区商业性采伐逐步消减，至2015年全面停止商业性采伐，林区转向发挥生态功能和提供生态服务、维护生态安全的职能定位。伴随着林区定位的转变，2008年以来，林区撤并大量林场，将林业人口逐步搬迁到牙克石市、扎兰屯市、海拉尔区及林区小城镇，其中牙克石市探索出林业生态移民棚户区改造、廉租住房建设、城市棚户区改造、房地产开发“四位一体”模式，得到国家和自治区认可，改善了林业职工和城镇居民的居住条件，同时加大供水、供热、燃气、污水处理等市政工业设施，提高了城市便利度，提升了转移人口的城镇化质量。

3.完善机制，加快市民化进程

新型城镇化的重要内容是要实现农牧业转移人口的市民化，让他们成为真正的市民。为此，呼伦贝尔市加快户籍制度改革，取消农业户和非农业户的区分，统一登记为居民户口，积极推进居住证制度，使城市非户籍人员加快落户，并享有与当地城市居民同等的基本公共

[1]　数据来源：呼伦贝尔市住房和城乡建设委员会。

服务。比如2017年扎兰屯市出台《关于进一步做好进城务工人员随迁子女接受义务教育工作的通知》，在政策、机制、管理等方面保证进城务工人员子女有学上，保证他们享有同等的教育权利。建立多元化融资机制，探索设立城镇化投资基金和引导基金，扶持非公经济、小微企业的发展，解决融资难，稳定就业。

（三）加强就业服务体系建设，促进创业带动就业

在城镇稳定就业是实现城镇化的重要条件。为了促进就业和城镇化，国家和自治区出台了一系列政策措施，实施就业优先策略和更加积极的就业政策。呼伦贝尔市按照国家和自治区要求，采取适合地区特点的措施，积极促进就业，就业人数不断增加。据统计，2010年以来，呼伦贝尔市就业人数从107.54万增加到153.36万，增长幅度为42.6%，其中第一产业增加就业7.07万，第二产业增加就业3.63万，第三产业增加35.13万。可见，相比第一、二产业，第三产业就业人数增加较大，在新增就业人数中占比达到76.7%，吸纳劳动力就业的作用明显。就业规模的扩大得益于以下几个方面：一是加大创业就业扶持。各地立足实际，从政策扶持、贷款扶持、建立创业园区等方面，支持创业就业。2017年，呼伦贝尔市落实各项就业补助资金政策，就业资金支出总额14429.27万元，发放小额贷款5537万元，有2183名失业人员通过小额贷款实现了创业就业。呼伦贝尔市制定下发了《2017年度全市就业创业扶贫工作要点》等政策性文件，扎兰屯市3946名建档立卡贫困劳动力获得就业扶持。全市经过认证提质的创业园、孵化基地57家，入驻企业3045户，带动就业近3万人。其中牙克石建立了兴安运达物流创业园，聚集了煤炭批发零售、粮食铁路发运及仓储、现代电子商务、汽车修配等综合物流园区，扶持创业企业110家，带动就业2000人口；鄂温克旗打造鄂温克民族文化创业园，入驻企业119家、非物质文化项目28个、非遗传承人28个，促进了文化传承、旅游发展，带动了就业。二是加强培训。呼伦贝尔市依托就业中心培训和委托培训的方式，进行岗前培训和技能培训。技能培训包括电焊、烹饪、保健按摩等，大大提升了农牧业转移人口、有就业需求人员的就业能力。对于一些人口减少的地区，积极加大宣传，培训人员下到基层组织开展培训。2017年，全市城镇就业技能培训 10058人，培训后实现就业9170人，农牧民转移技能培训6113人，家庭服务企业人员培训1722人。三是提高创业就业信息化服务水平。2017年12月，呼伦贝尔市试运行了“968966创业就业直通车”服务平台，实现了通过网络、手机客户端在线办理申领失业保险金、失业保险费到账处理、企业参保职工申领职业技能提升补贴、创业担保贷款网上申请、就业失业登记证查询、存档人员信息查询等业务，提高了工作效率，降低群众办事成本。

二、新型城镇化推进中面临的若干问题

呼伦贝尔市城镇化率高，但质量还不高，面临着产业支撑力不强、部分县级市人口集聚力弱、就业创业难度大、小城镇建设短板多、新型城镇化试点建设资金短缺等问题。

（一）林区小城市和小城镇人口呈现减少趋势

依据统计数据，2010—2016年，呼伦贝尔市除了中心城市海拉尔和满洲里人口有所增加，多数旗市人口趋于减少。海拉尔区、满洲里市分别增加11271人、3812人；扎兰屯市、牙克石市、额尔古纳市、根河市、阿荣旗、莫力达瓦达斡尔族自治旗、鄂伦春自治旗、鄂温克族自治旗、陈巴尔虎旗分别减少16806人、36814人、3262人、19655人、9357人、21237人、22954人、4954人、2444人，尤其是林区旗市人口减少越发明显；新巴尔虎右旗、新巴尔虎左旗则基本保持不变。比如林区城市牙克石人口流失最多。其中，乌尔其汗镇是典型林区小城镇，人口最多时为3.5万左右，现为2.5万人。21世纪以来，尤其是近些年来，根据国家生态文明建设的需要，林区加快了改革，从过去的伐木转为森林生态建设和保护森林为主，林区要发挥森林生态服务功能和提供生态产品，林业对劳动力的需求也随之减少，同时新的产业刚刚起步或层次水平偏低，远没有充分发展起来，人才缺乏，旅游业、

林下经济尚未成为支撑林区发展的支柱产业，就业岗位缺乏，人口吸引力下降，人口大量流出，尤其是年轻人基本都外出就业，一部分老一代林区人退休之后也随子女迁往外地。人口流失，一部分人才随之流失，这对于呼伦贝尔市的发展是不利的。

（二）小城市和小城镇产业发展水平比较低，基础设施明显滞后

呼伦贝尔市小城市和小城镇经济总量小，产业链条短，产品结构低端化特征明显，小城市尤其是小城镇缺少龙头企业和大项目带动，导致发展动力不足。比如柴河镇旅游业没有形成规模效应，游客停留时间短，接待能力有限，一些景点建设还处于初期阶段，道路和必要的设施缺乏，管理跟不上，旅游业成为支柱产业尚需要时间。

小城市和小城镇基础设施虽然比过去有所改善，但是总体而言，小城市和小城镇基础设施建设仍然比较薄弱。许多小城镇财政比较困难，对道路、供排水、垃圾处理等镇基础设施和公用设施的必要投入少，导致城镇基础设施建设滞后，城镇服务功能不齐全，城镇的吸引力较弱。一些小城镇道路系统不完善，只硬化了主街道的路面，通向居民住宅区的道路还有一部分是土路。地下管线设施缺失，污水处理很多依靠渗水井，长此以往会造成地下水的污染。集中供热、垃圾处理设施等普及率偏低。一些小城镇自来水还不能全覆盖，部分居民仍然使用压水井。有的小城镇的居民还在烧柴取暖。有的小城镇虽建设了保障性住房，但供水排污供热设施还没有解决。公共建筑、社会服务设施比较缺乏，城镇文化与娱乐服务设施不足。

（三）新型城镇化试点城市投入不足，建设资金来源渠道窄

新型城镇化是我国实现现代化的重要途径。扎兰屯市虽然被列入试点地区，但进行试点城市建设的配套资金跟不上，同时城镇化建设还受到当地财力严重不足的制约。扎兰屯市是全国第一批新型城镇化试点城市，拥有人口43万，是呼伦贝尔市人口最多的旗市，也是呼伦贝尔市财政负担最重、压力最大的旗市。目前，地方财政收入较低，且税收地方留成部分比例不高，很大一部分税收上划，县级财政可用财力相当有限，导致财政收入不平衡；用于民生保障方面的支出比例高，以自身财力推动发展能力有限。

城镇建设融资主要通过上级财政投入、土地出让金、融资贷款等途径解决，融资渠道存在瓶颈。县级地区的中小企业大多处于发展起步阶段，可用于抵押的资产有限，融资难、扩大再生产受限，带动就业能力的潜力没有得到充分释放；农业银行等金融机构的基层营业网点不断撤并，国开行等金融机构不在县级地区设立营业网点，现扎兰屯市仅有工商银行、建设银行、农村信用社、蒙银村镇银行有营业网点，限制了资金的流通和县域经济的发展。财政自有发展资金严重不足，化解政府债务的压力巨大，严控新增债务，金融部门支持地方建设资金除了棚改工程，其余的几乎全部停贷，融资渠道极度收紧。

（四）就业服务体系建设不够完善，创业贷款难

目前就业服务体系建设得到加强，但覆盖城乡还未完全做到。比如就业部门想要深入了解掌握农村劳动力供求状况比较难。其中，基层工作人员待遇低，是原因之一。基层工作人员工资只相当于最低工资的50%，一定程度上影响了工作积极性。部分民办培训机构培训质量也有待进一步提高，在师资力量、师资水平、实践操作环节亟待加强。随着城市发展和产业转型升级，一些新业态逐步兴起，培训还不能随着产业转型发展和变化做出相应调整，培训科目更新较慢，导致部分人员培训后仍然难以就业。随着人口的流失，尤其是年轻人流失严重以及观念和认识问题，培训机构招生难现象突出，有的人甚至培训了多次，有的人经过不断宣传才来参加培训，求职人员参加培训积极性不高，与发达地区求职人员参加培训的积极性高形成明显反差。

为促进创业就业，内蒙古自治区人力资源和社会保障厅印发了《内蒙古自治区创业担保贷款实施办法》。文件规定："除助学贷款、扶贫贷款、首套住房贷款、购车贷款以外，个人创业担保贷款申请人及其家庭成员（以户为单位）自提交创业担保贷款申请日起向前追溯五年内，应没有商业银行其他贷款记录。"但在实际实施中有很大一部分人不符合贷款条件，例如农牧民大多存在利用草场证、房地产抵押和联保方式从当地金融机构进行贷款用于购买种子化肥和草料，而该贷款属于生产活动的政策性贷款；国家创业担保贷款工作重点扶持的高校毕业生普遍存在利用自己的银行信用卡在网络或实体店分期消费的情况，这被认定为商业消费贷款等等。

三、推进新型城镇化高质量发展的对策建议

以人为本是高质量城镇化的核心。呼伦贝尔市城镇化高质量发展重点要从增强动力，突出特色，补齐短板，突破体制机制障碍，优化城镇体系等方面下功夫。

（一）发展特色优势产业，增强城镇化发展动力

充分依托地方资源优势、区位优势，因地制宜，加快传统产业转型升级和新兴产业的发展。特别是呼伦贝尔旅游资源丰富，森林、草原、农田、湖泊自然风光与当地蒙古族、鄂伦春、鄂温克等民族文化、林区、垦区文化及互联网有机结合，在以各类自然风光游的基础上，加强生态保护，发展高端生态文化、休闲度假、养老养生型全域旅游业，以小城镇和小城市为载体，提高游客停留时间，增加消费，扩大旅游业规模，提高效益，把旅游业打造成本地优势特色产业，带动就业和小城镇和小城市发展。还要依据本地区区域类型多样的特点，打造各具特色的工业镇、农业镇、牧业镇、商贸镇、旅游镇和文化名镇等。加快培育优势特色产业，着力构建“一镇一品”“一乡一业”的产业新格局，形成小城镇之间的分工协作。例如柴河镇依托旅游资源条件和现有基础，使旅游文化产业成为新的增长点。加速工业化进程，推进新型工业升级，鼓励延长产业链，提升转化率和附加值。不断调整优化产业结构，壮大城镇经济整体实力，为城镇化发展提供强有力支撑。

（二）破解小城镇体制瓶颈制约和拓宽融资渠道，加快小城镇发展

新型城镇化建设要求构建大中小城市和小城镇协调发展格局。呼伦贝尔市小城镇发展滞后，要加快发展的关键，首先是解决体制机制和融资渠道两个问题。加强顶层设计，破解小城镇发展的体制机制障碍。比如可考虑成立以扎兰屯市政府与呼伦贝尔市林业部门为主体的事权统一的柴河景区开发公司，以市场主体的身份承接大型投资公司的项目，破解柴河镇发展的难题。

通过多种方式，构建政策性金融、商业金融相结合的农村牧区金融体系。鼓励各种经济性质的资本在特色小镇进行投资，建设路、水、电、通讯、市场、文化娱乐等市政公用设施。加快建立投融资长效机制，积极推动直接融资、发行企业债、设立产业引导基金等工作，解决发展资金短缺问题。以棚户区改造等项目为载体，推动政府购买服务和公私合作项目运作规范化、制度化。积极争取国家加大对试点地区金融扶持力度，向重点镇、建制镇基础设施建设和公共服务方面倾斜。

（三）加大小城市和小城镇基础设施改造和建设力度，补齐短板

与内蒙古西部呼包鄂地区相比，呼伦贝尔市县级市、小城镇基础设施建设明显滞后，这是该市小城市和城镇建设的短板，同时也是今后的经济增长点，所以要把基础设施建设项目作为加快城镇建设的一项重要抓手。呼伦贝尔市通往小城市和旗县的铁路客运列车运行速度缓慢，还在使用老式绿皮车，大大影响了城市间的运行效率。应积极加强铁路现代化建设，缩短运行时间，提高人员流动的速度。要畅通城镇进出口通道，不断优化城镇路网结构，构建科学合理的城镇综合交通网络。不断加大对给水、排水，供热、燃气、污水垃圾处理等市政公用设施的建设力度，将市政设施建设延伸到居民区，做到优化布局、硬化道路、绿化城镇、净化河道、美化环境、强化服务。加强老区改造和提档升级，加快新区市政设施的配套，不断完善城市功能，

提升人居环境质量。

（四）推进居住证制度，鼓励人口流动和人口就近就地城镇化相结合

人口的迁移流动不仅为经济增长和城镇化做出了巨大贡献，还为有条件和有能力的农村牧区居民提供了更多的发展机会。对于我区这样的少数民族地区而言，有利于促进地区间的交流和合作，有利于各民族的团结和了解。因此，一方面我区也应鼓励人口流动，特别是人才流动，应制定优惠政策，吸引科技人才、管理人才、大学毕业生等到呼伦贝尔市工作生活，促进当地经济发展；另一方面，也应积极推进居住证制度，鼓励人口就近就地城镇化，提高人口集聚效率。小城市数量多是呼伦贝尔市的显著特点，且人口少，导致集聚力不足。因此，增加城市人口规模，扩大城市容量是必要的。要深化户籍改革，推行居住证制度，引导部分农牧民向呼伦贝尔市小城市新区和中心镇集中居住，并享有与市民同等的基本公共服务，同时财政转移支付要与农村转移进城人口数量挂钩，增加投入，企业、个人也要分担部分城镇化成本，实现农村人口就近城镇化和市民化。

（五）完善就业服务体系建设，提升服务管理水平和就业能力

努力提高基层服务人员的工作待遇，增强工作积极性。增加基层就业服务工作的资金投入，开展深入细致的调查，详细了解外出务工人员情况、农民就业服务需求等情况，有针对性地开展培训。在防范风险的前提下，适度放宽贷款条件，调整申请细则，为创业人员提供必要的资金条件。相关部门应根据实际情况适当调整创业担保贷款的申请标准，真正发挥创业担保贷款促进创业、带动就业的目的。

采取公办为主、民办为辅的方式，开展技能培训，提高培训质量，提高进城的农牧业劳动力、城镇失业人员的技能水平，适应企业社会用工需求。对于民办培训机构要加强监督监管，特别是实践操作环节不能偷工减料，保证培训质量。对于培训课程，要根据产业发展和城市岗位需要进行必要的调整和更新，而不是一成不变，以保证学有所用，进一步适应市场用工需求，提高新型城镇化的就业质量。

（六）建议国家、自治区对试点地区给予补贴，并落实财政转移支付与农牧业转移人口数量挂钩政策

试点地区财力薄弱，无力支撑人口城镇化的成本和城镇基础设施建设所需资金，国家应向试点地区给予基础设施、产业发展补贴，项目和资金上多向试点地区倾斜。国家自治区根据转移人口数量增加财政转移支付，帮助试点地区加快发展，加快市民化进程，推进新型城镇化。

（七）突出重点，优化城镇体系

呼伦贝尔市面积大，城市和城镇较分散且数量多，小城市和小城镇人口规模小，集聚力弱。因此，城镇体系需要进一步优化，以海拉尔区为中心，进一步加强满洲里、牙克石、扎兰屯副中心作用，重点建设满洲里至扎兰屯城市带。不宜确定太多的副中心，副中心太多就等于没有重点，集中力量，促进人口向满海扎城市带集中集聚，扩大城市规模，增强集聚效应。同时积极发展建设重点镇和特色小镇，提升林区、垦区、牧区、农区转移人口的城镇化质量，有利于保护草原、森林生态环境，促进区域可持续发展。

作者单位：内蒙古自治区社会科学院城市发展研究所

中国同俄罗斯金融合作现状、问题和建议

李　洋

摘要：中俄两国的经济合作需要金融的推动，但相比其他领域，两国的金融合作在深度和广度上还有很大的发展空间。目前来看，本币结算和融资、基础设施融资和证券投资在稳步推进的同时，在一些细节上还须政策和机制的保障，特别需要仔细分析研判俄罗斯的宏微观经济形势，才能在资本支持的同时获得稳定的投资回报。对于俄罗斯来说，在欧美融资渠道被限制后，如何通过新的金融工具来吸引中国的资本，以实现本国的庞大经济规划，不仅对俄罗斯的经济增长有重要影响，还是深化“一带一路”倡议的题中之意。

关键词：中国；俄罗斯；金融合作；一带一路；路径选择

中俄两国在“一带一路”和“中蒙俄经济走廊”的合作中，一个关键点就是如何实现共赢，即将两国的经济诉求统一起来，而金融合作为这种统一创造了可能性。中国在推动人民币国际化、分散外汇储备资产投资和寻找高回报率的投资标的上具有需求，而俄罗斯正在努力寻找新的融资来源，为其一系列重要项目融资，无论在基础设施，还是资本市场上都有较高的回报。这就为中俄两国在金融创造了契合点，以实现双方进一步的战略合作。但从另外一方面看，经历了经济危机并受到外部因素强烈影响的俄罗斯经济及金融系统，在稳定性上能否持续支持俄罗斯的国家信用并构成其对外金融合作的资信，目前难以预测。风险是潜在的，中国需要对俄罗斯的整体宏微观经济环境

仔细研判，才能够做出理性的金融合作方略，使风险最小化，这在“一带一路”倡议的大背景下显得格外重要。

一、中俄金融合作现状

（一）本币结算与融资

著名智库俄罗斯科学院国民经济预测研究所专家在2017年一份190页的报告[1]中，将固定资产投资占国内生产总值的30%作为目标，这样到2030年可以支撑俄罗斯4%～6%的国内生产总值增长率。经粗略计算大约需要1.5万亿美元，这比俄罗斯银行系统的资本总和还要多，不借助外部融资基本不可能完成。从融资上看，美国和欧盟作为传统的债权人禁止向俄罗斯公司提供超过30天的贷款融资，影响甚大，但也不全是负面影响，切断俄罗斯的美元融资，在可预见的未来美元走强时可以避免俄罗斯企业的债务压力，借此机会中国有机会让人民币在对俄经济活动中扮演更重要的角色，前提是扩大本币互换、结算和搭建统一的银行卡支付系统等。

随着人民币在国际贸易和投资领域中的地位提升，越来越多的国家和中国签订货币互换协定。从中长期看，随着这些国家与中国贸易关系更加紧密以及接受人民币直接投资和贷款所导致的人民币负债规模扩大，这些国家更倾向于从目前的货币互换直接转为持有人民币外汇储备。2014年10月，中俄两国央行签署了为期3年的1500亿人民币与卢布互换协议。2015年，俄罗斯央行将人民币纳入储备资产中。同年，由中国最早开办对俄金融业务的哈尔滨银行与俄罗斯储蓄银行牵头联合发起设立中俄金融联盟[2]。2016年9月，中国人民银行与俄罗斯中央银行签署在俄建立人民币清算安排的备忘录后，

[1] 该报告名称为《保障俄罗斯经济增长的结构性投资政策》。它为俄罗斯2035年之前的经济政策提供前瞻性预测建议。

[2] 曲文轶．西方对俄制裁三周年：普京政府的应对及其成效和影响［J］．俄罗斯东欧中亚研究，2018（2）：10.

2017年10月中国推出了专门针对人民币和卢布的结算系统PVP，之后中俄本币结算业务规模不断扩大，这样可以降低交易成本，规避汇率风险，同时减少对美元的依赖。目前，中俄双方提供边境贸易本币结算服务的银行已经扩展至中国境内的黑龙江、吉林、内蒙古自治区和新疆维吾尔自治区以及俄罗斯境内的6个联邦主体。[1]人民币在本币结算比重中不断扩大，如2015年黑龙江省中俄本币结算业务量为4.99亿美元，其中人民币结算量为3.07亿美元，所占本币结算比重为61.5%。[2]另外，中国开始对俄罗斯进行人民币贷款融资，如2016年1月，中国工商银行在俄设立的全资子银行工银莫斯科子行为俄罗斯诺里尔斯克镍业企业筹组了48亿的人民币备用银行贷款[3]，这是中资银行在俄罗斯市场上的第一笔大额人民币银行贷款。在传统的边境贸易和跨境旅游服务方面，本币结算也在不断深化，中国对俄罗斯的人民币对外直接投资也需要认真考虑，这都是人民币的“体外循环”，扩大了本币在俄罗斯的渠道。当然，海外人民币储量的不断扩大会使央行货币政策复杂化，从蒙代尔不可能三角[4]的角度看，会倒逼中国的汇率改革及进一步破除资本管制。

目前，在俄罗斯对外结算中，美元占70%，欧元占20%，卢布占20%，剩余10%的国际结算由其他货币组成，其中，美元在出口结算中

[1] 龙雪．“一带一路”倡议下的中俄金融合作现状与潜力分析［J］. 对外经贸，2017（7）：26.

[2] 郭晓琼．中俄金融合作的最新进展及存在的问题［J］. 欧亚经济，2017（4）：88.

[3] 工行莫斯科子行助力中俄两国经贸与金融合作［EB/OL］.（2017-08-30）http://world.people.com.cn/n1/2017/0830/c1002-29504663.html.

[4] 蒙代尔不可能三角：指资本自由流动、货币政策的独立性以及固定汇率制只能同时满足其中两个条件。

占比为70%，进口结算中占比为37%。[1]除了独联体国家，真正实现同俄罗斯卢布结算的国家只有中国，尽管印度和伊朗也乐于同俄罗斯在经济活动中进行卢布结算，但当前仍处于谈判讨论阶段，远没有中国的步伐快。2018年秋季，俄罗斯开始大幅缩减购买美国国债。这意味着俄罗斯有意规避美元依赖，短期内虽然不可能完全摆脱美元，但通过本币结算，俄罗斯正在寻找通过金融方式规避美国的新一轮制裁和其附带影响。

（二）基础设施建设融资的新趋势

当前，俄罗斯紧缩的财政预算需要其他资金来支持基础设施建设，政府在积极寻找其他的收入来源，但很多政策缺乏稳定性。目前将实现预算盈余作为主要目标的俄罗斯新一届政府会更加小心翼翼地完成财政支出。从内外债的结构来看，低储蓄率和高利率让扩大内部债务的空间被挤压，而外债还有很大的空间。可以想象，没有外部资金的支持，基础设施建设将困难重重，而后者又被认为是俄罗斯实现经济增长突破的关键所在。

对于中国来说，面临外汇储备资产的投资多元化。中国过剩的美元外汇储备是俄罗斯潜在的重要融资来源。中国经济学家余永定认为，流入中国的外商直接投资并没有像其他国家那样转化为经常账户逆差，而是卖给央行变成外汇储备，企业将从央行换回的人民币进行国内出口导向型投资，结果就形成困扰中国央行多年的经常项目资本项目双顺差[2]，双顺差积累的外汇储备被用来购买只有2%～3%收益率的美国国债。同时，在中美贸易争端的背景下，美国为防止中国大量抛售其国债来反制惩罚性关税政策，有可能会选择更为激进的加息

[1] Геворг МирзаянКогда.Москва сможет отказаться от доллара во внешней торговле//.（2018-10-04）http://expert.ru/2018/10/4/kogda-moskva-smozhet-otkazatsya-ot-dollara-vo-vneshnej-torgovle/ .

[2] 余永定 . 最后的屏障 : 资本项目自由化和人民币国际化之辩［M］. 北京：东方出版社，2016：114—116.

政策，通过提高利率来维持美国国债的需求，这会导致债券价格的大幅下跌，届时中国若抛售会导致很大的损失。俄罗斯希望能将中国过剩的外汇储备引入俄罗斯的基础设施建设当中，这完全符合“一带一路”下为推进欧亚基础设施提供资金的规划。如亚投行的建立，其实是中国政府看到亚洲存在的巨大基础设施融资需求以及中国为庞大的美元储备寻求新出路的一种理性战略考虑，另如丝路基金的400亿美元中，有65%来自由中国国家外汇管理局全额出资的子公司提供的外汇储备，有希望形成互惠双赢的结果。这样一方面符合减少我国外汇储备增量的需要，另一方面扩大了海外资产收益。对于俄罗斯来说，由于其内外债务总和占国内生产总值的比重仅为20%[1]，所以有很大的空间来扩大政府资产负债表，并且不必担心被下调评级，保证了中长期的建设资金来源。

基础设施建设投资具有联动效应，它不仅可以扩大国内总需求，还具有社会回报性，在“一带一路”框架下，为俄罗斯基础设施建设融资必然会带来长久的双向回报。目前俄罗斯主要基础设施建设项目主要集中在远东和西伯利亚，包括公路、港口和跨州物流设施，这些超大型项目实施遇到的主要问题是资金问题。俄罗斯加入亚投行，希望获取基础设施建设所需的资金，同时其他金融渠道也是俄罗斯寻求合作的目标。2018年，俄罗斯两个重要的基础设施建设项目俄罗斯供水与净水系统工程和俄罗斯小城镇基础设施综合发展工程从金砖银行获得5.4亿美元的融资[2]，虽然贷款金额有限，但这说明融资开始向一些偏远地区延伸。随着前期项目的顺利完成，后续项目的融资规模将会不断扩大。另外，针对俄罗斯远东和中国东北地区的区域合作，2018年7月，中国正式批准成立中俄区域发展基金，该基金总资本额为

[1] Анна Королева.Bloomberg: Путин выделит 10 трлн на рост［EB/OL］.（2018-04-24） http://expert.ru/2018/04/24/bloomberg-putin-vyidelit10-trln-na-rost/ .

[2] Владислав Гринкевич.Кратковременный эффект［EB/OL］.（2018） http://www.profile.ru/economics/item/125800-kratkovremennyj-effekt.

1000亿人民币，由中方出资，为两国区域发展融资。

（三）扩展在俄证券资产投资

除了外汇资产，如果更多的人民币能够进入俄罗斯股票和债券市场，这会对俄罗斯的中小企业有重要的激励作用，也契合中国人民币国家化的金融战略，届时可以通过资本项目逆差提供流动性，如对俄罗斯人民币直接投资、人民币贷款和购买熊猫债券。香港的人民币离岸市场也是俄罗斯的重要吸引标的，这样会更加容易绕过中国大陆的资本管制，引导人民币资本进入俄罗斯证券市场。但前提是俄罗斯具有持续稳定的宏观经济环境，成为比较有吸引力的国际金融市场，同时具备人民币的回流机制，让获得海外人民币的俄罗斯债务人用这些资金从中国购买商品和劳务，抑或在合格境外机构投资者额度之外回流中国金融市场，从而实现一般成熟经济体的主要特征——经常账户顺差、资本项目逆差，同时也实现国际收支平衡。当然，这需要中国的金融市场具有更强的广度、深度和流动性，从而让包括俄罗斯在内的国外投资者投资于多种多样的以人民币计价的金融资产。对于目前的俄罗斯金融市场来说，投资预期是比较乐观的，莫斯科证券交易所指数和PTC指数均处于相对高位，并且2017年俄罗斯股票的市盈率为7.3倍，属全球最低，从全球看具有很强的配置价值。债券方面，2018年2月美国S&P公司将俄罗斯主权债务评级由之前的BB-提高到BBB-[1]，进入可投资区间，外加高达4.7%的联邦债券收益率，对于俄罗斯债券市场吸引力和包括中国在内的外国投资者是一个积极的信号。当然，面对潜在地缘政治风险引致的投资损失和现实的高收益率资产选择面前，需要投资者相对审慎和全方位地研判，因为风险和收益如影随形，特别是俄罗斯这样较为特殊的市场。

2017年年底，俄罗斯央行对经济制裁环境下的俄罗斯经济做了压力测试，其中考验之一就是国外投资者撤出俄罗斯国债市

[1] Дмитрий Бутрин.России вернули инвесторов［EB/OL］（2018-02-24）https://www.kommersant.ru/doc/3558137 .

场。目前，俄罗斯国债30%的持有者是外国投资者[1]，俄罗斯央行和财政部预见西方将进一步限制投资俄罗斯国债市场，这会导致财政和卢布汇率的双重不稳定。同时，由于同英国的政治冲突，俄罗斯大型企业通过在欧洲发行欧洲债券的融资渠道也被蒙上了阴影。对此，俄罗斯希望让更多的中国资金进入国债市场，来弥补西方投资者离开后的空缺，所以俄罗斯国债市场不会出现大的波动，2018年8月，俄罗斯财政部的新一轮国债拍卖竞标情况也证实了这一点。发行人民币债券也是俄罗斯的现实选择之一，从2005年开始，国际开发机构获准在中国境内发行人民币债券（熊猫债券），由于之前俄罗斯更倾向于从欧洲融资，所以搁置了引导人民币进入俄罗斯债券市场的时机，而熊猫债券正好是一个突破口，而且不用考虑借款人最终想得到哪种货币。如果俄罗斯需要美元，他首先可以通过发行熊猫债券借入人民币，然后用这笔资金从中国居民手中买入美元。另外，俄罗斯正在通过组建诸如基础设施发展基金的方式来发行卢布债券，鉴于内债空间有限且面临联邦债券的竞争，向中国投资者发行卢布债券是可操作方向。

二、问题与建议

首先，在中俄本币结算方面，从目前来看，本币结算主要集中在贸易领域，如果仅仅靠贸易输出人民币的话，人民币国际化的程度会很有限，根据中国经济学家马骏的估计，比例不会超过10%。[2]以日本为例，本币贸易结算占对外贸易结算的峰值是40%，如以日本为参照，离岸市场的货币存量大约为贸易结算量的4倍到5倍，那么离岸市场的人民币峰值大概在2万亿到3万亿左右，很难达到人民币国际化的目标。所以，通过诸如开放资本项目的改革来扩大人民币海外存量，同时实现中

---

[1] Анна Королева.В ЦБ предполагают худшее［EB/OL］（2017-11-13）http://expert.ru/2017/11/13/v-tsb-predpolagayut-hudshee/ .

[2] 马骏．人民币国际化五个挑战［J］．财经，2012（9）：115.

国庞大的储蓄增值是主要发展目标。[1]对此，俄罗斯是很有潜力和被低估的市场。因为即使在贸易领域，中俄本币结算也仅仅处于初级阶段，况且还面临两国经济调整背景下的贸易下滑倾向，所以如何继续深化贸易本币结算，通过其他方式向俄罗斯释放人民币资本是需要考虑的战略方向。同时，必须考虑本币结算的双向化。

两国的本币结算进展如何最终要落在企业的需求上，如果没有企业的需求，单纯通过政策来推动，很有可能达不到预期的效果，例如俄罗斯学者认为，卢布在俄罗斯可贸易商品的进出口中，暂时很难代替中国商人对美元的青睐[2]，这就需要另辟渠道拓展卢布的中国市场。同时，非能源贸易合同的参与者绝大多数为私人企业，从其自身利益角度看，比较倾向在交易中使用更加稳定的货币，不愿意承担本币结算带来的潜在风险成本，特别在人民币和卢布表现都不稳定的经济周期。所以，推动大规模本币结算，不仅需要技术上的设计，还需要两国的政治意志。

其次，基础设施融资也须诸多考虑。尽管融资不等于投资，但两者都应注重项目本身，因为这关系前者的本金、利息和后者的投资回报。当然，融资不必考虑投资过程中的当地化率、税收政策等事宜，可以减少很多行政交易成本[3]，但也需要对项目本身进行分析斟酌。对于中国来说，如何在技术操作层面搜寻、评估俄罗斯基础设施项目的收益率和潜在风险是中国出资主体的重要挑战，因为并不是所有的基建项目都可以带来高回报，特别考虑到俄罗斯的地域复杂性和地区发展不平衡，这个问题就显得更加突出。因为从整体上看，面对大规模的城市化进程，在未来一些年里中国仍然是缺乏资本的国家，资本输

[1] 这一过程应是渐进的，否则会导致短期内的大量资本外逃，银行资本和人民币汇率都将受到很大冲击。

[2] Станислав Красильников: Китай пользуется моментом［EB/OL］.（2018-04-16）http://expert.ru/2018/04/16/kitaj-polzuetsya-momentom/ .

[3] 如当地居民因生态、就业或其他原因对项目的抗议。

出必将是一个渐进的过程，这就要求在融资前仔细分析俄罗斯项目的收益和风险，避免盲目输出资本。从风险上看，中国经济学家张明认为，在债务违约方面，国家开发银行与丝路基金面临的违约风险要显著高于亚投行。[1]这是因为，相关经验表明，东道国对多边机构的违约成本很高，即通过多边机构进行投资的安全性更高一些。

第三，在证券投资方面，俄罗斯证券投资领域是未来可选项之一，因为俄罗斯对资本账户的限制较小，外币可以低成本进入俄罗斯境内兑换卢布投资资本市场并自由流出。让更多的中国投资者持有卢布购买俄罗斯股票、债券等是扩大卢布流动性的长远之计。2008年以来，中国对资本管制由原来的“宽进严出”变成“严进宽出”，这是有利的一面。如果资金以人民币形式汇出境外，会减少境内的货币供应量，有助于宏观调控，如果融得的资金需要兑换成外汇出境，正好符合中国减少外汇储备的需要。事实上，在中国股市依旧低迷的大背景下，通过进一步放开资本管制来扩大外汇需求，从而分享国外证券市场收益无疑是明智之举。

鉴于目前跨境证券投资是中国资本管制的主要领域之一，中国经济学家黄益平认为应逐步减少对跨境证券投资的限制。[2]由于跨境投资的波动性，很容易短期内对市场造成冲击。所以，可以考虑在短期内保留现有的合格境内机构投资者，框架，逐步较少甚至取消对个人和机构的跨境证券投资。这样，既保证了跨境投资，同时又可以避免资本流动逆转过快。如果考虑到外汇管制，那么也可以通过扩大合格境内机构投资者配额等方式来支持对诸如俄罗斯等新兴市场的证券投资。对于中国投资者来说，俄罗斯基础设施的高资本回报率必定会带来不菲的债券收益率，当然，是以人民币还是美元的形式进入俄罗斯

[1] 张明.危机、挑战与变革：未来十年中国经济的风险［M］.北京：东方出版社，2016：121.

[2] 黄益平.超越奇迹：变革世界的中国改革［M］.北京：北京大学出版社，2012：297.

基础设施债券市场，需要利弊评估和双方协商。同时，在俄罗斯境内发行人民币计价的债券也是可探索方向。目前，中国工商银行已经取得在俄证券业务牌照，未来中国其他商业银行也会陆续在俄罗斯开展自营和托管业务，实现在俄罗斯发行以人民币计价的债券。

三、总结

目前，与金融强国相比，中国金融机构整合全球资金能力还不高，与欧美大型跨国机构还有一定差距。这就要求中国金融体系深度融入全球市场，提高中资金融机构聚集资本、配置资源的能力，从而提升在全球资本运作中的影响力。事实证明，在当前的现实情形下需要中俄两国在金融领域有更大的作为，这既符合中国的利益，又契合俄罗斯的经济诉求。特别对于俄罗斯来说，真正威胁到它的制裁措施就是金融，如果美国禁止俄罗斯银行使用和交易美元的话，客观来说就会有“伊朗化”的可能。俄罗斯政府认为，避免该局面的选择就是在不断巩固自身金融系统的同时加强同包括中国在内的亚太国家的金融合作。中俄两国金融合作目前尽管有了初步成效，但后面还有很长的路要走，中国也要抓紧时机，在“一带一路”的框架下通过各种金融工具来润滑两国的经济对接，这在当前的全球背景下显得尤为重要。

作者单位：内蒙古自治区社会科学院俄罗斯与蒙古国研究所

关于内蒙古牧区贫困状况与脱贫攻坚的几点建议

花蕊 文明

摘要：内蒙古牧区因特殊的人文社会和自然地理条件，往往贫困发生率较高，贫困程度较深，脱贫攻坚难度较大，更易返贫致贫，这是脱贫攻坚工作的重点和难点。本文在分析内蒙古牧区贫困状况和脱贫攻坚工作中存在的问题的基础上，提出内蒙古牧区脱贫攻坚工作应以产业扶贫为支撑、以牧区特色为切入点、以体制机制创新为增长点、以扶智扶志为抓手、以完善政策为护盾，建立牧区扶贫特有的脱贫攻坚模式，确保2020年牧区贫困旗“摘帽”、贫困人口脱贫目标实现的几点建议。

关键词：牧区；贫困问题；脱贫建议

内蒙古的牧区肩负着边疆稳定、民族团结、生态安全和文化传承的重要任务，其脱贫致富如期达小康具有重要现实意义。根据2011年自治区重新调整的国家和自治区扶贫开发工作重点旗县（市、区）名单，22个牧业旗列入其中，其中包括10个国贫旗和12个区贫旗，分别占全区国贫县的1/3、区贫县的近一半。因此，牧区扶贫工作是极其重要的一项大工程。

一、内蒙古牧区贫困状况

自脱贫攻坚战打响以来，内蒙古自治区党委、政府坚持把打赢脱贫攻坚战作为重大政治任务和头号民生工程摆在更加突出位置来抓，层层压实脱贫责任，多措并举推进脱贫攻坚，形成全区上下全力攻坚克难的工作新格局，开创了全面打赢脱贫攻坚战的新局面。截至2017年末，全区贫困人口由2013年底的157万人减少到2017年底的37.78万人，贫困发生率由14.7%下降至2.62%。贫困地区基础设施条件明显改善，公共服务水平显著提升，整体面貌发生巨大变化，经济社会发展后劲不断增强。牧区作为内蒙古自治区扶贫工作的重点和难点，其脱贫攻坚成效也值得肯定。

内蒙古自治区辖12个盟市，102个旗（县市区），其中牧业旗有33个，从东到西主要分布在呼伦贝尔市、兴安盟、通辽市、赤峰市、锡林郭勒盟、乌兰察布市、包头市、鄂尔多斯市、巴彦淖尔市和阿拉善盟。据内蒙古自治区扶贫开发（革命老区建设）办公室提供的资料，截止到2017年末，内蒙古牧业旗建档立卡贫困户仍有54293户118227人，占内蒙古全区贫困人口的31.29%，贫困发生率为3.34%，高于内蒙古全区贫困发生率0.72个百分点。牧区贫困人口主要分布在10个国贫旗、12个区贫旗和5个非重点牧业旗。其中，10个国贫旗贫困人口占牧区贫困人口总数的91.22%，12个区贫旗贫困人口占牧区贫困人口总数的7.07%（详见表1、2、3）。

表1　2017年末内蒙古牧区国家扶贫重点旗县贫困人口状况[1]

扶贫开发重点旗县	贫困户（户）	贫困人口（人）	乡村人口（人）	贫困发生率（%）
科尔沁右翼中旗	2899	6594	310628	2.24
科尔沁左翼中旗	5791	15076	416447	3.62
科尔沁左翼后旗	4423	12433	279290	4.45
阿鲁科尔沁旗	6610	12970	244249	5.31

[1] 资料来源：内蒙古自治区扶贫开发（革命老区建设）办公室，《2017 年末全区扶贫开发建档立卡数据统计表》，2018 年 1 月（内部资料）。

续表

扶贫开发重点旗县	贫困户（户）	贫困人口（人）	乡村人口（人）	贫困发生率（%）
巴林左旗	12844	24573	296805	8.28
巴林右旗	2714	5813	127851	4.55
翁牛特旗	9586	18925	412868	4.58
苏尼特右旗	637	1646	31465	5.23
正镶白旗	713	1575	56454	2.79
四子王旗	3581	8238	168963	4.85

表2　2017年末内蒙古牧区自治区扶贫重点旗县贫困人口状况[1]

扶贫开发重点旗县	贫困户（户）	贫困人口（人）	乡村人口（人）	贫困发生率（%）
鄂温克族自治旗	106	268	18126	1.48
新巴尔虎左旗	90	226	18938	1.19
扎鲁特旗	825	2063	186496	1.11
克什克腾旗	1792	3379	198155	1.71
阿巴嘎旗	20	51	23177	0.22
苏尼特左旗	49	136	19799	0.69
镶黄旗	2071	522	17935	2.91
正蓝旗	416	965	53562	1.80
杭锦旗	171	398	1157272	0.34
乌拉特中旗	18	34	106084	0.03

[1] 资料来源：内蒙古自治区扶贫开发（革命老区建设）办公室，《2017 年末全区扶贫开发建档立卡数据统计表》，2018 年 1 月（内部资料）。

续表

扶贫开发重点旗县	贫困户（户）	贫困人口（人）	乡村人口（人）	贫困发生率（%）
阿拉善左旗	129	320	56386	0.57
阿拉善右旗	0	0	9371	0.00

表3　2017年末内蒙古牧区非重点旗县贫困人口状况[1]

非重点旗县	贫困户（户）	贫困人口（人）	乡村人口（人）	贫困发生率（%）
达尔罕茂明安联合旗	268	565	82489	0.68
新巴尔虎右旗	121	294	16420	1.79
鄂托克旗	32	84	59506	0.14
乌拉特后旗	21	52	29109	0.18
乌审旗	12	40	84773	0.05

从贫困人口规模来看，通辽市、赤峰市是牧区贫困人口发生重点区域，其贫困人口占牧业旗现有建档立卡贫困人口的80.54%，尤其是赤峰市5个牧业旗贫困人口约占全区牧业旗现有贫困人口的55.54%，贫困发生率高达8.28%。而阿拉善、鄂尔多斯、巴彦淖尔、阿拉善等地贫困发生率则相对较低，均下降至1%以下。

从贫困人口收入情况来看，到 2017年，10个国贫旗农牧民人均可支配收中，除了四子王旗、巴林右旗外，其余8个旗农牧民人均可支配收入增速均高于内蒙古全区平均水平（详见表4）。

[1]　资料来源：内蒙古自治区扶贫开发（革命老区建设）办公室，《2017 年末全区扶贫开发建档立卡数据统计表》，2018 年 1 月（内部资料）。

表4 2016年、2017年国家扶贫开发牧业重点旗农牧民人均可支配收入变化[1]

扶贫开发重点旗县	2016年农牧民人均可支配收入（元）	2017年农牧民人均可支配收入（元）	年均增速（%）
全区	11609	12584	8.39
科尔沁右翼中旗	7904	8592	8.70
科尔沁左翼中旗	9704	10571	8.93
科尔沁左翼后旗	10242	11116	8.53
阿鲁科尔沁旗	7968	9997	25.46
巴林左旗	8484	9222	8.70

二、内蒙古牧区脱贫攻坚工作中存在的问题

（一）产业扶贫模式相对单一，扶贫效果不够凸显

一是牧区产业扶贫工作中，部分地区的产业扶贫项目较单一，没能够根据贫困户不同致贫原因和现实状况，采取有针对性的帮扶措施。产业扶贫项目多以扶持建档立卡贫困户购置牛、羊等基础母畜或依托基础母畜建设棚舍为主，多地扶贫仍然停留在“通过增加牲畜，发展贫困户畜牧业生产”的传统扶贫模式上，帮扶措施还在用老方法解决新问题。二是多地产业扶贫未做到因地制宜建立区域性主导产业、其他经营主体与贫困群众生产活动之间的利益联结机制。目前，多地实施的产业扶贫政策主要针对贫困户脱贫，就脱贫而扶贫，缺乏可持续产业支撑和体制机制保障。三是只重视产业扶贫资金精准到户，却没有考虑资金使用方向和效率，缺乏对贫困户的生产指导和产业发展规划。四是牧区产业扶贫龙头企业较少，并且在扶贫工作中，由于企业产生的利润少，部分企业采取冷漠无视的态度，缺乏带动产

[1] 资料来源：《内蒙古统计年鉴》2017 卷、2018 卷等。

业扶贫的积极性。

（二）致贫原因复杂叠加，脱贫基础不稳定，返贫现象突出

从牧区致贫原因来看，因病、因灾、市场波动等多种因素叠加，易出现返贫现象。特别是那些单靠畜牧业生产和脱贫不久的牧户，很容易因病、因灾或受经济下行和市场物价的多重影响下再度返贫。虽然各地区都在积极采取多种健康扶贫措施，但大病、慢性病、地方性疾病的医疗保障仍未健全，牧民仍陷于困境。再有，因牧业保险覆盖率低，近几年的连续干旱对贫困边缘的牧户或刚刚脱贫的牧户造成重大损失，往往一灾致贫。

（三）多地难以实现稳定脱贫、精准扶贫的全覆盖

以“两不愁、三保障”为目标，以贫困线为杠杆的脱贫体系，在牧区不足以保障贫困群众稳定脱贫，特别是“三保障”只停留在义务教育、基本医疗和住房安全的基础标准时，牧民因学、因病、因灾返贫的概率仍较高。另外，受一些硬性指标限制，部分贫困群众不能被识别，成为边缘户。这部分人虽同样处在贫困线下，但缺乏政策扶持和项目支持，成为地方脱贫攻坚的新难题。同时，这部分人虽与贫困户收入差距不大，但政策扶持力度存在较大差异，群众争当贫困户的问题短期内难以彻底解决。

（四）金融扶贫用途缺乏有效监管和正确引导，牧民债务风险积聚

内蒙古牧区各旗县为解决贫困人口的生产资金需求，通过免担保、免抵押、政策贴息等措施，为贫困户提供贴息扶贫贷款。但由于对扶贫贷款用途缺乏有效监督和正确引导，金融扶贫资金用于发展生产上的贫困户不多，多用于医疗、教育、子女结婚等非生产性开支，甚至有些贫困牧户用于非理性消费，导致贫困户负债积累，出现越贷越穷的恶性循环。

（五）贫困主体内生动力不足，存在“不愿退”思想

一是部分贫困主体由于自身条件限制及对当前脱贫政策的理解不

够，觉得没有适合自己的脱贫项目，脱贫信心不足，认为自己无法短期内脱贫。二是部分贫困主体中存在等靠要的思想。多年来由于各级政府不断加大扶贫投入力度以及社会各方面在物力、财力的持续救济和帮助，在客观上助长了部分贫困人口坐享其成和得过且过的懒惰思想，一定程度上淡化了他们奋发图强、穷则思变的意志和能力。

三、完善牧区脱贫攻坚工作的几点建议

牧区除了实施共性的扶贫政策外，还应考虑自身的自然环境与经济社会特点，因地制宜、因牧施策，建立健全可持续、良性循环的扶贫模式，实现牧区贫困群众稳定脱贫。

（一）创新产业扶贫模式，确保贫困人口增收

坚持把产业扶贫作为精准脱贫的关键核心，不仅要通过传统畜牧业的转型升级和新型经营主体的培育，以新办法解决旧问题，还要推动形成以特色养殖业为主导，加工、旅游、电商等业态并举的多元化发展格局，改变牧区脱贫攻坚依靠单一产业支撑现状。一是将牧区贫困地区特色畜牧业项目优先列入优势特色产业提质增效行动计划中，加大扶持力度，建设一批特色养殖业基地和良种繁育基地，支持有条件的贫困旗县创办一二三产业融合发展扶贫产业园。二是通过大胆尝试“龙头企业+合作社”“龙头企业+合作社+贫困牧户”“龙头企业+集体经济”等模式，解决畜产品生产—加工—流通—销售主体的利益联结问题，实现中小牧户和现代畜牧业发展有机衔接，让贫困牧户更多分享畜牧业全产业链和价值链增值收益。三是以草原生态为突破口，把“生态保护+产业发展”作为草原生态保护及脱贫攻坚新模式与新方向。通过大力发展生态旅游、生态养生、周末草原、清洁能源等新型绿色低碳经济形式，寻找新的发展引擎。

（二）依据牧区致贫原因的复杂性，探索建立新型救助体系

社会救助政策在精准扶贫工作中的托底性地位，决定了当前精准

扶贫工作的开展应将社会救助政策作为重点突破口。[1]因此，内蒙古牧区应根据建档立卡贫困人口不同类型的致贫原因实施精准救助，进一步加强牧区低保、特困人员救助供养、医疗救助、专项救助与临时救助制度和扶贫开发政策的衔接。一是针对遭受特别重大困难造成家庭刚性支出增大的贫困户，经社会保险、社会救助、社会帮扶补偿后仍远远超过家庭或个人承受能力的建档立卡贫困人口，应建立特别救助金制度，帮扶这部分人群渡过难关。二是探索建立草原畜牧业灾害保险机制，对无可抵抗的自然灾害造成的损失给予补偿。

（三）完善政策支持与制度创新等外围支撑，实现牧区脱贫攻坚的全面保障性发展

切实做到中共中央办公厅、国务院办公厅印发的《关于建立贫困退出机制的意见》中“贫困人口、贫困村、贫困县退出后，在一定时期内国家原有扶贫政策保持不变，支持力度不减，留出缓冲期，确保实现稳定脱贫”的政策，建立“脱贫不脱钩”机制，做实“脱贫不脱政策”，确保贫困人口稳定脱贫。审计、督查等相关机制应给予配套，解决盟市、旗县在脱贫户扶持上不敢扶、不会扶的现象，实现从“不脱贫不脱钩”到“脱贫不脱钩”的转变。建立健全贫困边缘户建档立卡制度，加大边缘户贫困关注程度，真正做到“决不让一个困难群众在全面小康路上掉队”。

（四）加快金融扶贫供给侧结构性改革，探索建立贫困牧户债务置换机制

一是通过启动贫困人口债务清查和还款能力评估工作，对金融扶贫进行供给侧改革。改变无贷款需求、无还款能力贫困户的放款方式，应采取代资入股、发展集体经济、扶持大户带动贫困户等方式，探索建立贫困牧户债务置换机制。二是针对不同致贫原因，开发不同类型的金融扶贫模式。加强对贫困牧户的畜牧业保险相关知识的宣传与教育工作，推进畜牧业保险改革，丰富保险产品，控制畜产品价格

[1] 泉然．精准扶贫视阈下社会救助政策的发展［J］．中州学刊，2017（1）．

风险，在保证规避自然灾害风险的基础上，构建“以险养险”的金融扶贫模式，降低返贫率，保证长期、有效的金融扶贫效果。

（五）实施精神扶贫行动，加大贫困群众思想意识的扶贫

习近平总书记指出：“扶贫不是慈善救济，而是要引导和支持所有有劳动能力的人，依靠自己的双手开创美好的明天。”因此，要实施精神扶贫，要坚持扶贫同扶智、扶志相结合，在贫困群众中采取多种方式开展思想教育活动，激发贫困群众脱贫致富的内在活力，真正做到“要我脱贫”到“我要脱贫”。一是帮助贫困人口树立自力更生的思想观念，减少等靠要的依赖思想，引导没有发展畜牧业条件的贫困人口向二、三产业转移，扩大收入来源。二是通过实施教育扶贫的培训政策，让贫困群众有机会参加职业培训，使贫困群众掌握实用技术和市场营销等方面的能力，拓宽增收思路。

作者单位：内蒙古自治区社会科学院牧区发展研究所

内蒙古城市社区治理与服务创新研究

苏日娜

摘要：社区治理是城市基层治理的重要组成部分。近年来，内蒙古城市社区治理与服务创新主要致力于推进以完善基层治理机制为重点的社区管理体制改革，推进以满足社区居民生活需求为导向的社区服务体系建设，推进智慧社区、法治社区、平安社区的打造，推动社区治理多元主体协商共治的实现。在这个过程中，还存在一些问题，包括社区行政化倾向严重、缺乏稳定的社区工作者队伍、社会组织作用发挥不充分、社区居民参与不足等。因此，进一步推动和完善社区治理与服务创新，对实现社区治理体系和治理能力现代化具有十分重要的意义。

关键词：社区治理；服务创新；城市社区

社区是社会治理的基本单元，社区治理不仅关系着人民群众的切身利益，还关系着社会的稳定和国家的发展。中共中央国务院在2017年6月提出的《中共中央、国务院关于加强和完善城乡社区治理的意见》中明确指出："全面提升城乡社区治理法治化、科学化、精细化水平和组织化程度，促进城乡社区治理体系和治理能力现代化。"在城市中，社区是城市的基本构成单位，进一步推动和完善社区治理与服务创新，是加强社会建设与基层治理的重要基础工作，具有十分重要的现实意义。

一、内蒙古城市社区治理与服务创新的三大亮点

近年来，内蒙古城市社区治理与服务创新主要致力于推进以完善基层治理机制为重点的社区管理体制改革，推进以满足社区居民生活需求为导向的社区服务体系建设，推进智慧社区、法治社区、平安社区的打造，推动社区治理多元主体协商共治的实现等。总的来说，内蒙古城市社区治理与服务创新的整体水平在不断提升，主要体现在以下三个部分的提升，即“体制+机制”“硬件+软件”“线下+线上”。

（一）落实“体制+机制”双重改革创新

内蒙古城市社区治理体制改革主要有两种形式：一是“精街道，强社区”，即精简街道办事处职能，强化社区自治服务功能，例如包头市、鄂尔多斯市；二是精简管理层级，通过撤销街道办事处，实现市直管社区的治理模式，例如二连浩特市。这两种模式的核心宗旨都是增加社区的资源优势，强化社区的自治能力，区别在于第一种模式是在保留街道办事处的前提下进行的，而第二种模式直接撤销了街道办事处这一层组织架构，实现了市级对社区的直接管理。包头市在进行“精街道，强社区”的改革中，主要做法是将街道办事处的资源下沉到社区，在精简街道办事处职能的同时强化了社区资源。首先是职能下沉，之前由街道承担的社会管理和公共服务职能下放到社区。其次是人员下沉，将街道办事处工作人员的2/3选派到社区。再次是资金下沉，在街道办事处为社区组织单独设置账户。最后是组织领导下沉，在市和区两级民政局专门设置城乡社区建设领导小组办公室。二连浩特市撤销了原有的3个街道办事处，将原来市、街道、社区三级管理体制改为市、社区两级管理体制，把政府的公共服务职能下沉到社区管理服务中心，实现了扁平化管理。二连浩特市还建立了社区建设管理局，作为市级的管理部门，专门负责社区建设的统筹规划、社区职责的审批等。

在社区治理体制改革的基础上，全新的社区治理运行机制也是以

资源、职能下沉到社区为原则，以为居民提供最便捷的服务为宗旨建立起来的。总的来说，内蒙古各地城市社区治理的运行机制可以概括为“一个核心、两个支撑点”，“一个核心”即社区党委（社区联合党委），“两个支撑点”分别是居委会和服务中心，概括为“一委一居一中心”。具体到各地社区，社区治理的整体架构大体上都包括这三个部分，细节上略有不同。例如包头市昆都仑区的服务中心包括公共事务受理服务中心和社会治安综合治理中心，鄂尔多斯市东胜区的服务中心包括政务服务中心和社会服务中心，鄂尔多斯市康巴什新区的服务中心包括社会工作服务中心和社区服务站。

（二）提升“硬件+软件”双重治理保障

社区用房是城市社区最基本的基础设施，也是社区治理与服务、社区办公、社区活动等诸多事项能够开展和实行的场地、平台。社区服务中心、居民活动中心等硬件设施的拓展和完善，为社区治理与服务创新提供了最根本的保障。赤峰市红山区通过资源整合、改扩建、置换、购置、开发商返还等多种方式，盘活社会资源，改善社区环境，累计投入3.17亿元用于社区建设。到2018年，55个社区用房面积全部达标，社区办公和活动用房面积从2015年的2.2万平方米增长至2018年的4.5万平方米，综合服务设施覆盖率达到100%，社区面貌焕然一新。

社区治理的成功不仅要有硬件设施的保障，还要有良好的软件来推动社区治理的运行，社区的软件即社区的工作人员、社会工作者和社会组织。其中社会组织在社区治理中发挥着越来越重要的作用，是社区治理的主体之一。包头市昆都仑区到2016年底已发展各类社会组织1708家，建成8个街道社会组织服务中心、36个社区社会组织促进会和1个区级社会组织孵化中心，其中重点打造了矛盾化解、家庭服务、精神慰藉、老专家服务、社区文体五大类社区服务社会组织，为居民提供就近、专业的服务。赤峰市红山区也通过培育社会组织、成立社区发展基金会等方式，汇聚多方力量共同参与社区治理，提升社区治理能力。

（三）搭建“线下+线上”双重服务平台

在社区治理机制的组织架构中，社区服务中心作为“线下”的社区服务平台是社区提供综合服务的场所，把政府职能部门的公共服务整合并向社区延伸，提供一站式服务，推动了社区公共服务向优质、高效、便捷发展，极大地方便了广大居民。社区服务中心的一站式办理，不仅方便了居民，还极大地提高了政府部门的工作效率，实现了资源共享。社区服务中心积极推进信息共享、互联互通、数据安全管理等机制建设，通过打通民政、社保、就业、计生等业务，通过“四个统一”，即统一服务事项、统一服务流程、统一服务规范、统一工作制度，实现受理服务中心的规范化和标准化。

在社区治理与服务创新的过程中，信息化建设为社区居民搭建了“线上”服务平台，加强了各类信息数据的融合运转，推进了社区服务的便捷化和精细化，给社区居民带来了更大的便利。目前，内蒙古城市社区的信息化建设主要包括两部分内容：一是智慧社区的建设，二是综合信息平台的建设。二连浩特市通过“一库、一站、三平台”（即社会综合信息库、社区便民服务网站、社区工作人员“外勤助手”管理平台、政务服务综合管理平台、智慧城市12345热线平台）的建设，把与居民密切相关的生活方面的问题通过信息化的手段转交给相关部门及时解决，切实方便了居民办事。

二、内蒙古城市社区治理与服务创新存在的主要问题

（一）社区自治功能有所恢复，但仍然存在行政化现象

在进行了街道资源下沉的社区治理体制改革后，社区的自治功能有所恢复，能够为社区居民提供基本的服务。但是，从根本上看，社区仍然承担着一些本不该由社区承担的行政管理职能，使得社区工作人员的时间大多被政府事务所挤占。当社区需要承担的行政事务过多时，就无法集中精力考虑社区居民的实际需求，在一定程度上影响

了为社区居民服务的能力和效率。按照法律规定，社区居委会本应该是一个具有自治性质的组织，但在实际运作过程中，其群众性和自治性往往被忽视，不但上级政府机关把社区居委会作为下级机关领导、指派任务，并且社区居民也在一定程度上把居委会当作办事的行政机关，这在很大程度上加重了居委会的负担。社区工作行政化的根源实际上是居委会与街道办事处工作边界不清晰造成的，社区治理面临的仍然是上级的指示，而无暇顾及社区居民的需要，社区忙于完成上级下达的任务，无法形成社区内部良好的治理状态。

（二）缺乏专业、稳定的社区工作者队伍来为社区提供服务

在城市社区改革的过程中，内蒙古的好多城市社区都建立起了社区服务站或社区服务中心，作为承接社区服务的主要机构和主要场所。在社区服务中心工作的人员是由社区居委会成员、社区工作者和社区招聘的工作人员共同组成的，这些人的工作能力、专业水平和长期稳定地与居民接触、熟识的程度，共同影响着社区提供服务的水平和社区治理的成效。因此，在城市社区治理中，是否拥有一支高效、专业、稳定的社区工作者队伍是至关重要的。但就目前的情况来看，社区还存在大量的留不住人，尤其是专业素质、能力水平高的人才的情况。究其主要原因，主要有以下两点：一是社区工作人员工资不高，但是工作量很大，其薪酬水平与工作量不成正比，导致人才流失；二是社区工作人员的晋升通道窄，使得很多高学历、高能力、高素质的社区工作人员在社区看不到可预期的发展平台，因此社区留不住这些“三高”人员。社区建设和社区治理是近几年才逐渐被重视起来，社会工作事业也属于新兴事业，并没有建立完善的、明确的、阶梯性的职业晋升机制，这些高学历人才觉得在社区工作没有上升和发展空间，因此很难长久、稳定地留在社区工作。

（三）社会组织的作用尚未得到有效发挥

随着社会组织的发展，社会组织在社区的作用也越来越明显，但还存在一些问题：一是目前内蒙古地区社会组织的数量虽然如雨后春

笋般快速发展起来，但其中具有规模的、专业性强的枢纽型社会组织还很缺乏。枢纽型社会组织是在同地区、同类型的社会组织中发挥桥梁作用和集聚功能的综合性社会组织，它是社会组织中的“龙头”，为其他社会组织提供服务与支持、指导与孵化。因此，社区治理需要更多的枢纽型社会组织带动更多草根社会组织、新兴社会组织的发展壮大。二是社会组织的类型发展不均衡，组织文体活动、亲子教育和老年人服务的社会组织比较多，而提供专业调解、心理疏导、专业服务的社会组织比较少，这容易导致一些社区居民需要的服务无法全面覆盖和及时解决。三是政府对社会组织的支持还有待加强，虽然目前各地区都在政府的引导和支持下建立了社会组织孵化园等促进社会组织发展成熟的平台，但在资金方面对社会组织的支持还很缺乏，尤其是政府购买服务方面，没有形成长效、公平且有规模的政府购买机制，在一定程度上限制了社会组织的发展壮大和作用发挥。

（四）社区治理过程中居民参与不足

居民参与是社区健康发展的动力源泉，也是衡量社区治理成功与否的重要标志。居民自治是社区治理的核心要义，在社区治理的过程中缺少了居民的参与，就无法全面了解居民的实际需求。目前来看，社区治理中居民参与的情况并不乐观，主要表现：第一，主动参与少，被动参与多，如果居委会组织的活动好，动员得多，参与的居民就多，反之参与的居民就少；第二，参与文艺性质活动的居民多，参与政治性、公益性活动的居民少，例如居委会选举、居民议事代表会、社区公益服务等活动，能够积极主动参与的居民少之又少；第三，居民广泛参与社区治理的机制有待完善，目前居民参与社区治理的机制主要是居民议事会、居民代表会等组织，参与这些组织的居民都是一些社区积极分子，在人数上是少数，并且这些组织召开会议的次数也十分有限，因此，要想居民广泛地参与社区治理，还需要搭建更广阔的参与平台。

三、进一步推动城市社区治理与服务创新的建议

（一）制定社区工作事务清单，明确社区与街道职能边界

进一步明确社区与街道办事处的关系，从根本上转变以往社区作为街道办事处延伸和附属的局面，才能真正实现社区自治。要将权力清单制度与责任清单制度在社区甚至是街道办事处推广开来，建立符合社区自身情况的权力清单和责任清单，是实现社区治理法治化的必要条件。权力清单不仅能够规范社区居委会的权限范围、行使权力的工作流程，为社区工作者在社区开展活动提供合法性，还能让社区居民清楚明白社区的权力职责到底有哪些，在一定程度上增加了居民对社区自治组织的了解。责任清单的建立明确了社区工作者的职责，不仅保障了社区服务的质量，还在监督追责方面发挥着重要作用。

（二）建立完善的人才培养机制，打造专业、稳定的社区工作者队伍

社区工作者是社区建设与社区治理的主要组织者和参与者，也是社区服务的直接提供者。他们是与社区居民接触最频繁、联系最紧密的基层工作者，是加强基层治理与推动社区创新的重要组成力量。因此，建立完善的人才选拔培养机制，打造专业、稳定的社区工作者队伍，对社区的发展具有十分重要的意义。首先要立足实际，根据各地区的实际情况以及实际需要，在人才选拔、任用、配备上制定符合实际的差异化方案，保证人尽其才。其次要以专业化、规范化、制度化为发展目标进行人才培养，专业化即鼓励社区工作者参与相关专业培训，通过理论学习、优秀分享、现场参观等环节，切实提高社区工作者的专业水平；规范化即社区工作者的工作标准要逐渐规范，通过出台相关制度规范，引导社会工作者实现规范化服务；制度化即将社区工作者应当以什么样的方式和流程为社区居民服务落实于书面，形成制度与标准。最后要建立完善的选拔任用机制、教育培训机制和激励约束机制。建立能上能下的选人用人机制，注重社区工作者队伍的结

构优化，改善社区工作者年龄老化、文化素质低的现状；通过常态化的教育培训，提高社区工作者的专业服务水平；通过激励约束机制，鼓励更多高素质人才留在社区，为推动社区治理奠定坚实基础。

（三）大力发展社会组织，促进社区治理多元化

社会组织是基层治理、社区建设中不可缺少的主体之一，要高度重视和发挥社会组织在社区治理中的重要作用，因此不仅要大力发展社会组织，还要从政策方面给予其支持和帮助，对社会组织做到“放心、放手、放宽”。“放心”即在思想上认可和接受社会组织的存在和其为社会提供公共服务的社会发展趋势，在政策法规方面给予社会组织足够的支持，并引导社会组织在基层治理和社区建设等方面发挥积极作用。“放手”即为社会组织参与社会治理、社区治理、提供公共服务等方面让渡空间，政府要将微观层面的社会公共服务职能逐渐转移给社会组织，加大政府购买服务力度，为社会组织的生存和发展提供动力。“放宽”即为社会组织自身的发展和社会组织参与社会治理提供良好的体制机制环境，从准入门槛、税收减免、资金扶持等方面加大对社会组织的扶持力度，促进社会组织不断发展壮大，促使社会组织在社区治理中发挥更加积极的作用。

（四）充分发挥社区居民主体作用，提升居民参与社区治理的积极性和有效性

社区居民是社区治理的多元主体之一，社区意识的培养和社区治理成果的巩固有赖于广大社区居民的广泛参与。因此，要从两方面来提升居民在社区治理中的参与度，一方面，要从居民自身着手，通过宣传教育等方式，切实提高居民的综合素质、权利意识、参与意识，让居民能够自觉自愿地参与社区治理活动；另一方面要从作为社区活动组织者的居委会着手，拓展社区居民参与社区治理的渠道，为社区居民参与社区治理创造条件，完善居民参与社区治理的工作机制，提高居民参与社区治理的有效性。例如在涉及居民利益的重大决策事项中引入居民的参与、讨论、协商、对话、监督，使居民能够在共同解决社区问题的过程中培育参与能力。通过这一系列的工作，激励和促使更多居民参与社区治理，使居民充分感受自身利益与社区治理息息相关、自己的参与是有效的，从而提高居民参与社区治理的积极性。

作者单位：内蒙古自治区社会科学院政治与法学研究所

内蒙古矿产资源型县域经济转型研究

刘小燕

摘要：内蒙古矿产资源型县域经济应通过产业结构调整和技术创新整合县域整体资源，延伸拓展现有主导产业链，形成优势产业集群；培育壮大县域非资源型接续替代产业，逐步降低县域对资源型经济的依赖性；注重经济、社会、生态整体协调发展。

关键词：内蒙古；矿产资源型县域经济；转型研究

矿产资源型县域经济是内蒙古现有县域经济中的重要类型，依托丰富的矿产资源禀赋和国家重化工业发展机遇，内蒙古矿产资源型县域综合实力显著提升。但与其他资源型城市一样，内蒙古矿产资源型县域也是产业单一、过度依赖资源的经济体，在我国经济处于重大转型期的背景下，正面临能源结构转变导致的市场需求增长减缓、效益下降，资源产业对地方经济的拉动作用在不断下降等问题。矿产资源型县域经济亟待通过转型获得新的动力和活力。

一、内蒙古矿产资源型县域概况

2013年，国务院根据《中华人民共和国国民经济和社会发展第十二个五年规划纲要》《全国主体功能区规划》等编制《全国资源型城市可持续发展规划（2013—2020年）》，该规划通过资源保障能力和可持续发展能力两类指标，对资源型城市进行了综合分类，将全国262个资源型城市归纳为4种类型：成长型城市、成熟型城市、衰退型城市和再生型城市，规划期为2013—2020年。根据该规划，内蒙古资源型城市共有9个，其中地级市5个、县级市3个、市辖区1个。资源型县级市及市辖区中的霍林郭勒市、锡林浩特市为成长型资源城市，阿尔山市、石拐区为衰退型资源城市（见表1）。

表1 内蒙古资源型城市名单[1]

分类	城市类型	地级行政区	县级市	县
成长型	煤炭型城市	鄂尔多斯市	霍林郭勒市	
	石油型城市		锡林浩特市	
	森工型城市	呼伦贝尔市		
成熟型	煤炭型城市	赤峰市		
衰退型	煤炭型城市	乌海市		石拐区
	森工型城市		阿尔山市	
再生型	煤炭型城市	包头市		

内蒙古矿产资源型县域在“九五”至“十三五”前半阶段的发展平均增速高于同期全区平均水平，是多年来内蒙古整体经济增长速度领跑全国的主要助推力。近年来矿产资源型县域经济增速放缓，总体略高于全区平均发展速度（见表2）。

[1] 资料来源：《全国资源型城市可持续发展规划（2013—2020 年）》。

表2　地区生产总值增长率（同比）[1]

年份	全区	霍林郭勒市	锡林浩特市	准格尔旗	石拐区
2000年	10.8	14.6	4.4	21.4	10.7
2005年	23.8	38.7	16.9	35.1	41.3
2010年	15	21.2	18.5	22	7.0
2015年	7.7	7.9	7.5	7.8	7.0
2016年	7.2	8.1	7.5	7.1	7.5
2017年	4	8.4	6.3	6.1	4.5

内蒙古矿产资源型县域经济的主导产业为工业，行业主要为矿产资源采掘业和加工业。以霍林郭勒市、锡林浩特市、准格尔旗、石拐区为例，锡林浩特市主导行业包括石油和煤炭开采业，原煤产业占工业比重25.6%，规模以上工业企业总产值中石油和煤炭开采业所占比重近2/3；准格尔旗主导行业包括煤炭采选及加工业，规模以上工业企业总产值中炭采选及加工业所占比重约4/5，2017年财政收入（产业口径）中，第二产业占总收入的86%，煤炭行业（行业口径）占总收入的79%；石拐区主导行业包括煤炭开采洗选业、钢铁冶炼业、铁合金行业、镁合金行业及副产品业和镍铁行业，规模以上工业企业总产值中这五个行业所占比重为4/5。资源产业发展对县域经济高速发展起到了巨大的推动作用，但近年来资源产业的贡献力度逐步放缓。

[1]　数据来源：《内蒙古统计年鉴》（2003—2018 年各卷，中国统计出版社）、地区统计公报相关数据整理。

表3　地区生产总值三次产业结构[1]

单位：%

年份	全区	霍林郭勒市	锡林浩特市	准格尔旗	石拐区
2000年	22.8：37.9：39.3	8.8：48.9：46.5	9：69：22	9.7：64.1：6.2	9：62：29
2005年	15.1：45.4：39.5	2.1：71.8：26.1	6.8：64.2：29	3.4：62.3：34.3	1.5：81.1：17.4
2010年	9.5：54.6：35.9	1：70.2：28.8	4.7：66.1：29.2	1.1：61.9：37	1：87：12
2015年	9.1：50.5：40.4	1.2：65.4：33.4	7.6：50.3：42.1	0.8：60：39.2	0.9：84.1：15
2016年	8.8：48.7：42.5	1.1：65.2：33.7	7.9：48.3：43.8	0.9：59.1：40	0.8：83.5：15.7
2017年	10.2：39.8：50	1.1：66.3：32.6	9.5：42.8：47.7	1.1：55.4：43.5	0.8：83.9：15.3

内蒙古矿产资源型县域的三次产业呈二、三、一的发展结构（见表3）。以霍林郭勒市、锡林浩特市、准格尔旗、石拐区为例，2000年以来，这些地区第一产业产值比重下降明显，显著低于全区平均值；第二产业所占比重持续提升，在区域经济中占有绝对比重，远远高于全区平均值（见表4）；第三产业发展相对缓慢，低于全区平均发展水平。

[1]　数据来源：《内蒙古统计年鉴》（2003—2018年各卷，中国统计出版社）、地区统计公报相关数据整理。

表4　地区生产总值中第二产业增长率（同比）[1]

单位：%

年份	全区	霍林郭勒市	锡林浩特市	准格尔旗	石拐区
2000年	11.7	23.9	7.6	26.3	12.8
2005年	34.9	50.5	16.1	42.2	60
2010年	18.2	27.9	20.9	26.4	7.3
2015年	8.0	9.2	8.0	8.1	7.3
2016年	6.9	9.3	6.4	7.3	7.9
2017年	1.5	9.8	3.5	4.8	4.5

内蒙古矿产资源型县域的就业结构中，劳动力主要集中在第二产业和第三产业，与地区的产业结构是联动、互促的。以产业结构偏离度（产业增加值的比重与相应的劳动力比重的差异程度）来考察，矿产资源型县域的第一、第三产业结构偏离度为负，第二产业结构偏离度为正，第二产业对劳动力具有持续的吸引力（见表5）。

[1]　数据来源：《内蒙古统计年鉴》（2003—2018年各卷，中国统计出版社）、地区统计公报相关数据整理。

表5　按三次产业划分年底就业人员结构[1]

年份	全区	霍林郭勒市	锡林浩特市	准格尔旗	石拐区
2000年	52.2：17.1：30.7	18.6：45：36.4	22.2：20.6：57.3	56.3：19.1：24.6	29：50.6：20.5
2005年	53.8：15.6：30.5	15：42：43	8.5：22.1：69.3	31.7：32.2：36.1	24.5：47.9：27.6
2010年	48.2：17.4：34.4	17：41：42	13.6：20.3：66.2	20.9：34.6：44.6	24.5：49.1：26.4
2015年	39.1：17.1：43.8	10.7：40.8：48.5	6.4：23.1：70.4	17.9：35：47.1	22.3：50.7：27
2016年	40.1：15.8：44.1	9.7：39.3：51	6.1：22.1：71.8	17.9：35：47.1	24.7：48.4：26.8

二、内蒙古矿产资源型县域经济发展约束解析

随着经济开放度提升、协同发展度加强，外部环境已成为影响县域经济发展的关键因素。在我国经济高速增长阶段，外部环境如市场需求等对内蒙古矿产资源型县域经济发展充满着机遇，但在经济由高速增长阶段转入高质量发展阶段，内蒙古矿产资源型县域更应当积极遵从外部环境的合理性约束，保障县域经济能够持续健康发展。

首先，从产业政策导向来看，我国整体产业体系逐步向以服务业为主的结构转型，同时第二产业内部结构面临重大调整，新型工业化和信息化融合水平进一步提升，产业向中高端方向发展，煤电、冶金、建材等初级重化工业在整个第二产业内部所占的比重逐步降低。受经济周期变化和能源资源使用效率提升的影响，国内能源资源消费需求特别是矿产资源消费需求总量增长趋缓，同时低碳化、绿色化的生产和生活方式使得我国能源消费结构中清洁型、可再生的新型能源需求持续上升，新

[1]　数据来源：《内蒙古统计年鉴》（2003—2017 年各卷，中国统计出版社）、地区统计公报相关数据整理。

型能源行业是我国未来能源产业发展的重点扶持对象和行业投资热点。与此相对，煤电等行业的发展空间受到一定挤压。

内蒙古矿产资源型县域经济总体为二、三、一的产业构成。主导产业为工业，支柱型行业主要为矿产资源采掘业和加工业，初级重化工业在第二产业内部的占比达到3/4以上。内蒙古同时也是国家主要的能源输出省区之一，自2010年以来，在全国能源生产总量结构中占比保持在15%～18%。内蒙古能源生产构成中又以原煤、原油和天然气为主，三类合计约为97.7%，其中原煤占比在90%以上。总体来看，内蒙古矿产资源型县域的产业结构体系同我国整体产业结构调整的目标存在很大差距。从产业结构上说，整个产业集中于第二产业中的资源型产业；从产品结构上说，具有以初级产品和基础原材料为主的粗放型特征，产品技术含量低，附加值低。

其次，我国将采取更加严格的资源、环境约束机制，推进资源集约利用和生态环境建设保护。在矿产资源开发利用上将实施严格管控，通过分区管理和总量控制，加强矿产资源管理和节约，推进绿色矿山和绿色矿业发展，注重提高矿产资源开采率、选矿回收率和综合利用率；在环境保护和治理上，以提高环境质量为核心，从水资源、土地资源承载力和环境容量等方面限制发展。

内蒙古矿产资源型县域的资源储量较为丰富，资源集中度、地形等条件较好，具备矿产资源大规模开采和运输的优势，但这些县域基本上都处于生态功能重要性一级和二级地区，承担着或防风固沙、或水源涵养等不同的生态功能。内蒙古矿产资源型县域发展中生态环境保护、资源有效利用、经济持续增长等各方面的协调度始终不足，资源开发模式对环境压力较大，生产技术效率相对较低，缺乏科技创新引领力，县域经济发展的可持续性弱。

三、内蒙古矿产资源型县域经济发展转型的内涵和路径探索

（一）内蒙古矿产资源型县域经济发展转型的内涵

依据国务院《全国资源型城市可持续发展规划（2013—2020年）》的综合分类标准，内蒙古矿产资源型县域主要以成长型为主，矿产资源开发处于上升阶段，资源保障潜力大，经济社会发展后劲足，是能源资源的供给和后备基地。内蒙古矿产资源型县域发展环境、产业基础、人才技术等都具有一定的积累和储备，转型时期的发展须在继续做强已具有发展基础的矿产资源产业基础上，加强县域经济结构的合理优化，推动县域经济整体良性发展。

产业结构和空间结构是县域经济系统的基本组成单元，同时也是县域经济转型的重要着力点，县域经济转型的结果最终也会体现在产业结构、空间结构的调整变化上。内蒙古矿产资源型县域经济发展转型的内涵应包括通过产业结构调整和技术创新整合县域资源，延伸拓展现有主导产业链，形成优势产业集群；培育壮大县域非资源型接续替代产业，逐步降低县域对资源型经济的依赖性；注重经济、社会、生态整体协调发展等多方面内容。

（二）内蒙古矿产资源型县域经济发展转型的路径

1.提升主导产业的功能性、打造优势产业集群，培育与传统产业融合的累积性创新型新兴产业，推动矿产资源型县域经济的产业基础改造升级

内蒙古矿产资源型县域的比较优势为资源禀赋优势，该优势的可替代性相对较弱，在未来一段时期内仍具有很强的发展优势，因而应紧跟世界能源技术革命新趋势，把现代能源经济这篇文章做好。通过推进主导产业由低端制造业向高技术产业、装备制造业转型升级，从劳动密集型、资本密集型产业向技术密集型和知识密集型产业过渡等途径提升主导产业功能性。通过推进主导产业和产品的深度开发，资源产品由初级加工向精深加工转变，由低端产品向高附加值、高技术水平的产品转变等途径延长产业链条。融合、联结区域内多个企业和

产业，完善生产要素供给、技术服务、产品销售渠道、基础设施供应等，提升综合竞争力，形成优势产业集群。

2.引导县域内功能型城镇向适度综合型发展，主动参与城市群建设、参与区域融合发展，推动矿产资源县域城镇的服务功能提升、集聚力增强

通过加强基础设施和公共服务设施建设。增加教育、医疗服务等公共资源配置，完善信息、技术、金融等服务功能，构建宽松、健康的发展环境逐步增强城镇的集聚力，使城镇逐步由生产中心向服务中心转变。县域经济发展同县域所依托的中心城市能级密切相关，一般来说所依托中心城市的能级越高，辐射带动作用越强，区域经济能够获得的贸易、金融、信息、物流、科技人才等资源越多。增加县域城镇的功能配套和产业拓展，提升县域经济的开放性，在未来区域经济建设中注重加快城市群建设。城市群是依托发达的交通通信等基础设施网络，加强区域经济联系紧密并最终实现高度一体化。矿产资源型县域应通过交通对接、产业协作，积极参与呼包鄂榆等地区性城市群发展，主动融入京津冀城市群建设。

3.统筹、协调县域矿产资源开发与生态保护的关系，强化节约理念与生态意识

编制地区矿产资源开发规划，坚持适度开发与合理开发，统筹主要矿产资源及共伴生矿产品的综合开发规划，提高矿产资源利用效率。加强资源节约和循环利用等相关科学技术攻关和技术应用产业化，强化人才创新、技术创新的激励机制建设，既要注重高端技术研发，又要注重普通应用技术的改进和创新。县域传统矿产资源产业改造升级中应建立劣汰机制，逐步淘汰不具有发展优势和潜力的产业链条，保证社会资源的有效利用。积极改善市场、政策环境，有效推进排污者付费、环境污染第三方治理的市场化治污机制建立，提升县域污染治理、环境修复水平。

作者单位：内蒙古自治区社会科学院牧区发展研究所

调查篇

农业供给侧结构性改革面临的问题及对策研究
——清水河县农业供给侧结构性改革调查

吴晶英

摘要：在农业从高速增长阶段向高质量发展进程中，面临的突出问题是农产品供给对需求适应性较弱。针对该问题，政府提出通过农业供给侧结构性改革来增强其适应性。本文以呼和浩特市清水河县为例，在深入实地调查研究的基础上，剖析了清水河县供给侧结构性改革存在的问题，进而找准政策落实着力点，着力优化农牧业产业结构，推进规模化经营；着力缩减流通环节；着力提升农产品品牌价值；着力培育新型农业经营主体；着力提高农民组织化程度，多措并举，实现农业综合竞争力，让改革成果更好地惠及人民群众。

关键词：农业；供给侧结构性问题；对策研究

内蒙古农牧业供给侧改革面临的主要问题与提质增效绿色发展研究，是内蒙古研究阐释党的十九大精神社科规划重大项目。承担这一重大课题的内蒙古社会科学院课题组于2018年7月赴清水河县进行为期4天的农业问题调研，广泛听取了解县内涉农部门农业供给侧结构性改革的具体思路、方法措施，并就“三农”问题进行了田野问卷调查、访谈，获取了大量第一手资料。在此调研的基础上，提出该地区农业供给侧结构性改革的关键问题和相关政策建议。

一、清水河县农业供给侧改革基本情况

清水河县属典型的黄土高原丘陵沟壑区，是自治区级贫困县和国家级革命老区。2017年，全县户籍人口14.7万人，其中农业人口12.3万人，常住人口 8.9万人。全县土地总面积2859平方公里，耕地面积96.7万亩（水浇地不足3万亩），农作物主要以粮油豆类等作物品种为主，其中尤以小杂粮、小杂豆为特色。

近年来，清水河县积极推动农业发展，深化农业供给侧结构性改革，采取了一系列行之有效的方法和举措。

着力调整农畜产品种养结构。依托清水河县资源禀赋及特产优势，大力发展以小香米谷子为主的小杂粮以及豆类，压减、优化籽粒玉米种植结构，推广种植糯玉米、甜玉米及青贮玉米。大力引进、推广本地区适宜种植的经济作物，提高种植业经济效益。

重点抓农牧业科技研发工作。一是试验示范谷类种植集成技术——聚雨覆膜精播集成技术；二是与内蒙古农大、农科院合作建立农产品科研试验基地，建设海红果矮化密植苗培育基地；三是以节保进。2017年，投资190万元实施太阳能水窖集雨滴灌田300余亩，为解决山区农业水源缺乏问题提供了可复制的模式。

创新农业发展模式。2016年，清水河县政府提出“12345”“小规模、大产业”的家庭特色产业发展模式。具体做法是农民户均种好10亩田，养好20只牲畜、30只鸡，栽好40株海红果树，预计年收入5万元。

加快推进体制机制改革。结合常住户20户以下村收缩转移政策，将收缩转移村土地由县农业开发有限公司集中流转，对无法集中连片、开发利用价值低的耕地统一植树种草，增强县域生态功能。积极建立农企利益联结机制，以土地流转、托管分红、订单农业、吸纳务工为主，带动农户8400余户。

二、农业供给侧结构性改革面临的主要问题

（一）农业种植结构调整相对滞后，缺乏市场导向

从实地调研了解到，该地区农业种植结构的调整是以农户自发调整为主，尚未有效利用市场导向，呈现相对滞后的特征。一是由于市场信息和技术服务相对缺乏，农民对种植业结构调整按照上一年农产品的行情、价格、经济效益及种植农产品的补贴情况进行调整，这种调整方式往往得到的是相对过时的信息，会比未来的市场慢一拍。农户对种植结构的调整还只是一种适应性调整。二是农户大多认为结构多样化、零碎化能够有效分散市场风险，因而各户的种植结构较杂、生产规模较小。另外，农业科技研发主要集中在产中领域，而适应于农业产前、产后的深层次开发性科技成果较少，农业结构性矛盾较为突出，造成农产品供给与需求在一定程度上脱节，影响了农民收入的提高。

（二）农产品规模小，品牌建设力度不足，没有形成特色产品效应

第一，在农业生产方面，基本上是农民独立经营，土地调整难度大，产能有限，种植业的规模经济受到制约。第二，虽然清水河县特色农产品种类较多、品质较好，但尚未形成规模化种植，农产品质量安全难以保证，专业化、标准化严重不足，难以形成有一定规模和地理标识的农产品品牌。第三，区域特色农产品品牌建设力度不够。一是品牌意识不强，量不大、质不高。从数量上看，全县农牧业企业（包括合作社）超过600家，有商标注册的企业仅23家，有商标注册的产品34件；从质量上看，仅有1件著名商标、7件知名商标，分别占注册商标总数的3%和20%。再加上农产品是由众多中小企业及农户生产加工，不注重区域品牌宣传和保护，社会知名度、认可度低。二是忽视品牌创建。企业将目光停留在技术、资金、扩大产能等方面，视品牌建设为可有可无、可早可晚之事。这就使得地区特色产品优势没有

得到充分发挥，没有转化为竞争优势。三是品牌监管不力。市场上同类农产品鱼目混珠，产品品质高低与其价格收益关联度较弱，成为农产品区域品牌建设的瓶颈。

（三）农产品加工业发展滞后

清水河县农畜产品加工业发展水平不高，农产品加工企业规模较小，辐射带动能力弱，品牌效应不够明显，市场竞争能力较弱。目前，全县已注册登记的农产品加工企业35家，平均年加工销售原粮5万吨。农业加工企业呈现小、散、杂特点，上下游各类经营主体单打独斗、各自为阵的局面没有根本改变，尚未形成配套完整、关系紧密、特色突出的产业链。县内农产品加工业总量较大，但大多以粗加工为主，精深加工不够。调研过程中，也发现一些有特色的亮点，但企业对农产品加工缺乏创新与挖掘，农产品附加值较低。同时，企业与农户之间没有真正形成供需对接、利益共享的格局。农畜产品从采购到产品销售，均处于无序竞争状态。总体上看，清水河县农畜产品加工产业发展滞后，规模经济优势弱小，仍处于依靠增加投入、扩大生产的初级产品增长阶段。

（四）农畜产品流通环节冗长，交易成本增加

清水河县农畜产品流通环节主要有产地收购、产地批发、销地批发、零售四个基本环节。有的农畜产品还要经过更多环节，如农畜产品的加工处理、存储、运输、配送、销售等程序在不同流通主体之间重复出现。在农畜产品的流通链上，被经纪人或小贩从农户手中收购后，中间还要经过各级收购商和批发商的层层加价，大大增加了流通和交易成本。另外，流通环节过于冗长，农民离终端市场遥不可及，中间商人为操纵市场和价格，出现低买高卖恶性循环，而这一过程并没有相关政策的强制保护。

（五）农业从业劳动力存在结构性失衡

从问卷调研情况看，清水河县农业从业人员中，文化水平为小学、初中的人数占到调查人口的73%；年龄结构也不容乐观，60岁以上的人数占到调查人口的59%，50～60岁的占23%。现有的农业从业人员相对缺乏市场竞争及营销意识，市场营销途径单一，与消费终端市场严重脱节，生产与市场两张皮，几乎完全失去市场话语权，只能从事简单农产品原料生产，因而农民从农业生产经营中获得的收入较少。2010年、2015年和2017年，清水河县农民人均农业生产经营净收入分别为1639.3元、1393.7元和1113元，数据显示近年来该县农民农业生产经营净收入不仅少，还呈下降之势。要想增加农业经营收入，农民必须进入包括流通在内的二、三产业，这将是深入研究解决的重大课题。

（六）农民专业合作社运行效率不高

目前，清水河县农民专业合作社数量较多，但普遍规模较小，带动能力较弱。截至2018年6月底，全县已注册成立农民专业合作社558个，但能够按专业合作社章程运转的还不到30家，而且还是私人企业的挂名产物，政府给予了一定支持，却并未惠及农民。专业合作社对入社农户的带动作用仅表现在带领农户参与、完成订单农业，保障农户获得相对微薄的生产利润，对其他环节、领域，如加工、流通等的带动作用不明显。

（七）农牧业生产经营粗放，科技投入严重不足

清水河县农业基础设施薄弱，农牧业生产技术和管理水平不高。农民凭经验，靠传统技术进行粗放生产，物质和劳动消耗高，农畜产品质量不高，科技对农牧业生产的贡献低。另外，近年来集体经济薄弱，再加上山区自然条件、基础条件等因素的影响，一些农户把平地、水浇地作为耕种，把部分坡梁地转租给公司企业或直接撂荒，这些都制约了清水河县具有区域特色农业的生产发展。

三、推进农业供给侧结构性改革的对策建议

（一）优化农牧业产业结构，推进规模化经营

根据市场供需导向，树立大农业观念，在农牧业供给侧改革的推

动下，发挥本地区资源优势，优化种植、养殖结构，大力发展优质、高效、生态、安全、适销对路的特色农畜产品，增加市场紧缺特色有机农畜产品生产，使农畜产品供需从低质量的结构失衡向高质量的结构平衡转变。推动农畜产品种、养、加、销三产融合发展，形成一定规模的区域特色农业。适当减少玉米的种植，进一步加强滩川区设施蔬菜、露地蔬菜及饲草料生产基地建设，积极推广食用菌、药材、蔬菜、青贮饲料种植；依托小杂粮加工企业，引进藜麦、黑豆、胡麻等优良品种，发展订单农业，努力提升市场化水平。大力扶持肉牛、奶山羊、肉驴等特色养殖业，推动农畜产品种、养、加、销三产融合发展，促进玉米秸秆、谷草等饲草料的加工转化利用，不断提高养殖业质量效益。促进粮食加工企业规模生产和深加工，提高特色有机农畜产品生产供给的集约化水平，从而增强市场竞争力，打造农业规模化经营或农业合作社经营。

（二）着力提升农产品品牌价值

第一，着力培育、整合、打造有机农产品的区域知名品牌。把同类产品统一注册，综合行政、经济、法律手段，促成区域地理标识产品品牌整合。第二，着力提高品牌宣传力度。品牌定位标准要高，将民族文化、艺术元素融入品牌形象设计，强化有机农产品区域地理标识产品的品牌形象宣传，抓住消费者心理。参照其他地区成功经验，讲好清水河故事，做好特色品牌，卖出产品好价钱。以著名商标“蒙清”小香米为切入口，重点打造特色小杂粮、海红果、肉羊、肉驴、奶山羊羊奶等品牌。大力促进区域绿色品牌产品参与各种博览会、展销会等国内外大型农产品展销和展会活动，加大区域地标品牌的知名度，提升市场竞争力。

（三）缩减流通环节

依托龙头企业或合作社的组织效应，尤其是知名龙头加工企业的网络信息和销售渠道的优势带动，促进外部流通效应的产生，带动各个流通主体的发展，提高流通效率。鼓励和引导农超对接，大力推进物流企业向农村延伸业务，开展农产品的物流配送和连锁营销，这些均对农产品的提质增效具有事半功倍的效果。

（四）大力推动农村电子商务发展

第一，“互联网 + 农牧业”不能简单地将其功能定位成帮扶农牧民购买生产资料、销售农畜产品，而是在建立和完善农村信息化水平的基础上，加强以消费为导向的产业体系与生产经营者互联网体系的建立，让“互联网+”为农畜产品产业链提供平台支撑。第二，政府要把批发市场、超市、物流企业等物流运作主体的信息加入系统信息体系建设中，形成覆盖全县的物流运作信息系统，满足农畜产品购销、加工等企业的需求。第三，建立农畜产品质量和安全追溯的公共服务平台，强化移动互联网、物联网等信息技术在生产、加工、流通、销售等各个环节的应用和推广，让上下游信息追溯体系共享与对接，实现放心消费。第四，利用智能手机的普及，通过政务网站、微信、微博等新媒体对农民进行手机培训，指导生产、引导市场。第五，着力推进农业物联网区域试验工程建设实施，实现设施园艺、畜禽水产养殖、质量监管等众多领域物联网示范应用基地。借助电子商务平台在农村建设综合示范工程，建设以公益性为主的农村电子商务流动公共服务平台，不断优化和完善农村电子商务综合服务能力。

（五）积极培育新型农业经营主体

着力构建扶持新型农业经营主体发展的优惠政策体系，大力培养经营农业的新型职业农民或经营者。加大财政贴息和小额无息贷款、适度减免农业企业税收、养殖补贴、项目支持等优惠政策力度，鼓励年轻农民工返乡、大专院校毕业生回乡从事立体式农业生产经营，有效提高劳动生产率。加强农民技能和专业知识培训，改善农村劳动者年龄结构、知识结构，实现劳动者由体力型向技能型的转变。同时，在保障农民工平等享受城市基本公共服务的基础上，探索土地有偿退出机制，积极鼓励和扶持已定居的农民转产转业，合理引导农村劳动力有效配置和选择性。加快农村土地承包经营权有序流转，促进土地向专业大户、专业合作组织集聚，推进农业产业化经营。

（六）持续提高农民组织化程度

建立制度完善、运营规范各具特色的农民专业合作社，把土地联片管理，实现农产品的批量生产及销售，提升规模效应。使农民由最初的、简单的农产品生产和原料供给，进一步参与农产品的加工与流通，均衡利益链的有效分成，从而更好地提高农民收入和农村整体经济发展水平。建立健全农业社会化服务体系，全面推进农机合作、农技合作，着力促进资金、技术、人才等要素向农村流动，实现小农户和现代农业发展有机衔接，培育“三农”发展新动能。

（七）尽快扭转和减少撂荒土地，提升整体效益

清水河县农户承包的零星分散的坡梁旱地经营效益十分低下，普遍存在撂荒现象。针对这一问题，应采取切合实际的方法加以解决。第一，对于25度以上坡耕地应实施退耕还林种草政策。第二，引导耕地逐步向专业合作社、农业大户、种养能手、农业企业集中，这是控制和减少耕地撂荒重要手段。第三，要加大土地流转力度，并使其与城镇化、农民工的市民化同步，使不再依赖土地的农民把土地承包经营权有偿退出，降低因土地流转金造成的农业种植成本的增加。第四，政府应在政策上对农业政策性补贴和农产品价格进行调整，必要的时候需要对农业进行更多的保护，包括城镇化、工业化等外部环境的变化对农业造成的负面影响，而不仅仅是考虑农业政策本身的制定，对现有政策性补贴标准适当上调，使其与城市经济社会发展相适应，消除城乡二元体制的差别。

作者单位：内蒙古自治区社会科学院牧区发展研究所

牧区草原畜牧业供给侧面临的主要问题与几点思考

——苏尼特右旗畜牧业供给侧结构性改革调查

图　雅　达古拉　乌仁图雅　新　华

摘要：2015年12月召开的中央农村工作会议，首次提出农业供给侧结构性改革，目前已实践3年。各地在农业“三去一降一补”方面采取一系列有效举措，取得一些良好效果。在内蒙古自治区，牧区畜牧业供给侧结构性改革势在必行。当前，在牧区供给侧结构性改革中有哪些问题需要尽快解决补齐，怎样保障畜产品有效供给，带着这些问题，2018年内蒙古自治区社会科学院牧区课题组进行实地调研并形成调研报告。本文通过调研，归纳分析牧区畜牧业供给侧面临的5个主要问题，并提出几点思考，想必会对相同类型草原牧区产生一定的借鉴作用。

关键词：牧区；草原畜牧业供给侧问题；思考

2018年8月下旬，内蒙古自治区社会科学院内蒙古自治区社科规划重大项目课题组一行3人赴锡林郭勒盟苏尼特右旗，围绕草原畜牧业发展面临的问题进行为期一周的实地调研，调研中发现诸多值得关注的问题，应引起重视并加以解决。

一、苏尼特右旗基本情况

苏尼特右旗位于内蒙古自治区中部，锡林郭勒盟西部。北与二连浩特市、蒙古国接壤，南与乌兰察布市商都县、察哈尔右翼后旗相连，东与苏尼特左旗、镶黄旗毗邻，西与四子王旗接壤。全旗土地总面积2.67万平方公里，其中草原总面积2.16万平方公里，占全旗土地总面积的96.7%。

2017年，全旗户籍人口67373人，其中城镇人口36267人、乡村人口31106人，城镇化率达53.83%。总人口中，汉族人口42579人、蒙古族人口23999人，分别占总人口的63.2%和35.6%。全旗辖58个牧业嘎查、5个农业村，常驻农牧户9163户（其中牧户8538户、农户625户），农牧民23560人（其中牧民21944人、农民1616人）。2017年，全旗地区生产总值61.2亿元。三次产业结构为9.6：63.9：26.5。公共财政预算收入2.53亿元，社会消费品零售总额18.6亿元，城乡居民人均可支配收入分别为35650元和10615元。

2017年，全旗牧业年度牲畜总头数141.5万头只，其中大畜6.4万头（牛4.5万头、马1.35万匹、骆驼0.48万峰）、绵羊120.2万只、山羊14.8万只。大小畜比例为4.5：95.5（其中绵山羊比84.8：10.7）。苏尼特右旗是苏尼特羊和苏尼特双峰驼的故乡。

苏尼特右旗属于干旱、荒漠半荒漠草原，海拔高度1000～1400米，地形南高北低。境内无地表河流，地下水资源贫乏且埋藏较深。主要土壤类型为栗钙土和棕钙土，两大土类呈地带性分布。气候属于中温带干旱大陆性气候。春季（4—5月）干旱风大，温差变化剧烈；夏季（6—8月）短促干热，降雨增多而且集中；秋季（9—10月）天气晴朗，凉爽宜人；冬季（11月至次年3月）盛行西北风，寒冷漫长。全旗年平均气温3.9℃，无霜期135天，多年平均降雨量160毫米左右，蒸发量2800毫米左右。最近四年降雨量平均为89毫米，蒸发量平均为2384毫米。年日照时数3200个小时，平均风速5.5米/秒，是沙尘暴频发区。境内植物种类较少。分布的野生种子植物共计48科，155属，246种，优势种主要包括小针茅、戈壁针茅、无芒隐子草、冷蒿、多根葱、女蒿等。

二、苏尼特右旗草原畜牧业供给侧面临的主要问题

苏尼特右旗是传统草原畜牧业主产区。对牧民来说，畜牧业生产经营是其绝大部分或全部收入来源。近些年，草原畜牧业在发展进程中遇到些值得关注的问题和困境。

（一）草原畜牧业生产经营成本上升

草原畜牧业生产经营受自然、市场、社会等各种因素影响，其经营风险较大。自然因素中，气候条件、草场长势等都产生巨大影响，经常遇到旱灾、雪灾。市场因素中，畜产品价格波动影响较大。近几年内蒙古大部分地区因持续干旱，再加上连续几年畜产品价格下跌，牲畜饲养成本大增，经济效益下降或亏空。草原畜牧业经营成本包括草料、租赁草场、走“奥特尔”、其他费用等，其中草料成本就占90%以上。下面试算苏尼特右旗牧民经营畜牧业成本费用。

1.饲草料成本

调查得知，冬春季饲养家畜成本较高。饲养期间想维持小畜最基本生存需要，每天最起码喂养2斤干草、0.6斤饲料。干草每斤0.7～0.8元，精饲料每斤1.3～1.5元。

每只羊每月饲草料支出如下：

干草支出：2斤 × 0.75元/斤 × 30天=45元/月

精饲料支出：0.6斤 × 1.3元/斤 × 30天 = 23.4元/月

每只羊每月饲草料支出：45元/月+23.4元/月=68.4元/月。

随着家畜饲养天数的增加，畜牧业生产成本随之增加。表1显示，饲养一只羊，5个月饲草料支出342元，喂养9个月增至615.6元。

表1　不同月份牲畜饲养支出情况

一只羊每月支出（元）	喂养月数（个）	支出（元）
68.4	5	342
68.4	6	410.4
68.4	7	478.8
68.4	8	547.2
68.4	9	615.6

课题组将牧户生产规模和生活水平之间的关系定为牲畜总头数在500头只以上的牧户为小康户；牲畜总头数在200～500头只的牧户为中等收入户；牲畜总头数在200头（只）以下的牧户为较困难或贫困户。表2显示，喂养5～6个月，100只羊的饲养费用就高达3～4万元。如果遇到干旱年份，饲养天数还会大大增加。2018年，苏尼特右旗一直到6月底都没有下雨，舍饲时间从冬季到夏季长达9个月。100只羊的饲养成本高达6万元，200只羊的饲养成本为12万元。表2显示100～500只规模养殖户不同月份的饲草料费用情况。

表2　不同规模养殖户的饲草料费用情况

喂养月数（个）	100只羊（元）	150只羊（元）	200只羊（元）	250只羊（元）	300只羊（元）	350只羊（元）	400只羊（元）	450只羊（元）	500只羊（元）
5	34200	51300	68400	85500	102600	119700	136800	153900	171000
6	41040	61560	82080	102600	123120	143640	164160	184680	205200
7	47880	71820	95760	119700	143640	167580	191520	215460	239400

续表

喂养月数（个）	100只羊（元）	150只羊（元）	200只羊（元）	250只羊（元）	300只羊（元）	350只羊（元）	400只羊（元）	450只羊（元）	500只羊（元）
8	54720	82080	109440	136800	164160	191520	218880	246240	273600
9	61560	92340	123120	153900	184680	215460	246240	277020	307800

2.常年租赁草牧场

多数牧民常年租赁草牧场经营畜牧业，租赁草牧场已成为常态。目前苏尼特右旗的草畜平衡载畜量冬季84亩/只、夏季26亩/只。以此标准衡量，多数牧户难以维持基本生活，从而选择租赁草牧场维持生活，扩大再生产。租赁草牧场费用每年少则几千元多则上万元甚至几十万元。表3显示苏尼特右旗5户牧民拥有承包草牧场和租赁草牧场面积情况，租赁草场费用1～3元/亩。

表3　牧民承包草牧场及租赁草牧场情况

牧民编号	牧民承包草场面积（亩）	草畜平衡载畜量（亩/只）		牧民租用草场面积（亩）
		冬季	夏季	
牧民A	4300	51	165	30000
牧民B	7100	85	273	20000
牧民 C	10500	125	404	16000
牧民D	18000	214	692	9000
牧民E	20000	238	769	无

3. 避灾走“奥特尔”

一般干旱或雪灾时，牧民走“奥特尔”的较多。2018年，苏尼特右旗遭遇特大干旱，一直到6月中旬没有下雨，黄土飞扬，寸草不长，牧民只好走"奥特尔"避灾。其费用计算方法大体按草场面积和按家畜头数交费两种。按草场面积收费，标准大概每亩1～5元。按家畜头数收费，每月马150元、牛150元、羊（不分大小）15元左右。不少牧民6—8月走"奥特尔"，走"奥特尔"较远的还需要雇车来回拉运牲畜，需要准备大笔费用（见表4）。

表4　不同规模走"奥特尔"费用情况

牛羊混合头数（只）	1个月费用（元）	2个月费用（元）	羊头数（只）	1个月费用（元）	1个月费用（元）
20	3000	6000	50	750	1500
30	4500	9000	100	1500	3000
40	6000	12000	150	2250	4500
50	7500	15000	200	3000	6000
60	9000	18000	250	3750	7500
70	10500	21000	300	4500	9000
80	12000	24000	350	5250	10500

4.畜牧业其他费用

苏尼特右旗属于地下水特别短缺的区域，多数牧民远离水源地，因此，人畜饮用水都需要用水车来回拉运，部分牧户从80里地外拉水用，常年拉水费用高，一年最少1～5万元。

（二）草原奖补难以对草原类型较差地区起到根本性的保护生态和改善民生作用

调查走访得知，由于近五年苏尼特右旗一直干旱，牛羊吃不到天然青草，多数时间牧民购买草料。因持续多年大量购买草料，牧民不仅耗尽储蓄，还向银行或民间借贷资金，很难购买大量昂贵的捆草，多使用玉米秸秆或青贮玉米。牧民一般从当地购买草料，价格也不便宜。越是草原类型较差地区，不确定自然气候因素诸多，人力、物力、财力投入大，产出少。

目前，全区草畜平衡补贴标准为3元/亩，这对牧民来说的确是雪中送炭，不过还是存在补贴区域不精准、补贴资金撒胡椒面等问题。内蒙古自治区从东部呼伦贝尔草甸草原到西部荒漠化草原，亩产草量递减，各类型区域生态环境有着天壤之别，因此草畜平衡补贴政策应根据草原类型差别化补贴，才能达到保护草原畜牧业发展、提高牧民生活的目的。

（三）牧民借贷普遍且负担重

牧民往往秋天准备草料。牧民准备草料的资金，除当年出售的活畜收入，就是靠银行贷款或民间借贷解决。银行贷款利率分为几个等级，月利率从6厘至1分不等，贷款期限为1年。课题组试算了每只羊的饲料费用及利息（表5）、不同规模养殖户贷款买草料的利息（表6）。若是拥有200只羊的牧户，储备草料需要十几万元，仅利息就1万元左右，若是300只羊的牧户，喂养8个月，草料就达16万元，利息达1.57万元。部分牧民因贷款到期没能力还，只好找民间贷款解决，民间贷款利息比银行利息高出多倍，仅利息一项就给牧民增添不小的负担。

表5　每只羊的饲草料成本和贷款利息

<table>
<tr><th colspan="2">饲养月数（个）</th><th>5</th><th>6</th><th>7</th><th>8</th><th>9</th></tr>
<tr><td colspan="2">支出（元）</td><td>342</td><td>410.4</td><td>478.8</td><td>547.2</td><td>615.6</td></tr>
<tr><td rowspan="2">贷款利率（6厘）</td><td>利息（元）</td><td>24.624</td><td>29.5488</td><td>34.4736</td><td>39.3984</td><td>44.3232</td></tr>
<tr><td>饲料+利息（元）</td><td>366.624</td><td>439.9488</td><td>513.2736</td><td>586.5984</td><td>659.9232</td></tr>
<tr><td rowspan="2">贷款利率（7厘）</td><td>利息（元）</td><td>28.728</td><td>34.4736</td><td>40.2192</td><td>45.9648</td><td>51.7104</td></tr>
<tr><td>饲料+利息（元）</td><td>370.728</td><td>444.8736</td><td>519.0192</td><td>593.1648</td><td>667.3104</td></tr>
</table>

续表

贷款利率（8厘）	利息（元）	32.832	39.398	45.965	52.531	59.098
	饲料+利息（元）	374.832	449.7984	524.7648	599.7312	674.6976
贷款利率（9厘）	利息（元）	36.936	44.3232	51.7104	59.0976	66.4848
	饲料+利息（元）	378.936	454.7232	530.5104	606.2976	682.0848
贷款利率（1分）	利息（元）	41.04	49.248	57.456	65.664	73.872
	饲料+利息（元）	383.04	459.648	536.256	612.864	689.472

表6　不同规模养殖贷款利息（按贷款利率8厘试算）

喂养月数（个）		5	6	7	8	9
100只羊	草料支出（元）	34200	41040	47880	54720	61560
	利息（元）	3283.2	3939.84	4596.48	5253.12	5909.76
200只羊	草料支出（元）	68400	82080	95760	109440	123120
	利息（元）	6566.4	7879.68	9192.96	10506.24	11819.52
300只羊	草料支出（元）	102600	123120	143640	164160	184680
	利息（元）	9849.6	11819.52	13789.44	15759.36	17729.28
400只羊	草料支出（元）	136800	164160	191520	218880	246240
	利息（元）	13132.8	15759.36	18385.92	21012.48	23639.04
500只羊	草料支出（元）	171000	205200	239400	273600	307800
	利息（元）	16416	19699.2	22982.4	26265.6	29548.8

（四）牧民出售产品渠道仍不通畅

多数牧民一般在每年的8—9月出售牛羊，但当草场长势差，牛羊没有很好地抓膘，且价格不理想时，就推迟出售。一般情况下，牧民联系买家或冷库，在固定交易市场出售。近几年部分牧民利用微信或互联网平台销售产品，给牧民带来较好的收益。未来，政府应大力推动这方面的工作，尽快打通牧民销售产品瓶颈，使绝大多数牧民都能够利用微信和互联网平台销售牛羊，提升畜牧业经济效益，促进牧民普遍增收。

（五）牧区专业合作社发展滞后，辐射带动力弱

截至2018年8月，苏尼特右旗已创办各类合作社 246家，已培育出一批有注册品牌、带动性强、运作规范的牧民专业合作社。但从整体运行效果看，虽然数量不少，但比较规范的屈指可数，均处于分散、小规模、碎片化态势，仍缺乏区域辐射带动作用。

三、加快推进草原畜牧业供给侧高质量发展的思考

针对以上问题，应综合考虑苏尼特右旗自然、生态、经济、文化大环境，要从畜牧业降成本、转方式、补短板上找准重点加以解决。

（一）降成本

1.如何降低畜牧业生产经营成本，是牧区草原畜牧业提升效益面临的最大问题

牧区十年九旱，牲畜草料补充时间变长，且饲草料价格居高不下。针对这一问题，应采取综合措施加以解决。首先，从自治区层面进行顶层设计，要从宏观上把控各地畜牧业，尤其是根据草原畜牧业长势及草料供需情况，提供廉价草料。一要根据草原类型区特殊情况及气象动态状况，及时调控饲草料供应。二要推进草料产业发展，满足牧区草料缺口，一方面种草，另一方面充分利用农区半农区玉米秸秆，加工复合饲料，还要积极研发适合牧区家畜的精饲料。三要各地政府搭建平台，横向联合，扩大饲草料供应渠道，遏制饲草料市场价格上涨。四要重视草原畜牧业特殊性，建立草料供需快速反应机制，采取旗—苏木镇—嘎查三级联动，确保草料动态平衡。其次，合理利用草原，有序推进草牧场流转工作，鼓励多种流转形式并存，整合碎片化草牧场，产生更大规模效益。

2.根据草场类型区域实施草原补贴政策

内蒙古自治区从东到西直线距离为2400多公里，从东部呼伦贝尔草甸草原至西部荒漠化草原，草原亩产草量有着巨大的差别。目前国家实施的草畜平衡补贴标准没有实行差别化，标准统一，不利于草原类型较差地区生态保护和畜牧业持续发展。应针对牧区草原类型不同，采取差别化草畜平衡补贴政策，或根据气象降雨量数据、干旱程度和植被长势等条件，增设干旱补贴、灾害补贴等特殊补贴政策，达到草原生态保护和牧民生计双赢。

（二）转方式

1.按照国家及自治区乡村牧区振兴战略要求，尽快在畜牧业一、二、三产业融合发展方面有新进展，促进牧区产业兴旺

一是充分发展草原畜牧业，培育地方品种，打造草原无污染品牌。二是特色产业与全域旅游、牧区振兴融合发展。苏尼特双峰驼是本旗的地方特色。近年来随着经济发展，双峰驼数量有所增长，驼产业开始进入良好发展阶段。现阶段苏尼特右旗主要采取以养驼项目带动驼产业，已投资150万元，建立5处家庭式基地。地方特色产业在全域旅游、振兴牧区发展中得到充分发展并与草原文化深度融合，最大程度地发挥了生态文化审美价值。

2.建立健全畜产品储备制度稳定市场

草原牧区牧民收入的80%以上来自于活畜出售收入。因此，稳定畜产品市场、稳定牲畜价格尤为重要。政府应发挥协调调控作用，一要根据市场波动情况，建立健全国家牛羊肉储备制度，平衡市场价格；二要打击中间商联合非法打压价格行为，及时打击制止垄断或非法行为；三要探索牧区牛羊肉直接对接消费市场的渠道并利用网络平台扩大销路，在大中城市建立牧区畜产品销售点，实体店和网络销售一体化，既减少流通环节费用，又可避免中间商对羊肉价格的操控。

（三）补短板

1.强化牧区金融机构精准服务力度，推动畜牧业发展

畜牧业与农业不同，畜牧业生产具有连续性且周期长等特点。农业是春天种、秋天收获，冬天基本不会产生生产费用。畜牧业则不同，周期长，一年四季都要细心照料牲畜，每天都在产生费用。当前主要问题是放贷期限过短，不符合畜牧业周期规律，给牧民带来还贷负担。金融机构应尽快根据畜牧业生产特点调整服务项目。第一，放贷期限应符合畜牧业生产周期。畜牧业养殖周期长，风险大，不能短期内收回成本，因此适当放宽放贷周期，较适宜的期限为2～5年。第二，在还款期限内，对如期还贷款的牧民，应采取适当的减免息鼓励政策，引导按期还款。第三，放贷方式应灵活。牧民畜牧业经营状况复杂，贷款还款能力有差异，因此采用灵活的还贷方式更为妥当，比如利息必须当年还，本金可依情适当放宽一些期限再偿还等。

2.亟须完善牧区社会化服务体系建设，强化“三牧”服务

牧区水、电、路等硬件基础设施建设及整体公共服务能力在提升，交通四通八达，生产生活条件得到前所未有的改善。然而，社会化服务软件没跟上，严重缺乏畜牧业产前、产中、产后一条龙服务，缺乏技术指导和生产流通销售领域系统服务。当前，服务仍是条块分割、碎片化。为此，要尽快建立健全畜牧业生产经营服务体系，把多个部门的相关功能纳入服务体系，统一管理、施策，旗—苏木镇—嘎查三级服务一体化。与此同时，要考虑边远分散牧区牧户实际，在交通、通信、燃料、照明等方面给予支持，实现公共服务全覆盖。

3.加快牧区专业合作社发展，实现牧区规模效益

牧区专业合作社发展已有十余年的发展历程，数量增加较快，在降低成本费用、节约生产要素、提升经济效益方面起到良好的作用。目前，应继续围绕合作出效益方面多谋策，打开新发展局面。首先，各级政府正确引导牧民专业合作社发展，加大税收减免、政策扶持等服务。其次，已建的专业合作社，尽量按照农民专业合作社法的规定

进行经营管理，若遇到牧区特殊情况，及时向相关部门反映问题，及时得到解决。再次，政策要扩大扶持范围，不仅鼓励建立专业合作社，还要把家庭牧场、联户、大户纳入扶持范围，给予同等政策，促进合作发展。

4.利用“互联网+畜产品”模式，拓宽畜产品销售渠道

苏尼特右旗牧民销售牲畜或畜产品的途径仅限于自己联系买家或在固定的交易场所销售。虽然有些牧民在微信和互联网销售平台销售畜产品，但其销售规模和销售范围很有限。因此，要尽快完善旗互联网销售平台，准确传递畜产品价格行情及价格走势等信息，帮助牧民理性决策，进行产品销售，并通过推广宣传微信平台销售、互联网销售等模式和流程，扩大牧区销售渠道。与此同时，政府应鼓励牧区间、牧区内部、苏木嘎查间、牧民间横向整合资源，建立牧区间、苏木嘎查间、牧民互联的生产加工销售企业、合作社，创建牧区区域特色畜产品品牌，提升产品效益，拓展市场。

作者：图雅系内蒙古自治区社会科学院牧区发展研究所研究员
达古拉系内蒙古师范大学经管学院副教授
乌仁图雅系内蒙古锡林郭勒盟苏尼特右旗农牧局副局长
新华系内蒙古师范大学经管学院研究生

立足新起点，实现二连浩特口岸城市高质量发展的对策建议

王启颖　范丽君

摘要：1992年，二连浩特被批准为全国首批沿边开放城市开始，经过不断发展，实现了从口岸通道向口岸城市的蜕变，已经成为我国向北开放的前沿和窗口。随着“一带一路”“中蒙俄经济走廊”建设的深入实施以及国家重点开发开放试验区的获批，为二连浩特口岸发展带来了新的机遇，但仍有诸多不利条件和因素制约二连浩特的发展。作为中蒙最大陆路口岸，二连浩特发展必须与时俱进，立足口岸传统，精准城市定位，找准经济发展着力点，扬长避短，创新理念，完善自我，站在新高度谋划口岸城市高质量化发展。

关键词：二连浩特；口岸城市；高标准；发展

随着“一带一路”和“中蒙俄经济走廊”建设的深入实施，特别是2014年获批国家重点开发开放试验区以来，二连浩特发展日新月异，实现了从口岸通道向口岸城市的蜕变。中蒙边民互市贸易区、边境经济合作区、中蒙跨境合作经济区等先导性对外合作区建设逐步启动，对外合作的开发开放平台顺利推进，集口岸、城市、经济于一体的新型口岸城市经济模式已初见端倪。

2017年，中国提出高质量发展，意味着中国对外经济合作也进入高质量发展新阶段。作为中蒙最大陆路口岸，二连浩特发展必须与时俱进，立足口岸传统，精准城市定位，找准经济发展着力点，扬长避

短，创新理念，完善自我，站在新高度谋划口岸城市高质量化发展。

一、新形势下二连浩特在国家向北开放的地位不断提升

在党中央、国务院的高度重视下，二连浩特的口岸发展立足“边”字，面向蒙俄，联通内地，以开放谋发展，口岸建设和城市经济均取得巨大成就，二连浩特已成为国家向北开放的重要通道和对外合作的重要平台。

（一）枢纽地位立体化发展

目前，二连浩特口岸已经形成铁路、公路、航空“三位一体”的开放格局，通道枢纽作用进一步凸显。二连浩特—扎门乌德铁路作为当前中蒙之间唯一开通的跨境铁路，连接着中、蒙、俄三国，在中蒙贸易中发挥着重要地位。2016年、2017年，中蒙经由这条铁路的过货量分别为1231.59万吨和1327.3万吨，分别占当年内蒙古对蒙古国过货总量的25.6%和23.8%。二连浩特铁路口岸还是中欧班列沿边陆路口岸的重要节点。2017年，经过二连浩特铁路口岸的中欧班列共计575列，运行货物31.8万吨，货值25.12亿美元。预计2018年经过二连浩特的中欧班列将突破1200列。2017年，经二连浩特进出境人员220.6万人次，占2017年全区口岸进出境客运量的37.6%。

在现有基础上，二连浩特继续推动境内外交通基础设施互联互通，二连浩特—锡林浩特一级公路单幅竣工，锡二铁路建成通车，二连浩特机场国内航线增至9条，通达12个城市，二连浩特—乌兰巴托航线展期加密执飞，新开通至俄罗斯伊尔库茨克、乌兰乌德的季节性航线，实现了铁路、公路、航空立体化现代交通的互联互通。

（二）中蒙俄民心相通的新舞台

“国之交在于民相亲，民相亲在于心相通。”二连浩特发挥自身区位优势，积极与俄、蒙开展全方位和多领域的人文交流，成为中、俄、蒙三国民心相通的桥梁与纽带。先后与蒙古国乌兰巴托罕乌拉、俄罗斯乌兰乌德等20个地区缔结为友好城市。目前，二连浩特市已经

具备了从学前教育到高等教育系统培养蒙古国国籍学生的教育储备。近年来，二连浩特先后制定出台《外籍优秀学生“两免一补”》和《外国籍学生奖学金实施办法（试行）》等政策，陆续接纳了4000多名蒙古国和俄罗斯籍留学生就读二连浩特所属大中院校。

此外，与蒙古国5家医疗机构签订合作协议，对蒙古国患者实行减免20%医疗费的政策，启动医疗专家赴蒙实施口岸“光明行”义诊活动。借助区位优势，二连浩特与蒙、俄有关地区共同举办文化体育赛事，互办文化周（日），共同组织创作文艺作品，与蒙古国毗邻地区共同申报世界恐龙地质公园，与陆桥沿线地区共同申报“茶叶之路”世界文化遗产，极大地促进了中、蒙、俄文化交流与交融。

（三）口岸成为中蒙俄贸易畅通的亮点窗口

二连浩特连续3年出台《支持边贸企业能力建设暂行措施》，累计投入2000多万元支持企业能力建设，经二连浩特“走出去”赴俄、蒙投资的企业达31家，全市外贸企业突破1000家。此外，二连浩特还多举措推动通关和贸易便利化。一是推动公路和铁路口岸先期实现信息互换和执法互助，实行“出口直放、进口直通”检验检疫模式，开通果蔬等农产品出口绿色通道，完成了国际贸易“单一窗口”视频监控中心等硬件建设，人员和车辆平均通关时间缩减40%以上。二是推动开行25条经二连浩特口岸进出境的中欧货运班列，辐射连接“一带一路”沿线14个国家和地区，推动对外贸易实现“大进大出、快进快出”。三是借助《内蒙古自治区边民互市贸易区管理办法（试行）》获批新机遇，拓展自治区与毗邻国家商品实现入区交易层级。2018年上半年，边民互市贸易区共接纳入区游客2.6万人次，销售总额1.6亿元。四是搭建全新中蒙跨境电商平台，4家知名电商企业落户二连浩特并上线运行。五是创新跨境金融务实合作，推动成立对蒙跨境人民币业务中心，建立健全对蒙金融交流合作机制，着力打造资金融通示范区，融入互联网、大数据时代。

二、当前制约二连浩特口岸城市发展的客观现实

虽然“一带一路”及“中蒙俄经济走廊”建设为二连浩特发展带来了新机遇，但仍有诸多不利条件和因素制约二连浩特的发展。

（一）水资源匮乏

水是人类生存的命脉，也是城市建立、发展、繁荣的重要条件。二连浩特地表既无河流，又无湖泊、沼泽，属于无水区域，而可开发利用的地下水源地只有3处，其中两处水质不适合饮用，只有离市区50公里的齐哈日格图的地下古河道是目前二连浩特市区水源的主要供给地。其地下水资源量为1775万立方米，可开采量为1069万立方米，人均地下水资源占有量为149立方米，仅相当于全国人均水资源占有量的9.5%。近年来，古河道流域开采强度不断加大，据水利部门预测，2020年古河道地区年正常用水量将达到6145万立方米，若无序开采，用水总量会远远超过这个数字。在古河道水源难以保障，新的水源地无处可寻的形势下，未来几年，二连浩特将面临严峻的缺水危机。另外，受蒙古高气压影响，二连浩特属于中温带大陆性季风气候和干旱荒漠草原气候，常年干旱多风，年平均降水量为14.22毫米，蒸发量却为2695毫米，天然补水能力也较差。水资源匮乏已经成为二连浩特城市发展的首要制约因素，也是须重新定位口岸城市发展方向的关键因素。

（二）人力资源和人才资源流失严重

水是人类繁衍生息的重要自然资源，也是基础保障。二连浩特水资源匮乏的现实导致的最直接后果是人力资源流失，形成人力资源严重缺失困境。最近几年，二连浩特的自然环境有明显改善，先后被评为全国生态文明先进市、自治区园林城市、自治区卫生城市等近10项荣誉称号。但是，二连浩特全市户籍人口从1992年的七八千人增长到目前的3.1万人，总人口始终难以突破10万的主要原因还是受自然环境影响，其中水资源匮乏是至关重要因素之一。

1984年，胡耀邦主席视察二连浩特时提出“南有深圳，北有二连”，其目的不言而喻。34年过去，同一起跑线上的二连浩特与深圳虽然都是中国对外开放的重要窗口，但经济发展水平不可同日而语。深圳的人口红利得益于良好的自然环境和优惠的特区政策。二连浩特不具备留住人才资源的天然环境优势，又没有优惠的人才引进和保障政策与机制，致使二连浩特经济持续性和稳定性发展成为“空中楼阁”。智慧是影响经济发展的主要因素之一，没有充足的人才储备和人力资源保障，就会失去竞争的优势。

（三）与毗邻的蒙古国地区经济发展不具互补性

作为口岸城市，二连浩特的经济发展是“口岸经济+城市经济”的双栖模式。二连浩特的口岸城市经济发展首先是与毗邻的蒙古国口岸扎门乌德形成资金、技术、信息、人力等有形、无形生产要素的双向流动，使人力、自然资源和资金等物质要素在双方技术、制度、政策条件下相互结合，变为社会发展需求的物质产品，推动当地经济发展。目前，蒙古国扎门乌德和二连浩特的自然环境（同属缺水草原干旱地区）、人文环境（扎门乌德的人口不及二连浩特一半，接待等服务能力差）和市场环境（容量小，基础设施落后，购物环境差）的同质性条件多，互补性少，两地难以形成经济的辐射带动效益，对二连浩特的口岸经济和城市经济发展的驱动力和拉动力小。

（四）中欧班列对二连浩特边境贸易的冲击

“一带一路”倡议实施以来，通过二连浩特口岸的中欧班列逐年增多，借助信息化网络平台，海关报关程序逐渐网络化，使内地特色产品、商品以及欧洲商品通过“郑连欧”“蒙连欧”“津连欧”等中欧班列直接运输到目的地。二连浩特的口岸通道功能明显提升，同时带来如进口原料加工业萎缩，综合开发能力降低，口岸货物积压，企业市场竞争不均衡等新问题出现，二连浩特边境贸易有弱化发展趋势。根据统计数据，截至2018年11月，二连浩特铁路口岸进出口运量突破1140万吨，同比增长16%。但在口岸货运量增加的同时，进出口额在减少。2018年1—10月，二连浩特进出口额为58.13亿元，同比减少25%。中欧班列的增多并未带动二连浩特边境贸易的发展，这是中欧班列开通以来二连浩特经济发展面临的新问题。

此外，由于中蒙开设口岸数量的增多，特别是内蒙古对蒙口岸数量增加，分散了二连浩特的客运量、货运量。二连浩特如何在诸多口岸中保持自身优势并实现创新、高质量发展，是二连浩特未来发展面临的挑战之一。

三、立足传统与现实，以新的视角和理念定位二连浩特发展

基于二连浩特自身发展水平及自然环境考虑，其经济发展模式不宜依靠原材料粗加工的“大路线”，更适合走“小而精”“高而雅”的特色发展路线。“小而精”“高而雅”是指立足二连浩特传统与现实，挖掘本地自有资源，补短扬长。城市建设特色化、精致化，企业发展小巧化、精致化，口岸服务高质量化，打造特征明显的“草原城市”“草原文化城市”符号，并使其成为二连浩特的新标志符号。

（一）立足草原腹地优势，开发草原腹地绿色资源

草原腹地遍地的野生花草、野生动物与牛羊马成群的自然景观不仅是旅游资源，还是经济资源。借助内蒙古师范大学二连国际学院的学术资源与区内外、蒙古国和俄罗斯毗邻地区科研院校（所）联系，在现有水资源基础上，借鉴国内外缺水地区（例如鄂尔多斯库布其沙漠以及约旦、以色列）治理经验与模式，利用再生水资源循环利用技术，最大限度地利用现有水资源的重复使用率，逐步改变二连浩特小气候，让草原动植物种类、种群，尤其是濒临灭绝的珍稀物种重归草原，并成为这些野生动植物的家园，为草原增添更多景色和景观，形成天然动植物公园。“青山绿水就是金山银山”，借助草原腹地和中蒙对接口岸优势，立足草原特有资源，加大发展野生动植物资源研究力度，挖掘其所蕴含的经济价值，把二连浩特变为草场资源研究跨境合作中心区域，带动草业发展，并使之朝着产业化方向发展。

立足草原发展畜牧养殖业以及相关下游产业。借助现代科学技术，推动传统手工业朝精致化、精美化、精细化、高质量化和多元化方向发展。例如把传统的手工羊皮包、牛皮包、鞋等制品与二连浩特的“恐龙故乡”结合起来，把城市标志恐龙迷你化、微型化、装饰化和卡通化，赋予二连浩特“恐龙故乡”更多文化符号，发展民族文化产业。

旅游胜地也要成为旅游产品特别是民族文化产品的发源地，有产业支撑的旅游业也更具生命力和持久力。把自然生态资源优势转化为发展优势，是二连浩特发展“小而精”产业城市的路径选择之一。

（二）加强口岸城市异域文化元素输入，打造文化型国际口岸城市

中国进入高质量发展阶段，二连浩特口岸城市经济发展依靠传统“雁过拔毛”的粗放型产业经济模式，所以在中欧班列逐渐增多的情况下面临新挑战。这就需要转变观念，跳出二连浩特看二连浩特，借助正在建设和启动的中蒙边民互市贸易区、中蒙跨境经济合作区和自由贸易区等平台，引进中蒙两国以外第三国家商品，除了俄罗斯、日本、韩国周边近邻国家商品，还可以引入吸纳中欧班列沿线国家的低税、免税商品，丰富二连浩特国际口岸的商品种类和品牌，以国际品牌提升二连浩特在国家向北开放和国际合作中的地位和影响力，创造新的经济增长极。

（三）规范服务业，提升服务贸易质量

二连浩特自古就是通商要道，是北方草原地区商贸活动的中转站，发挥着服务商贸的功能和作用。随着中外游客、访客、商客流量逐渐增多，二连浩特的服务功能必将朝着多元化方向发展。餐饮、住宿、交通等服务业态随之会掀起新一轮高潮，尤其是在7月、8月的夏季，呈常态化发展趋势。以宾馆、餐饮服务业为主的服务产业和以出租车服务为主的服务事业是衡量一个城市服务业的重要标尺，其既能体现出服务设施硬件质量，又能体现出以人为本的软件质量。规范服务业，提升综合服务能力和质量，以高质量服务赢得消费者信赖，是提升二连浩特口岸形象的重要途径。

（四）将城市发展嵌入国际科研合作新领域，发展智能、智慧口岸城市

二连浩特是“恐龙故乡”，是开展国际恐龙研究的有力抓手，以恐龙博物馆为载体，与蒙古国和俄罗斯乃至日本、韩国等周边国家相关机构开展合作研究，把恐龙研究与草原生态、环境保护、地质等自然科学领域的研究结合起来，有助于提升二连浩特国际学院整体科研水平和国际科研合作能力，提升二连浩特在“中蒙俄经济走廊”建设中的学术地位。

二连浩特是缺水的草原城市，如何解决草原补水能力，如何保护草原生态，如何保护历久弥新的草原文明、文化，既是二连浩特、内蒙古自治区学术界需要解决的区域发展问题，又是中蒙俄区域性和世界性难题。可以通过举办草原（草场）治理大会，邀请国内外相关专家学者亲临现场，实地考察研究，吸收借鉴其他国家发展经验，为二连浩特综合发展贡献智慧。

二连浩特是重要的风能和太阳能故乡，除了发展风电、太阳能光电，还可以发展一些其他借助风、太阳光相关的娱乐项目，类似阿拉善的沙漠越野活动。二连浩特可以借助那达慕或旅游文化节等平台，引入诸如无人驾驶飞机、热气球、风筝等娱乐项目，以小带大，逐步推动二连浩特节假日活动内容，增加旅游体验项目。

作为重要口岸城市，二连浩特发展既要汲取历史经验教训，又要与时俱进，既要以纵向的历史发展经验为依托，又要以横向的国际口岸城市为参照，以新视角和高度定位城市发展。

科技是第一生产力，人才是重要保障，应借助国际学院、恐龙博物馆、自然博物馆以及正在筹建的二连浩特国际技术应用学院等学校、科研机构等平台，积极开展与区内外、国内外学术机构的沟通与联系，有重点、有目标、有步骤开展合作，改善二连浩特自然环境、综合服务和科研环境，新起点、高标准构建中蒙跨境经济合作区，创新发展中蒙边民互市贸易区，嵌入二连浩特国际文化、国际合作新理念，由综合经济向重点特色产业经济发展，形成具有地域特色的口岸综合型小城市，焕发新的生机。

作者单位：内蒙古自治区社会科学院俄罗斯与蒙古国研究所

协同治理框架下的全要素运行模式

——青海省梅陇模式对我区生态畜牧业发展的启示

张　敏

摘要：改革开放后，我国广大牧业省区参照农区的家庭联产承包责任制，实行了以草场、牲畜双承包的草原家庭承包经营制，改变了“草原无主、放牧无界、使用无偿、建设无责”的局面，一段时间内激发了广大农牧民投资建设草原的积极性。但历经40年的开放和发展，牧民所处的生产和生活环境发生了深刻变化，传统牧户受到交易成本、资金、劳动力、技术等因素的制约，面临着生产经营方式落后、分散经营很难抵御市场风险、无法通过集约化和规模化经营提高生产效率等问题，牧业和牧民在交易链中处于弱势群体地位的表现日益明显。梅陇生态畜牧股份合作制建立的“以草定畜、草畜平衡、增草增畜、畜草同步发展”的均衡发展机制，对改善草原生态，建设环境友好型社会具有示范作用。

关键词：生态畜牧业；股份合作社；全要素

一、问题的提出

改革开放后，我国广大牧业省区参照农区的家庭联产承包责任制，实行了以草场、牲畜双承包的草原家庭承包经营制，改变了“草原无主、放牧无界、使用无偿、建设无责”的局面，一段时间内激发了广大农牧民投资建设草原的积极性。但历经40年的开放和发展，牧民所处的生产和生活环境发生了深刻变化。2007年，《中华人民共和国农民专业合作社法》出台后，农民专业合作社、牧民专业合作社如雨后春笋般涌现。总的来看，农业合作社的成功案例相对更多且经验更为丰富，特别是与农民合作社不仅履行一般性的经济职能，同时还成为对政府部门的行政决策有相当影响力的利益集团甚至压力集团相比，畜牧业合作社在发挥社会功能和政治功能方面的作用还略显不足，尤其是作为创新农村社会管理的有效载体而参与牧区社会治理的功能发挥得还不充分。本文在深入剖析青海省天峻县梅陇生态畜牧股份合作社运行模式的基础上，试图解决两个问题：一是在基层社会治理结构转型过程中，畜牧业合作社对牧区基层治理的作用是如何实现；二是通过解析合作社的成长路径，为生态脆弱且不发达的民族地区村落进行村域治理模式转换提供参考。

二、案例背景与协同困境

青海省天峻县位于青海湖西北部、柴达木盆地东缘，地处海西、海南、海北三州交汇处，平均海拔4000米以上，布哈河、疏勒河、大通河均发源于县境内的木里地区，所以天峻县也被称为“三江”源头。天峻县也是海西州唯一一个纯牧业县，是一个以藏族为主体的多民族聚集地区。在独特的生态环境和传统的畜牧生产状况下，长期存在生态与生计、人才与发展理念间的困境。

（一）生态困境

天峻县位于祁连山自然保护区的团结峰保护分区和三河源保护分区范围内，保护区总面积32.82万公顷。由于地处高寒，气候干旱，植被盖度低，牧草生长期短，草地生态环境极其脆弱。从天峻县草原生态状况统计数据来看，全县3个镇、7个乡普遍存在不同程度的草原退化、沙化现象，其中，退化草地面积占草场总面积的61.72%，中度以上退化草场占可利用草场的38.28%；草地退化导致生态平衡失调，鼠虫害发生面积917.9万亩，其中严重危害面积达到1790.9万亩。草地退化导致生态平衡失调，对生态安全构成威胁。

（二）生计困境

受自然因素及牧业产业化水平、牧业科技含量低等方面因素的制约，长期以来，天峻县畜牧业基本保留着传统的经营方式，广大牧民群众“靠天养畜”，收入增长缓慢。梅陇乡是天峻县重点贫困地区，2008年合作社成立初期，人均年收入仅为4623元，与实现共同富裕的目标尚有差距。

（三）人才与理念困境

本次调查发现，一方面是大部分受访藏民不懂汉语，受教育程度不高且缺少其他技能，外出就业的渠道较少、范围较小，人草畜矛盾较为突出。另一方面，牧业大户与无畜户在草畜总量、经营能力、对抗风险能力等方面差距较大，多主体的目标和行为缺少一致性，协同治理难度较大。

三、治理做法与典型经验

梅陇生态畜牧业专业合作社成立于2008年，在经历了试点起步、探索创新、凝练固化等发展历程后，逐步形成“以草场承包经营权、牲畜折价入股，劳动力专业分工，生产指标量化，用工按劳取酬，利润按股分红”的股份合作制经营模式。2017年，社员人均年收入20865元，比组建初期增加了16065元，增长率334%，高出天峻县人均可支配收入的平均水平；牲畜母畜比始终控制在80%以上，较入股前的45%增加了至少35个百分点；仔畜繁活率达到80%以上，成活率达到90%以上，牲畜等级比例进一步扩大，并被农业部授予全国农民专业合作社示范社。

（一）草畜折价入股，划区轮牧

牧户以草场承包经营权、牲畜折价入股，其中，草场入股按照草场承包使用权折价标准亩计算，如表1所示。同时，为科学利用草场、落实草畜平衡，合作社规定，每户牧民可以入社的牲畜数必须符合草畜平衡标准，即每24亩草场入股1头牛或4只羊，超出标准的牲畜不可折股入社，由原牧户自行处理；没有达到标准的，可以按标准逐步补齐。

表1　草场承包经营权、牲畜折价入股方案

藏羊		牦牛		草场	
对牙及以上羊	800元/只	4岁及以上牛	2400元/头	夏季	2元/亩
周岁羊	600元/只	3岁牛	1300元/头	秋季	3元/亩
羔羊	400元/只	2岁牛	1000元/头	冬季	5元/亩
		犊牛	400元/头		

针对夏秋草场牲畜潜载力强，冬春草场牲畜潜载力弱的现状，合作社对入股草场进行合理配置，开展划区轮牧和优化放牧制度建设，明确规定放牧顺序、放牧周期和分区放牧时间，逐区放牧，轮回利用，实现一个季节一个区的轮牧方式，给草场以足够的休养周期。合作社依据政府业务指导部门提供的草地生产力测算结果，将冬春草场划分22个轮牧单元，每个单元划分2个轮牧小区，放牧天数为207天；秋季草场划分27个轮牧单元，放牧天数为90天，年轮牧两次；夏季草场划分27个轮牧单元，放牧天数为70天，较好地解决了由于一家一户经营而造成的牲畜迁移频次和牧民流动经营行为降低的问题。

（二）专业分工，牲畜分群饲养

合作社打破传统分散养殖方式，对牲畜实行“统一轮牧、统一育肥、统一防疫、统一配种、统一加工、统一销售、分群养殖”的“五统一分”管理方式，推进合作社规模化和集约化生产经营。对入社牛羊按照牲畜种类、生产用途、性别、等级等经过鉴定重新组建畜群，组建羊群27群，每群360只左右，包括公羊1群、一级母羊4群、二级母羊12群、三级母羊7群、生活羊1群、后备母羊2群、牛4群，每群300头左右，包括杂色牦牛1群，黑色牦牛2群，犏牛1群。通过分群饲养，提高养殖效率，繁育优良畜种，优化畜群结构，同时确保统一配种、统一产羔、统一出栏的目标实现。合作社由社员民主推选出放牧经验较好的31户牧户作为合作社放牧员，安排3户7人负责饲草料种植基地管理。

（三）用工按劳取酬，利润按股分红

合作社建立了草场、牲畜、劳力、技能、管理等要素参与分配的股份分红、工资报酬和绩效奖励分配格局。年收入在兑现合作社办公经费、生产成本、管理和放牧人员工资报酬后，不低于70%的盈利资金用于社员股份分红，剩余盈利作为合作社公积金，用于扩大再生产和绩效考核。对放牧员和负责草料种植基地管理牧户以外的40户劳动力，合作社通过发展“飞地经济”进行有效转移。合作社利用积累资金，先后投资145万元成立洗车行，投资319万元在天峻县城繁华地段购置商业用户（一层300平方米，二层1137平方米），在西宁夏都大街投资160万入股搏玉品质宾馆，通过合理进行劳动力专业分工的方式，结束了单纯依靠传统畜牧业增收的局面，形成了多元增收的格局。

（四）定性量化扶贫帮困机制

梅陇生态畜牧业专业合作社成立后，建立定性量化的扶贫帮困制度，解决了以往贫困户因经营不善而二次返贫的问题。主要做法是自2009年起，合作社整合“整村推进扶贫开发项目”资金38万元，购买后备优良生产母羊850只，加上合作社后备生产母羊50只，共900只用于扶贫帮困工作。合作社每年扶贫4户贫困户，每户225只，由合作社统一经营，合作社将所产的生产母羔配股给贫困户，增加贫困户股份份额和分红效益，第二年重新安排4户贫困户，以此类推，滚动扶持。2012年，全村16户贫困户已经实现整体脱贫，入社成员股份实现了均等化，缩小了贫富差距。

（五）强化制度建设，推进规范运行

在建设进程中，合作社以村为单位组建股份合作制生态畜牧业

合作社及内部组织机构，民主选举产生了理事长、监事长及理事会、监事会成员，根据合作社生产运行管理及职责，设立了财务部、生产部、销售部、多经部等 4 个职能部门。生产部下设种公羊管理组、育肥组、放牧组、饲草料管理组和畜疫防治组。通过召开社员大会，对社员牲畜资产配股制度、社员自食羊分配制度、外出看病住院资金垫付制度、牲畜核查清点制度、社员外出学习考察制度、合作社管理人员工资标准、定性量化的扶贫帮困制度和三产发展计划等8个内部运营制度进行不断修订和完善。严格落实“理事会提议、监事会和理事会商议、党支部审议、成员代表大会决议、财务和社务公开”的“四议两公开”重大事项议事制度，健全完善合作社盈余分配办法，保障社员知情权、决议权等民主权利。

四、协同创新成效与启示

回看梅陇生态畜牧业专业合作社的10年发展历程，与其说梅陇模式是牧业生产方式上的创新，不如说梅陇模式是基层治理的成功。梅陇合作社“实现了增产增收，转人减畜，优化结构，转变生产、经营、组织、发展方式的‘双增双减一优化四转变’目标，取得了生态效益、生产效益和生活效益的‘三生共赢’”，更为重要的是它作为典型案例，展示出少数民族省区的基层治理模式正在发生深刻变化并且逐步走向成熟。

（一）自主治理与政府嵌入相结合

政府在促进合作社建立、解决人才与理念困境上起到了关键作用。如表2所示，政府在推进股份合作制经营模式建设方面投入的资金十分可观，同时，政府作为国家行政力量向基层渗透并嵌入基层治理。合作社建设初期，梅陇村所在的新源镇政府要求以村为单位组建股份合作制生态畜牧业合作社及内部组织机构，村（乡）班子成员或党员必须带头入社。时任新源镇的镇长亲自参与组织召开社员大会100多次，协助制定了合作社章程、生产要素作价入股方案、划区轮牧方案和减畜方案、内部管理和财务制度及承包合同等。无论是前期在畜牧合作社的建立、母畜饲养、有机畜产品品牌建设、能力提升示范创建方面的扶持政策，还是通过委托—代理的形式建立合作社的过程，政府在基层治理中的作用都十分关键。

表2 海西州推进股份合作制经营模式建设资金统计表

序号	项目名称	内容	投资金额（万元）		
			省级资金	州级资金	合计
1	组建生态畜牧业合作社	全州以村为单位组建生态畜牧业合作社150个	3230	3230	6460
2	牧区能繁母畜饲养补贴试点项目	2012年11个，2013年7个	586	—	586
3	能力提升示范社创建项目	2013年实施20个	920	—	920
4	牧区能繁母牛饲养补贴	2013年实施2个	100	—	100
5	有机畜产品品牌建设项目和高效养殖推广示范项目	茶卡羊品牌，6个生态畜牧业合作社高效养殖推广示范	500	—	500
6	组建生态畜牧业金融服务中心	天峻县和都兰县各组建生态畜牧业金融服务中心1个	—	100	100
7	贷款贴息试点项目	补贴都兰县和天峻县生态畜牧业合作社贷款贴息	—	90	90
8	2015—2017年，全国草地生态畜牧业试验区建设	实施基础设施、科技推广、能力提升等十七大项建设项目	8705	958.6	9663.6
合计			14041	4378.6	18419.6

（二）利益联结机制激发内生动力

通过草场、牲畜和劳动力生产要素全部折价入股的方式，梅陇合作社实现了牧民、合作社、村集体三重利益联结。未成立合作社前，牧民饲养藏羊3～4年才出栏，每年要消耗鲜草近1500公斤，增重却不超过2公斤。现在按照合作社专业分工、牲畜分群饲养等做法规模化放牧后，羔羊6～8个月就可以出栏，既节省了饲草，又确保羊肉肉质最佳，实现了经济效益最大化；草场划区轮牧后，部分草场得到充分休养，如表3所示，合作社草场产草量亩均增产15～20公斤，植被覆盖度提高10%，有效地解决了生态与生计困境，也与牧民爱护且依赖草场的情感相一致。

表3　天峻县2011—2017年草地监测数据统计表

年份	盖度（%）	高度（厘米）	总产草量（公斤/公顷）	可食产草量（公斤/公顷）
2011年	73.8	7.9	2998	2895
2012年	64.7	7.1	2094	1949
2013年	79.94	8.1	3494.29	3101.53
2014年	79.81	8.5	3601.66	3195
2015年	85.66	8.56	3698.5	3303
2016年	84.6	6.3	4565.2	3730.7
2017年	84.2	4.7	2410.09	1970.77

通过开展股份合作制经营，提高生产效率，一部分牧区富余劳动力和老人从草地畜牧业上转移出来，老人进城养老，年轻力壮的劳动力从事其他非牧产业。目前梅陇合作社成员中已有42户牧户在县城定居，过上了城市生活。有效的利益联结机制，提高了牧民入社的积极性，增加了合作社发展的内生动力。

（三）充分发挥协商民主的作用

梅陇生态畜牧业专业合作社开展的股份合作制融入了工业化管理理念，运用现代化经营形式和管理手段，通过引导牧民以草地和牲畜入股组建股份合作社，实现资源集约化、资产股份化、生产专业化、经营协作化、用工统筹化、营销市场化，破解小生产与大市场脱节的矛盾。但梅陇实行的股份合作制与工业意义上的股份制还有一定的区别，梅陇生态畜牧合作制股份的股东按每人一票的形式而不是股份大小享有话语权。牧民通过实现草场、牲畜、劳动力全要素参与入股，但并非按财产所有权的大小来划分话语权，而是以协商民主的形式，发挥基层民主，保障村民享有平等参与权。在10年的实践中，梅陇合作社也遇到了很多问题，如养殖牲畜大户不愿入社、抵触思想严重、合作社内部管理制度不够细化，如没有考虑牧户自食羊的安排，造成牧民隐瞒实际牛羊数量等情况的问题。但事实证明，通过调动多元利益主体，形成强大的村民力量，可以促进合作社与牧民间良性互动，达成真正的善治。

作者单位：内蒙古自治区社会科学院公共管理研究所

内蒙古基层公共文化服务供给状况调查研究

任丽慧

摘要：内蒙古基层公共文化服务供给存在不平衡不充分的现状。本文重点就基层公共文化设施覆盖率与达标率、文化资源利用率、文化活动开展情况和文化专业人才队伍及农牧民文化需求等展开调查，并就存在的问题针对性地提出对策建议，以进一步完善基层公共文化服务体系，丰富农牧民精神文化生活。

关键词：内蒙古；基层公共文化服务；供给状况

基层公共文化是公共服务供给的基本内容，也是乡村振兴的重要支撑。新形势下，内蒙古基层公共文化供给的主要矛盾体现在农牧民日益增长的美好生活需要同文化发展不平衡不充分之间的矛盾，这种发展的不平衡不充分在基层公共文化服务供给上尤为突出。

为全面深入了解全区基层公共文化服务供给现状，调研组一行深入二连浩特市、乌兰察布市、锡林郭勒盟3个盟市，实地走访社区、村（嘎查），与当地宣传部、苏木乡镇政府、文化站、乌兰牧骑及相关单位进行座谈，具体对农村牧区公共文化设施建设情况、公共文化资源利用情况、文化活动开展、文化专业人才队伍、农牧民文化需求等问题进行实地调研，并以苏木乡镇和村（嘎查）为不同样本单元，发放问卷435份，其中社区问卷151份、村（嘎查）问卷284份。通过深入走访及问卷调查，调研组对全区基层公共文化服务供给状况及存在的问题有了深入认识，在此基础上提出有针对性的对策建议，以进一步完善基层公共文化服务体系，丰富农牧民精神文化生活。

一、基层公共文化服务取得的成效

近年来，内蒙古自治区党委、政府制定出台了一系列政策措施，如《关于加强公共文化服务体系建设的实施意见》《关于进一步加强基层文化建设的意见》《关于推进基层综合性文化服务中心建设的实施意见》《内蒙古自治区提升边境和贫困旗县公共文化服务水平实施方案》《关于加快构建现代公共文化服务体系的实施意见》等，并且实施了“边疆文化长廊建设规划”“创建先进文化旗县”“文化信息资源共享工程”“民族民间文化保护工程”“送书下乡”等一系列公共文化工程。通过一系列的政策措施和文化工程的实施，有效整合了公共文化资源，促进优质文化资源向基层下沉和公共文化服务整体效能的提升，推动了基层公共文化事业的发展。

截至2017年，全区建有县级以上图书馆117个、文化馆120个、苏木乡镇和街道文化站1111个、嘎查村文化室10576个。全区413个苏木乡镇（街道）文化站达到自治区三级以上标准，23个旗县（市、区）被文化部命名为全国文化先进旗县，49个旗县（市、区）被自治区政府命名为全区文化先进旗县。覆盖城乡、布局合理、实用便捷的自治区、盟市、旗县、乡镇、村（社区）五级公共文化设施网络初步形成。

二、基层公共文化服务供给现状及存在的突出问题

内蒙古基层公共文化服务建设虽然取得了显著成效，但是也存在一些突出问题，总体上与内蒙古经济社会发展规模和速度还不协调，与农牧民日益增长的美好生活需求不相适应。基层公共文化建设仍存在总量投入不足、文化设施建设薄弱、文化资源利用率低、文化活动持续开展难、文化专业人才缺乏等突出问题。

（一）基层文化场馆经费不足，难以保障文化活动持续开展，以乡镇综合文化站尤为突出

2017年，全区群文机构业务活动经费13114.8万元，其中，盟市级文化馆业务活动经费3553.2万元，平均值296.1万元；旗县（区）级文化馆业务活动经费3889.2万元，平均值36.3万元；全区乡镇文化站（社区文化中心）业务活动经费5199.9万元，平均值4.68万元。每个乡镇文化站每年的经费不足5万元。在调研中发现，大多数乡镇文化站，由于农牧民夏季农忙，只有在冬季才有闲暇时间组织活动，可是因为没有经费，文化站冬季取暖都成问题，所以活动经费短缺，日常经费不足等因素导致文化工作人员开展工作积极性不高，活动开展较少，文化设施利用率低，很大程度上制约了基层文化事业的发展。

（二）基层公共文化设施覆盖率高，但达标率低，特别是乌兰牧骑基础设施落后，严重制约作用的发挥

近年来，我区乡镇文化站覆盖率、村文化活动室覆盖率、草原书屋覆盖率和广播、电视综合人口覆盖率等基本实现了全覆盖，但是存在覆盖率高、达标率低的问题。截至2017年，有43个旗县图书馆不足1500平方米，57个旗县文化馆不足1500平方米，不符合国家二级文化馆、三级图书馆的最低面积要求，有的文化馆借用其他场所或与其他单位合用场所。目前，全区只有乌兰察布市、巴彦淖尔市等5个盟市16个旗县有美术馆；全区1111个文化站，有130个面积小于300平方米，达不到国家规定的最低建设标准。

在对乌兰牧骑的调研中发现，其办公条件和排练场所简陋、落后是突出问题。目前自治区批复的75支保留事业体制的乌兰牧骑，现有办公场所面积不足1000平方米的就有29支，占比39%；19支乌兰牧骑排练练功用房面积不足300平方米，占比25%，严重制约了乌兰牧骑在宣传党的民族政策、丰富农牧民精神文化生活方面的重要作用。

（三）农村牧区文化设施利用率低，资源闲置现象突出

根据问卷调查的结果来看，关于文化设施利用情况，综合文化活

动中心（文化室）的利用率和文化广场的利用率分别为21%和19%，“草原（农家）书屋”的利用率是17%。造成基层公共文化设施利用率低，文化资源闲置现象突出的主要原因，一是大多数农牧民夏季农忙，活动大多集中在冬季才能开展；二是由于文化经费不足，缺乏专业人才，甚至有一些乐器没有人会使用，缺乏专业人员指导，造成活动开展不起来，严重影响了文化设施的有效利用。

在调研中发现，“草原书屋”的利用率偏低，且书籍长期没有更新，书籍丢失现象较严重。由于受农牧民文化程度限制，读书的人比较少，基本上只有一些学生在假期借阅；同时“草原书屋”的书籍老化严重，而且图书种类与农牧民阅读需求不相符，在许多牧区，蒙古文图书少，不能满足牧民的阅读需求，造成书籍闲置，没有发挥其应有的功能。

（四）文化人才队伍兼职多、专职少，结构参差不齐

目前，大多数乡镇综合文化站工作人员基本上是1～2人，由于缺乏人员编制，管理人员大多兼职，存在兼职多、专职少，人员结构参差不齐、混岗使用的问题。除文化站工作，文化站工作人员还承担着其他行政工作任务，且工作人员年龄偏大、知识老化、开展活动的积极性不高、业务管理能力和专业知识水平相对较低，组织群众性文化活动专业性不强，导致活动不能持续开展，且活动内容单一重复，农牧民参与的热情度不高，影响和制约基层文化活动的开展。

（五）农牧民的文化需求和期待与文化供给存在距离

问卷调查结果显示，84.7%的农牧民基本能满足文化上的需求。农牧民对群众性文化活动的满意度为82.62%；51.66%的农牧民所在村（嘎查）经常开展文化活动；34.52%的村（嘎查）只在某些节日开展，有秧歌队（锣鼓队）的村（嘎查）占一半以上。农牧民对乌兰牧骑文艺活动的满意度是80.61%，这与乌兰牧骑长期扎根群众、贴切农牧民的文化需求有直接联系。相比之下，农牧民对村文化活动特色满意度较低，说明在村文化活动上还需要挖掘文化资源，突出文化、地域、民俗等特色。

与当前基层公共文化服务供给相对应，调研组对农牧民的公共文化需求与期望做了深入了解。在希望政府部门组织的文化活动类别中，农牧民选择放电影和送戏占 61.5%，送书占32.1%，科普讲座占46.44%，基层大讲堂占15.17%。在“草原书屋”的配备上，牧民希望配备一些对生产生活有帮助的蒙古文书籍，同时希望旗县报刊能传送到农牧民手中。

三、完善基层公共文化服务供给的对策与建议

随着农牧民群众的精神文化需求逐渐多样化、多元化，基层作为公共文化服务的薄弱环节，应因地制宜推进公共文化服务设施建设，统筹协调和科学规划，有效整合基层公共文化资源，推进基层综合性文化服务中心建设，提升公共文化服务效能，完善基层公共文化服务体系，补齐短板，打通公共文化服务的“最后一公里”。

（一）加大财政投入，对基层公共文化服务供给不充分地区加大资金倾斜，完善政策保障机制

在财政投入上，应充分考虑地区差异和供给水平，投入政策向基层公共文化事业发展相对落后的盟市、旗县倾斜，加大文化资源、项目向贫困地区倾斜力度，提高贫困地区公共文化设施覆盖率、达标率，特别是地处偏远的农村牧区，加强文化基础设施建设，加大公共产品和服务供给。为了提高资金使用效率，建立健全文化专项资金绩效评价和监督管理机制，进一步转变文化投入方式，规范和推进政府向社会力量购买公共文化产品和服务工作，采取竞争择优方式，选择承接政府购买公共文化服务的社会力量，将购买公共文化服务所需资金纳入各级政府财政预算，完善财政政策保障机制，进一步提升公共文化产品和服务的供给质量与水平。

（二）解决好、科学合理使用好乡镇文化站经费

为了科学合理使用好文化站活动经费，确保活动经费专款专用，

避免出现借用、挪用现象，建议上级文化主管部门对各类文化专项经费使用情况进行不定期的督促检查，并针对公共文化服务经费的预算、使用和管理方面出台明确的指导意见。建议每年拨付到各苏木乡镇的公共文化服务经费由旗县区文化主管部门统一分批拨付管理。经费的使用建议分为两部分：一部分是文化站日常运行经费，由旗县区文化主管部门根据各苏木乡镇综合文化站的规模、运行状况和日常性文化活动情况而确定，列入预算，拨付苏木乡镇财政，确保文化站正常运转；另一部分是项目（活动）经费，由各苏木乡镇综合文化站向旗县（区）文化主管部门申报要举办的特色文化项目活动，经过审核、立项，再根据项目（活动）的开展情况划拨。各苏木乡镇财政也要根据各自财力安排适当的文化经费，确保苏木乡镇文化活动高效、持续开展。

（三）搭建“公共文化服务+数字化”平台，促进优质文化资源向基层下沉

为全面加强基层公共文化服务效能建设，应以基层综合性文化服务中心、旗县级文化馆、图书馆总分馆制度建设、“数字文化走进蒙古包”工程为抓手，采用资源流动的服务模式，把优秀的文化资源“进包入户”，把方便快捷的文化服务延伸到基层。积极搭建“公共文化服务+数字化”平台，继续实施文化共享工程、数字图书馆推广工程和公共电子阅览室建设计划等公共数字文化工程，加强公共数字文化服务网络建设，由过去的“点线服务”向“网面服务”转变，逐步形成覆盖城乡、布局合理、使用便捷的公共文化服务网络，全面提升基层公共文化服务效能。

（四）加大文化辐射功能，凸显农村牧区特色文化品牌效益

基层公共文化服务建设，要充分挖掘地域、民俗、文化资源，树立农村牧区特色文化品牌。一是要因地制宜，充分发挥重点乡镇、特色乡镇的文化辐射作用，以点带面，突出特点，避免重复建设，由粗放型活动方式向精品型活动方式转化。可以将几个乡镇所拥有的相同类型文化资源集中到一起，精心打造，实现文化的优化组合和资源共享。二是注重培育文化亮点，把传统民俗文化活动与时尚元素相结合，在保持其民俗特色风格不变的同时，注重充实内容，创新形式，赋予时代性、教育性，使其成为传播先进文化的载体。三是发掘农牧民的艺术创作热情，让农牧民成为文化的欣赏者和创作者，把“送文化”与“种文化”相结合，培养本土文艺人才和民间艺术家，把振兴乡村文化与发展基层公共文化事业统一起来。

（五）强化人才引进、培训、管理机制，建设一支高素质的基层文化专业人才队伍

基层文化机构能否发挥作用，不仅取决于文化设施是否完善，还取决于能否有一支合格的基层文化队伍。目前乡镇文化站缺编、混编、挪用编制、专职不专用等现象比较普遍，人员配置严重不足。针对各苏木乡镇文化队伍整体素质不高、专业人才缺乏的问题，有以下解决办法。一是在加强现有人才培训的同时，可采取措施积极面向社会广招专业人才，充实到各苏木乡镇文化站工作。二是购买公益性岗位，推行文化站准入机制，吸引协会、社区、本地文化积极分子进文化站，列为文化站的编外人员，给他们适当的补助，让他们组织开展群众性文化活动，丰富农牧民文化生活。三是建立基层文化骨干培训制度，对在职文化人才队伍加大政治和业务能力的培训力度，与市内外相关文化艺术院校挂钩，分期分批对苏木乡镇文化专职干部集中轮训，更新知识结构；同时可聘请专家开展专项业务短期培训活动，建议遴选专职的文化站、文化室管理员，给予一定的津贴补助，可以让大学生村官积极参与，让热心文化事业的人士担任，特别是文化能人担当，全面提升苏木乡镇文化队伍整体素质和业务水平。

作者单位：内蒙古自治区社会科学院公共管理研究所

城市社区公共文化服务供给和需求研究
——基于内蒙古自治区包头市的调查

李　莹

摘要：本文通过对内蒙古自治区包头市的社区工作者、居民进行访谈和问卷调查，从供给侧的角度总结社区提供公共文化服务的4种方式，从需求侧的角度了解居民参与社区公共文化服务的情况以及对社区公共文化的需求。此外还特别关注了社区内少数民族参与社区公共文化服务的状况。最后结合包头市在创建国家级公共文化示范区中取得的经验，提出城市社区公共文化服务供给的建议。

关键词：城市社区；公共文化服务；供给；需求

一、引言

随着居民物质生活的需求逐渐被满足，对精神文化的需求日益增加，提供丰富的精神食粮，不仅是满足人民过上美好生活的新期待，还是构建以人为本的高质量城镇化建设的重要指标之一。《关于2004年经济体制改革的意见》首次提出“公共文化服务体系”的概念，提到要“深化公益性文化事业单位劳动人事、收入分配和社会保障制度改革，建立健全公共文化服务体系”。随后党和国家的多个文件都强调了构建公共文化服务体系。十九大报告指出，“完善公共文化服务体系，深入实施文化惠民工程，丰富群众性文化活动”。

随着城市公共文化服务体系建设的研究增多以及深入，学界逐渐认识到社区作为社会的基本单元，是人民群众安居乐业的家园，社区公共文化服务是城市公共文化服务体系的重要环节。目前社区公共文化服务的研究成果，主要是关于居民对城市社区公共文化服务满意度调查以及影响居民参与社区公共文化活动影响因素的调查；还有一些学者在社区公共文化供给主体的多元化、社区文化治理等方面进行了理论性探索；最后还有一些实证研究，上海和浙江作为我国经济发达的东部沿海地区，在基层文化体制改革方面一直先行先试，除了以上海和浙江的社区公共文化供给为案例，还有以湖南、武汉、宁波、秦皇岛的社区为例的实证研究。民族地区这方面的研究还比较少，然而民族地区城市社区公共文化服务的研究对于切实保障少数民族地区大众的文化权益以及构建嵌入式社区环境促进各民族间的交往、交流、交融都具有重要影响。例如桑川认为新疆城市社区公共文化服务在反对三股势力渗透的背景下又被赋予了“文化守土”的重要责任。因此，探索民族地区城市居民公共文化供给的现状及居民的需求，并结合社区公共文化服务和社区治理改革的社会现实进行研究，具有一定的理论和现实意义。

二、社区公共文化服务发挥的作用

（一）有利于实现社区居民的基本文化权利

社区是与居民文化生活联系最密切、最直接的场所，社区公共文化服务是城市公共文化服务体系的末梢，直接面对社区居民的文化需求和意见反馈，是满足居民基本文化权益的主要载体。公共文化服务能否在社区落地生根、能否为社区居民提供更多文化生活方式的选择，直接关系居民的基本文化权益能否得到保障。完善社区公共文化服务建设，已经成为实现居民基本文化权利的重要途径。

（二）有利于构建新型邻里关系

随着科技发展和时代变迁以及由单位社会转变为陌生人社会，社区居民之间联系少，门对门、楼上楼下的居民却不认识的现象很普遍。社区公共文化活动为大家相互了解和沟通搭建平台，促进社区居民交往和互动，成为社区居民之间相互联络、增进感情的纽带和桥梁，有利于社区建立良好的邻里关系，有利于社区融合。

（三）有利于提高社区居民的综合素养

社区公共文化服务的开展可以将窝在家里的人们带到社区中，有益于居民的身心健康。此外，社区公共文化服务不仅包括开展文化活动、文体竞赛，还包括知识讲座、道德教育等，在活动中普及科学知识，培养居民的法制观念、环境意识和公益意识，有利于提高社区居民的综合素养，有利于社会主义和谐社会的构建。

（四）有助于推进基层治理现代化

社区公共文化服务也是社区文化治理的一部分，社区组织各种集体文化活动，居民在参与过程中交往增多，建立信任关系，这些都会增加社区社会资本存量，增强居民对社区的认同感和归属感，有助于居民更积极主动参与社区自治工作，从而减少社区治理成本，提升社区自我发展的能力，有利于社会的稳定与和谐。

（五）有助于构建各民族共有的精神家园

随着城镇化的快速推进，民族地区各民族之间的接触、沟通、交往日益增多，不但在居住格局方面形成了多民族城市社区，而且社区内各民族形成“你中有我，我中有你”的多元文化。这种嵌入式的社会结构和社区环境有助于各民族间的相互交流和学习，而社区内具有各个民族特色的公共文化活动的开展，更是以润物细无声的方式推进民族团结和进步，促进各民族文化的繁荣发展，构建各民族共有的精神家园。

二、包头市社区公共文化服务的现状

我们对内蒙古自治区包头市的 3 个社区进行了考察，对社区工作者、居民、社工开展访谈并发放调查问卷。每个社区30份问卷，共90份问卷，其中有效问卷89份，无效问卷1份，有效率98.9%。虽然由于客观原因的限制，调查样本的选择及其分布具有一定的局限性，但调查结果从客观上反映了包头市创建国家公共文化服务体系示范区后，社区公共文化服务开展的情况以及社区居民的公共文化需求。

受访者基本统计特征如下：受访对象包括企业职员、退休人员、外来务工者等不同人群；年龄以中年为主，30～49岁之间的占69.66%；汉族占76.4%，蒙古族占21.35%；收入结构总体趋向分散，每月收入不足2500元和超过5500元的分别占35.95%和11.24%，中下收入者居多，因此本次调查的数据基本上体现了普通群众的文化需求、态度和观点。

（一）社区公共文化服务供给的情况

包头市社区公共文化服务供给的方式，包括提供公共文化设施和公共活动空间、组织开展公共文化活动、扶持社区文化团体开展文化活动以及由社会组织开展文化活动。

首先，公共文化设施和公共活动空间是开展公共文化活动的基础。2012年，包头市下发文件要求各社区提供800平方米的社区办公和活动用房，其中80%的面积用于文化活动和公共服务，并提出相应方案。这推动了包头市社区办公和活动用房的建设。目前包头市52.6%的社区达到标准，其他社区在不断完善中。社区内的公共活动空间有图书室、棋牌室、乒乓球室、声乐室、舞蹈室、书画室、茶艺室等。为了最大化活动室的功能，采取一室多用的方式，例如单数日作为舞蹈室，双数日作为少儿跆拳道室，满足了更多居民的文化需求。

其次，由社区组织开展公共文化活动。公共文化活动的组织和开展是社区公共文化服务的一项重要内容，通过策划主题，开展富有地方特色的公共文化活动，例如充分利用传统节日、重大节庆，开展舞蹈、唱歌、书法等各种喜闻乐见的社区群众性文化活动以及打造社区自己的文化品牌，组织广场舞或小合唱等比赛；构建社区居民教育体系，开展社会常识、生活技艺和职业技能等方面的教育培育活动以及开展社区“两学一做”教育实践活动。包头市某社区全年开展社区文化活动约20场次，内容涵盖唱歌、跳舞、曲艺、书法等项目。

再次，由社区文化团体组织的社区文化活动。社区中的文艺团体是社区公共文化服务的消费者，同时他们也是社区文化供给的生产者。包头市社区依托社区内的文艺爱好者和市少年宫的老师积极组建文艺团体，利用文艺团体的文化服务功能来丰富居民的文化生活，比如组建老年人腰鼓队、青年人瑜伽队、少儿绘画班等。这些文化团体对于社区举办的文化活动都积极参与，还参加自治区、全国的文体比赛。

最后，通过政府购买公共文化服务的方式，由社会组织提供公共文化服务活动。社会组织经过调研了解居民们的文化需求后，提出活动方案，社区通过政府购买公共文化服务的方式，组织居民参与由社会组织提供的公共文化活动。社会组织参与社区公共文化活动供给是推进公共文化供给主体多元化的大迈进。

（二）居民参与社区公共文化服务的情况

首先，对社区公共文化服务基本信息的了解情况，在被问到“是否了解市、社区的公共文化服务政策”这个问题时，仅有10.11%的受访者对当地政府推进公共文化服务的内容一无所知，25.84%的受访者反映自己对政策了解不多，高达62.92%的受访者表示了解一些甚至很了解；在被问到“是否知道有群众自办的文化团体”这个问题时，仅有29.21%的居民表示没有或不清楚，51.69%的居民认为有一些。可见包头市在国家级公共文化示范区创建过程中加大了对社区公共文化服务的宣传。

其次，调查问卷中列举的社区提供的公共文化设施和开展的公共文化活动包括文化广场、社区图书馆、棋牌室、宗教场所、乒乓球等运动场地、青少年活动中心、露天电影放映、文化演出、广场舞等集体健身活动、知识讲座、文化体育活动比赛，将每项公共文化设施和活动赋值为1。统计结果表明，社区公共文化设施和服务现有存量的均值为4.22，说明社区公共文化设施和活动供给平均为4项，排在前四位的依次是棋牌室、广场舞等集体健身活动、文化广场、文化演出；有14.6%的居民对社区有哪些公共文化设施和活动不清楚。进一步调查表明，居民认为影响其参与公共文化活动的原因是太忙，没时间参与，这可能与问卷中更多选择的调查对象为中青年有关。居民对社区公共文化服务满意度的调查结果，仅有3.37%的居民认为不满意，21.34%的居民认为一般满意，大部分居民认为满意和非常满意。

（三）居民对社区公共文化的需求

社区文化活动应坚持以人为本，就是要注重差异，要根据社区的人口数量、年龄层次、教育程度、男女比例和流动率等因素来提供公共文化服务项目。调查中，76.4%的居民愿意参与社区开展的文化活动；67.41%的居民认为社区在公共文化服务中应了解居民的文化需求后，根据居民需求组织开展文化活动。此外，35.96%的居民认为参与社区公共文化活动具有发挥邻里关系更加融洽的作用，20.22%的居民认为参与社区公共文化活动找到了社区归属感、文化归属感，28.09%的居民认为可以提高文化素质，仅有11.24%的居民认为没有什么影响。在被问到“社区提供文化服务时是否会征求群众意见”这个问题时，6.74%的受访者认为政府“从来不会倾听群众的意见”，22.47%群众选择了“不清楚”这个选项，而一半以上的居民选择了“一般会征求居民的意见”。

（四）社区内少数民族参与公共文化服务的情况

在我们的调查中，有23.6%的少数民族居民。在被问到“社区是否举办过具有少数民族特色的文化活动”时，42.11%的少数民族居民认为几乎没有，36.84%的少数民族居民认为有但很少。在满意度方面，少数民族居民相比汉族居民而言，不满意的程度更高，10.53%的少数民族居民认为不满意，31.58%的少数民族居民认为一般满意。关于“社区举办具有少数民族特色的文化活动具有哪些作用”的回答中，57.89%的少数民族居民认为有利于少数民族适应城市生活，36.84%的少数民族居民认为有利于促进不同民族间学习交流。

三、城市社区公共文化服务建设的建议

完备的文化设施、丰富多彩的文化活动、贴心的文化服务、和谐的社区文化氛围是保障社区居民文化权利的基本要素。本文通过对包头市的调查，结合其开展社区公共文化服务总结的经验，提出城市社区公共文化服务建设的建议。

（一）建立社区居民文化需求表达机制

目前大部分公共文化服务的供给方式属于"自上而下"的"喂食型"输送方式，这造成文化产品需求与供给之间脱节现象。而公共文化服务是针对广大群众提供的，每个人对于文化产品的需求都有自己的喜好，必须理解并尊重每一位居民的文化需求，全方位、多层次地开展社区文化活动。这要求社区要充分做好文化供给调查，摸清社区成员所思所需所想，改进供给内容和方式。具体方式包括社区工作人员、社区楼长、文化能人，随时随地了解居民的文化需求；社区还可以建立意见箱、意见簿，让社区居民自愿提出自己的要求；此外还可以利用网络技术，通过建立微信群等形式，调动居民参与的积极性。然后社区工作人员通过定期召开例会总结居民的文化需求，及时讨论活动方式，根据居民的需求开展活动。

（二）构建多元化的社区公共文化服务供给主体

积极鼓励和发动社会力量包括社会组织、私营企业主参与社区文化建设。首先，通过降低准入门槛，提供便利条件，积极探索社区服务型社会组织提供公共文化服务的有效形式。其次，以政府购买服务的形式，支持社会组织承接、组织面向居民的公益活动。再次，通过建立社区、街道、区、市四级社会组织孵化基地，为社会组织的发展提供场地、提供合作交流平台，促进政府职能部门与社会组织、社会组织与社会组织之间的互动。最后，利用社区的资源，挖掘社区的力量，通过建立资源清单和需求清单，引导民营文化企业合理合法、有序地参与社区公共文化活动，对社区文化活动给予赞助。

（三）完善社区公共文化监督机制

居民是社区公共文化服务的主体，对于社区公共文化服务的评价，社区居民更有发言权。因此以抽调居民组成评议工作小组的形式或者公开向社区居民征选文化活动群众评议员的方式，通过走访、问卷调查和意见反馈等形式了解居民对公共文化项目和服务质量的意见，对社区提供公共文化活动及社区工作人员进行满意度评分和考核，对群众欢迎的项目进行保留，对群众不欢迎的项目进行撤销，将社区工作者的薪酬与居民满意度评分等方面结合起来。此外还可以采取第三方专业评估的方式。由上一级监督部门委托专业的第三方评估公司，对社区群众进行抽样调查，对落实文化建设项目、预算资金使用效率和群众对文化活动参与度进行评定。

（四）增加具有民族特色的公共文化活动

首先，通过专题讲座、横幅标语、宣传板报的形式，加强对党的民族政策的宣传，内容包括民族平等、民族区域自治、宗教信仰自由、尊重民族风俗习惯、反对民族分裂等。其次，社区内增加具有民族特色的公共文化活动，为少数民族居民的公共文化需求提供更多选择；此外还可以以少数民族语言命名公共活动空间，营造多民族共居共融的环境。最后，积极探索社区内的民族社会工作，以加强各民族之间的沟通、互动、交流、协作。

作者单位：内蒙古自治区社会科学院城市发展研究所

内蒙古农村牧区基层公共法律服务体系建设的调查与思考
——以赤峰市为例

乌兰图雅

摘要：基层公共法律服务体系建设对于推进国家法治化进程、维护基层社会公平正义和保障群众权益具有重要意义。我区应当抓住国家推进城乡居民公共法律服务体系建设这一契机，大力构建和完善城乡法律服务体系。本文以赤峰市为切入点进行调查研究，通过对发展现状的调查和分析，找到在构建基层公共法律服务体系中存在的问题，并对今后的发展路径进行了深入思考。

关键词：内蒙古；农村牧区；基层公共法律服务体系

基层公共法律服务体系指司法行政部门为了预防和解决基层法律纠纷，针对基层乡土地域特点，综合组织包括律师、公正、法律援助、司法鉴定、基层人民调解等部门在内所进行的法律工作和活动。目前内蒙古基层传统的法律服务制度与方式已经不能完全满足农村牧区群众对法律服务的需求，需要引起重视和思考。赤峰市作为以蒙古族、汉族为主的多民族城市，是内蒙古第一人口大市，且境内行政区划和农牧业经济类型多样，各地基层公共法律服务体系发展层次存在较明显差异，故选取赤峰市为切入点进行调查研究。

一、内蒙古赤峰市基层公共法律服务体系发展现状调查分析

（一）基层法律服务队伍基本情况

在组织结构方面，赤峰市全市有律师事务所53家、公证处11家、法律援助中心13家、各级人民调解委员会2687个、基层法律服务所137个。全市已建成公共法律服务中心7个，在建6个；建成工作站38个，在建137个；建成工作室418个，在建1319个，2344个嘎查村（社区）法律顾问基本实现全覆盖。在人员结构方面，全市共有律师1004人（专职律师924人，兼职律师21人，公职律师43人，法援律师16人），实习律师199人，公证人员98名（公证员50名，公证辅助人员48名），基层法律服务工作者599名，人民调解员11358名。[1]

（二）基层公共法律服务工作开展情况

第一，积极推进四级公共法律服务网络体系建设。赤峰市积极在市、旗县区、苏木乡镇、嘎查村（社区）建立公共法律服务中心、站、点、室，连同嘎查村（居）法律顾问形成四级公共法律服务网络体系。以标准化建设为切入点，统一“3+X”建设模式[2]，切实实现法律服务“一站通”。各旗县区结合嘎查村（社区）法务工作室建设，将司法行政职能下移至嘎查村、社区，建设融法治宣传教育、人民调解、社区矫正、安置帮教、法律服务、法律援助等多项工作为一体的综合服务工作点。第二，加强公共法律服务热线平台建设。2015年6月，按照自治区司法厅的统一部署，赤峰市司法局打造了蒙汉双语12348公共法律服务热线平台，主要功能是受理群众法律咨询、矛盾纠纷调处，接受群众投诉、意见建议和办事需求，宣传法律援助知识和法制宣传，分流、指派、转接进入平台的事项，定期统计汇总办

[1] 文中所有数据由内蒙古赤峰市司法局提供。

[2] “3”为法律援助、人民调解、法律咨询等基本职能，在公共法律服务中起主导作用；“X”为拓展职能，由各地根据需要和条件引入律师、公证、司法鉴定、专业调解、法律职业资格考试、安置帮教、监所远程视频探视等服务。

理情况，进行数据统计分析研判。第三，以智能化为引导，加强公共法律服务电视终端及网络平台建设。赤峰市通过与内蒙古广电网络集团赤峰分公司合作，研发了公共法律服务有线电视终端项目，群众通过电视即可轻松学习法律和进行法律咨询，享受公益性、专业性、便民性的一站式法律服务。与此同时，依托市、县两级司法行政微信平台，打造赤峰掌上12348服务矩阵，实现法律服务掌上通。研发全区首家云在线法律服务平台，通过人工解答和大数据智能机器人服务，实现24小时全天候服务。打造全区首家盟市级公共法律服务网站——赤峰12348法网，整合网上便民服务平台等多层级、多领域法律资源，切实实现全囊括、一网通。

二、内蒙古赤峰市农村牧区基层公共法律服务体系存在的问题分析

（一）基层公共法律服务资源分布不均

1.人均法律资源不足，区域发展不平衡

截至2017年末，赤峰市人均法律资源仅为0.04%，而律师比率仅为0.023%，每万人中才有2.3名律师，与北京市每万人拥有12名律师、呼和浩特市每万人拥有8.5名律师相比有较大差距，表明目前赤峰市的公共法律服务体系无论在法律服务工作机构数量上还是从业工作者的数量上均存在很大缺口，远远不能满足当地群众日益增长的法律服务需求。与此同时，赤峰市的法律服务发展呈现出城市优于乡村的特征，城乡法律服务资源分布也较不均衡，区域发展不平衡。以律师事务所和公证处为例，全市的53个律师事务所和11家公证处全部位于市区或旗县所在城镇，其中仅松山区和红山区两地就集聚了24个律师事务所和556名律师，占全市总数的45.2%和55.3%。而部分设在旗县的公证处由于公证员数量严重不足，甚至不能独立开展业务，难以满足和适应当地经济发展和人民群众日益增长的法律需求。

2. 法律服务人员职业素质不高

基层法律服务因为立足点是为基层群众提供调解、代书、解答法律咨询等简易和初级的法律服务，因此对专职乡镇法律服务工作人员的要求是“具有高中以上文化程度和一定的法律知识、政策水平，具备从事乡镇法律服务工作的口头与文字表达能力”[1]。显而易见，该规定对乡镇法律服务工作者的教育背景和知识储备等综合素质要求过分宽泛，必然会导致基层法律服务者队伍素质参差不齐，不仅无益于法律服务人员职业能力的提高，还不能与时俱进地适应时代的发展，无法及时解决基层群众新时代面临的新情况和新问题，造成基层法律服务的供给质量和公众期望值存在一定差距，迫使群众转而选择市场法律服务。

（二）缺乏统一规划和长效机制

1.缺乏统一规划

第一，赤峰市的公共法律服务体系建设目前还处在起步阶段，社会民众对于基层法律服务体系的认知度、关注度相对较低，对于公共法律服务体系的心理认同感尚未建立起来。个别政府部门的领导理念较为陈旧和被动，仍习惯于将公共法律服务体系建设开展工作推给司法行政机关处理。第二，关于公共法律服务体系的建设意见，从司法部的层面已经形成多项顶层设计方案，但是赤峰市对于顶层设计方案的思考还不够深刻和仔细，没有充分考虑各个地区千差万别的实际情况和原有工作基础的好坏程度，在出台规划和方案时出现雷同化和简单照抄上级文件的情况，在项目的编制上不够翔实具体，缺乏系统的规划设计，导致全市整体的公共法律服务还比较零散、体系性不强，很难吸引财政资金的有效投入。

2.缺乏长效机制

对于在市场资源配置中处于弱势地位的基层公共法律服务体系来

[1] 1989 年司法部出台的《关于进一步加强乡镇法律服务所组织建设的若干意见规定》第四条第二项。

说，需要在发展过程中通过政府的组织领导，统筹协调基层公共法律服务体系建设中的各部分内容。就赤峰市现状来说，各级政府虽然已经意识到了自身的推动作用，但还没有形成常态化和制度化的工作机制，这导致公共法律服务体系的很多建设项目由于缺乏人力、物力和财力的长效保障而无法落实，特别是基层公共法律服务体系的平台硬件建设和网络信息化软件建设都受到了一定程度的影响。另外，公共法律服务体系是一个有机的整体，建设过程需要政府各个部门的长期密切配合，但从赤峰目前情况来看，部门间协调机制也尚未完善，各部门间衔接钝化、缺失，相关部门之间缺乏约束力，导致各项工作的推进主要是依靠司法局单打独斗，基层公共法律服务工作推进困难较多。

（三）基层法律服务措施不够完善

1.缺乏法律保障

基层法律服务制度自产生以来，一直依靠国家政策性规定和行政命令维持运行，在内容上也总是随政策的反复而不断变化，缺少法律层面的支撑，造成基层法律服务在体制、性质、功能和定位上始终没有一个统一的标准，难免与国家相关的人事、税收、监管等规定相冲突。在这种国情下，内蒙古的基层法律服务在机构设置主体和功能定位等方面也尚未统一。基层法律服务机构的批准设立主体既包括当地的司法行政机关，又包括部分政府、法制办等非司法行政部门，导致公共法律服务在提供上层层指派，并且形式上常常以“一套人马、两块牌子”的模式存在，运行受制于行政管理，尤其对于市场化的服务主体而言，缺乏足够的公共法律服务供给意愿和动力。

2.缺乏经费支持

基层公共法律服务体系建设具有很强的公益性质，目前主要的资金来源是政府的财政拨款，然而由于各地实际情况不同，财政的保障力度也存在差异性。目前就赤峰市的实际情况来看，绝大多数地方的财政保障力度都不能满足当地公共法律服务的增长需求。经费的短缺，一方面难以满足基层公共法律服务体系的基础设施建设等必要的硬件条件，对实体平台建设的制约较大；另一方面由于基层法律服务人员的工资补贴普遍低于法律服务从业人员办理同类案件的市场服务价格，导致职业认同感缺失，因此严重影响法律服务人员工作的积极性。

三、完善内蒙古赤峰市农村牧区基层公共法律服务体系的对策与路径

（一）调整法律服务布局，提高法律服务整体水平

首先，调整基层法律服务工作的布局和规模。就赤峰市而言，要改变基层公共法律服务执业人员城乡区域发展不平衡、基层法律资源不足的局面，需要利用“政府”和“市场”这两只手共同丰富基层法律服务的主体资源。一方面从政府角度，政府部门应当以司法行政部门为主导，针对本地区法律服务人员、组织建设及需求等总体状况做出整体规划，将工作重点放在依托乡一级司法所建立乡级法律服务站和依托村委会建立村级法律服务点上，但应当注意防止形式主义，各地的乡镇及村可根据自身的实际逐步落实；另一方面从市场角度，可以通过制定符合市场经济运行规律，如税收优惠、加大福利待遇、放宽职业资格等鼓励性政策，吸引职业律师等法律人才和资源向基层、向乡村流动。

其次，加强基层法律服务人员的业务素质和职业道德建设。要逐步完善培训制度，将重点侧重于涉及农村牧区常见的具有普遍性和高发性的问题上，以增强行业的专业性。还要建立定期考核机制，用以强化培训结果，防止“走过场”情况的发生。另外还要注意加大基层法律服务队伍人员的职业道德建设，把对基层法律服务人员的职业道德、执业纪律教育同社会主义法治理念、服务宗旨观和人生观价值教育结合起来；同时还要从制度入手，建立职业道德、诚信约束机制，确保基层法律工作者的职业道德素质量化，有章可循。

（二）加强对基层公共法律服务体系的统一规划，建立长效机制

1.抓好基层公共法律服务体系统一规划

首先，充分认识基层法律服务工作的重要性。赤峰市的基层法律服务工作起步较晚，加上民族地区特殊的条件和社会发展状态，客观上导致法律服务能力和水平还不足以满足广大群众的需求，因此必须加强对其紧迫性的认识，营造公共法律服务体系建设的良好氛围，促进公共法律服务体系建设早日形成社会共识。其次，在推进基层法律服务体系建设过程中要结合当地的实际。赤峰市在制定基层法律服务区域发展规划和年度推进计划时，要将本地区的人口结构、经济社会发展程度、地区环境差异以及农区和牧区的居住环境等充分考虑进去，从而使顶层设计能够直接推动和影响当地法律服务体系的建设。再次，加强组织协调联动。形成政府牵头，各单位分级负责、上下协调，有序运行的工作机制，具体可以成立统一的公共法律服务体系建设推进工作领导小组，负责日常事务，统筹协调解决工作开展过程中遇到的突出问题。

2.继续推进基层公共法律服务长效机制建设

首先，整合资源，实现各部门的统筹协调。赤峰市应由政府牵头，司法行政机关具体实施，做好与相关部门的衔接工作，使社会各界共同参与公共法律服务体系构建。同时对现有的公共法律服务体系进行整合，把人民调解、法律援助、律师服务、公证服务等统筹安排，统一建立服务窗口，方便群众。其次，健全工作考核评估体系。要将基层法律服务体系建设的有关指标纳入对各级党委、政府综合考核指标体系中，通过增大考察内容和力度，从而强化对各成员单位普法、执法责任制度落实和检查，引导和促进各项工作部署的落实与开展，具体可以先尝试成立基层法律服务体系建设领导小组，协调各相关部门，强化对各成员单位普法、执法责任制度落实和检查，统筹推进工作。

（三）完善基层公共法律服务基础设施建设

1. 加强制度保障

在目前的国情下，内蒙古根据自身实际尽快推进基层公共法律服务工作的制度建设，从而对基层公共法律服务进行明确定位是当务之急。具体可以先从规范管理模式和完善工作体系两个方面入手。首先，规范和改进管理模式。在司法部印发的《基层法律服务机构脱钩改制实施意见》中，已经明确将基层法律服务机构列为法律服务的中介组织，因此加快推进内蒙古基层公共法律服务建设，必须规范和改进管理模式，改变现有的“一套人马、两块牌子”体制，改变政企职责不分的局面，将基层法律服务所承担的部分行政职能卸掉，像律师职业那样以市场主体的身份参与基层法制建设。其次，创新和完善工作体系。顺应市场经济的发展要求，积极开展“政府购买基层法律服务”，既保证法律服务的质量，又满足基层群众的法律需求。利用信息技术建立运行基层法律服务网络，进一步向全区拓展12348公共法律服务平台功能，建立网上公共法律服务中心，形成线上与线下、虚拟与实体的有效补充和结合。在基层法律服务者当中成立基层法律服务者协会，通过协会监督发现和解决基层法律服务中存在的问题，使行政机关的行政管理和行业协会的自律管理进行有效衔接，推动基层法律服务机构朝着更为明朗的方向发展。

2.加强经费保障

基层公共法律服务体系建设是复杂的系统工程，必须有可靠的保障做后盾。因此建立以政府资金为主导的经费保障体系，将法律服务体系纳入基本公共服务体系建设规划，建立多元化的经费投入机制势在必行。赤峰市各级政府要逐步建立与财力增长相匹配、同公共法律服务需求相适应的财政投入增长机制，进一步加大公共法律服务产品的政府购买力度，积极推动在政府购买公共服务经费中设立公共法律服务专项经费，扶持和促进公共法律服务体系均衡发展。同时推动建立公益性法律服务补偿机制，对积极参与公共法律服务的机构和人员，通过奖励、表彰、培训等方式加以补偿和激励；鼓励相关机构和个人为公益法律服务提供赞助，用于支付公益法律服务工作者的办案补贴等开支。在注重阵地建设等硬件投入的同时，切不可忽视专业人才培养录用的资金保障，网络和热线电话平台的客服人员、后台运营人员、在法律服务中心值班的行政人员与律师等，要保障他们的工作报酬。法律服务产品项目的开发和应用也需要大量资金的支持，因此在架构保障体系时需要将这些问题全方位地予以考虑。

作者单位：内蒙古自治区社会科学院政治与法学研究所

图书在版编目(CIP)数据

内蒙古发展报告 . 2018 / 包思勤主编. -- 呼和浩特:远方出版社， 2019.1

ISBN 978-7-5555-1264-6

Ⅰ. ①内… Ⅱ. ①包… Ⅲ. ①地区经济—经济发展—研究报告—内蒙古—2018②社会发展—研究报告—内蒙古—2018 Ⅳ. ①F127.26

中国版本图书馆CIP数据核字(2019)第006245号

内蒙古发展报告（2018）

NEIMENGGU FAZHAN BAOGAO（2018）

主　　编　包思勤

责任编辑　杨　敏　云高娃　刘洪洋

责任校对　云高娃　刘洪洋

装帧设计　王改英

出版发行　远方出版社

社　　址　呼和浩特市乌兰察布东路666号　邮编 010010

电　　话　（0471）2236470 总编室　2236460 发行部

经　　销　新华书店

印　　刷　内蒙古爱信达教育印务有限责任公司

开　　本　175mm × 255mm　1/16

字　　数　286千

印　　张　19.75

版　　次　2019年1月第1版

印　　次　2019年1月第1次印刷

标准书号　ISBN 978-7-5555-1264-6

定　　价　68.00元